中旅学术

XIANGCUN LüYOU
XIANGCUN ZHENXING DE LUJING YU SHIJIAN

乡村旅游：

乡村振兴的路径与实践

杨彦锋 吕敏 龙飞 刘丽敏 张彩虹 编著

中国旅游出版社

序言

中国改革开放40年，社会经济发展取得了举世瞩目的成就。但同时，东西部差距，特别是城乡差距在有的区域、特别是西部有进一步拉大的趋势。

全球化的本质就是生产地域分工的重新配置，生产往成本低的区域集聚，出现了产业集群化倾向，有的区域产业越来越集中，在某种意义上剥夺了部分区域发展制造业（第二产业）的机会。不适宜发展制造业的地区，如广大的西部地区，只有第一产业和第二产业中的采矿业、电力、燃气和建筑业等有机会发展，第三产业除了旅游业之外，其他的发展也很难。

西部地区最大的比较优势是资源优势，其中旅游资源的比较优势尤为突出，且旅游开发成本相对较低，旅游行业就业量大，劳动技能要求相对也不算高，非常适合于西部有旅游资源条件的乡村发展。

乡村振兴战略提出了“产业兴旺、生态宜居、乡风文明、治理有效、生活富裕”的发展目标，实现乡村产业兴旺，要打造特色产业、加强品牌建设、提升产业现代化、促进产业融合发展，发展旅游是振兴乡村的有效路径之一。乡村旅游使得中国乡村所具有的历史、文化以及艺术价值逐渐被人们所发现、认同与挖掘，有利于促进农村产业融合发展，同时对农村可持续发展、带动贫困地区的农村脱贫致富也有着非常重大的意义。

需要注意的是，在一些较早开展乡村旅游的地区，虽然取得了不错的成果，但是发展过程中伴随着乡村景观破坏、交通拥堵、政府管理缺位等多个问题，更重要的是资本下乡逐利，农民真正得到的利益很少。政府预见性的干预指导是推进乡村旅游高质量发展的决定性力量。

虽然旅游对于世界上绝大多数极度贫困地区的经济发展有重要贡献。然而，在一些目的地，旅游发展可能使当地的贫困状态进一步恶化。只有坚持以农民为主体，通过制度增权让农村社区参与旅游发展，实现乡村旅游的利益共享，才能确保乡村可持续发展的顺利实现。

最近，文化和旅游部发布了全国乡村旅游重点村名录，有助于推广乡村旅游成熟经验做法，对全国乡村旅游形成典型示范和带动引领作用，把握乡村旅游发展的方向。

未来中国将越来越依赖于发展旅游以促进乡村脱贫和振兴，促进乡村脱贫致富和乡村振兴也成为未来乡村旅游发展的重要使命。

保继刚

教育部长江学者特聘教授

CONTENTS

目录

Part 1

第一章　乡村振兴战略解读

第一节　乡村振兴战略及意义

一、乡村振兴战略的提出

2017 年 10 月 18 日，习近平总书记在党的十九大报告中首次提出乡村振兴战略，并将乡村振兴战略与科教兴国战略、人才强国战略、创新驱动发展战略、区域协调发展战略、可持续发展战略、军民融合发展战略并列为党和国家未来发展的“七大战略”。党的十九大报告指出，农业、农村、农民问题是关系国计民生的根本性问题，必须始终把解决好“三农”问题作为全党工作重中之重。要坚持农业农村优先发展，按照产业兴旺、生态宜居、乡风文明、治理有效、生活富裕的总要求，建立健全城乡融合发展体制机制和政策体系，加快推进农业农村现代化。巩固和完善农村基本经营制度，深化农村土地制度改革，完善承包地“三权分置”制度。保持土地承包关系稳定并长久不变，第二轮土地承包到期后再延长 30 年。深化农村集体产权制度改革，保障农民财产权益，壮大集体经济。确保国家粮食安全，把中国人的饭碗牢牢端在自己手中。构建现代农业产业体系、生产体系、经营体系，完善农业支持保护制度，发展多种形式适度规模经营，培育新型农业经营主体，健全农业社会化服务体系，实现小农户和现代农业发展有机衔接。促进农村一、二、三产业融合发展，支持和鼓励农民就业创业，拓宽增收渠道。加强农村基层基础工作，健全自治、法治、德治相结合的乡村治理体系。培养造就一支懂农业、爱农村、爱农民的“三农”工作队伍。

乡村振兴战略的提出，表明了“三农问题”在党中央工作中占据的重要地位。作为国家战略，它关系到我国是否能从根本上解决城乡二元结构、乡村发展不平衡、不充分的问题，是推动乡村经济社会发展、实现城乡统筹的长远性布局。党的十九大后，《中共中央国务院关于实施乡村振兴战略的意见》（以下简称2018年中央一号文件）《乡村振兴战略规划（2018—2022年）》等国家政策文件陆续出台，对乡村振兴进行了全面的战略部署，明确了乡村旅游的发展思路、目标任务及具体措施，为乡村振兴工作指明了方向。

（一）乡村振兴的总体要求

党的十九大报告提出了乡村振兴战略的五大要求，即产业兴旺、生态宜居、乡风文明、治理有效、生活富裕（图1–1）。

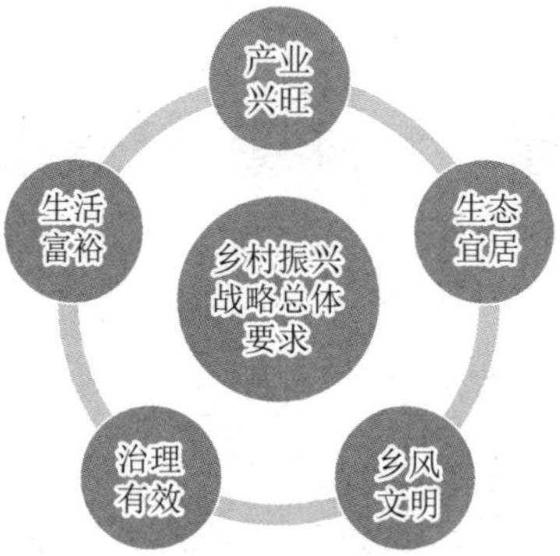

图1–1　乡村振兴战略总体要求

2018年中央一号文件指出，在五大要求中，产业兴旺是重点。必须坚持质量兴农、绿色兴农，以农业供给侧结构性改革为主线，加快构建现代农业产业体系、生产体系、经营体系，提高农业创新力、竞争力和全要素生产率，加快实现由农业大国向农业强国转变。生态宜居是关键。良好生态环境是农村最大优势和宝贵财富。必须尊重自然、顺应自然、保护自然，推动乡村自然资本加快增值，实现百姓富、生态美的统一。乡风文明是保障。必须坚持物质文明和精神文明一起抓，提升农民精神风貌，培育文明乡风、良好家风、淳朴民风，不断提高乡村社会文明程度。治理有效是基础。必须把夯实基层基础作为固本之策，建立健全党委领导、政府负责、社会协同、公众参与、法治保障的现代乡村社会治理体制，坚持自治、法治、德治相结合，确保乡村社会充满活力、和谐有序。生活富裕是根本。要坚持人人尽责、人人享有，按照抓重点、补短板、强弱项的要求，围绕农民群众最关心、最直接、最现实的利益问题，一件事情接着一件事情办，一年接着一年干，把乡村建设成为幸福美丽的新家园（图 1–2）。

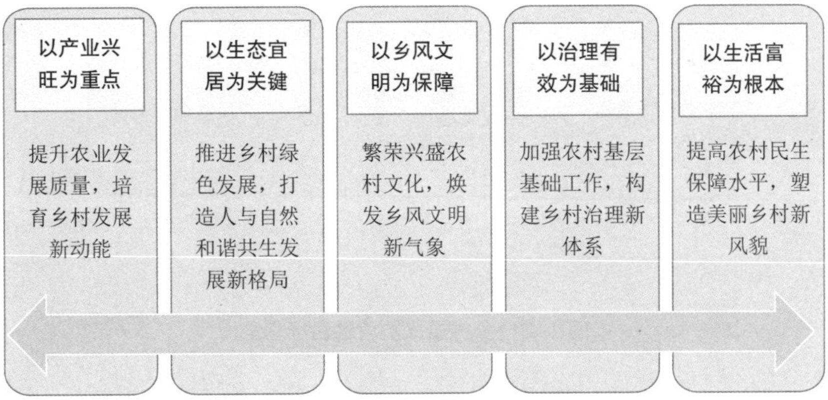

图 1–2　乡村振兴战略的指导方针

（二）乡村振兴的目标任务

按照党的十九大提出的决胜全面建成小康社会、分两个阶段实现第二个百年奋斗目标的战略安排，2018 年中央一号文件对乡村振兴做出了阶段性谋划，提出了“三步走”的战略安排，并明确了阶段性的目标任务。到 2020 年，乡村振兴取得重要进展，制度框架和政策体系基本形成。农业综合生产能力稳步提升，农业供给体系质量明显提高，农村第一、第二、第三产业融合发展水平进一步提升；农民增收渠道进一步拓宽，城乡居民生活水平差距持续缩小；现行标准下农村贫困人口实现脱贫，贫困县全部摘帽，解决区域性整体贫困；农村基础设施建设深入推进，农村人居环境明显改善，美丽宜居乡村建设扎实推进；城乡基本公共服务均等化水平进一步提高，城乡融合发展体制机制初步建立；农村对人才吸引力逐步增强；农村生态环境明显好转，农业生态服务能力进一步提高；以党组织为核心的农村基层组织建设进一步加强，乡村治理体系进一步完善；党的农村工作领导体制机制进一步健全；各地区各部门推进乡村振兴的思路举措得以确立。到 2035 年，乡村振兴取得决定性进展，农业农村现代化基本实现。农业结构得到根本性改善，农民就业质量显著提高，相对贫困进一步缓解，共同富裕迈出坚实步伐；城乡基本公共服务均等化基本实现，城乡融合发展体制机制更加完善；乡风文明达到新高度，乡村治理体系更加完善；农村生态环境根本好转，美丽宜居乡村基本实现。到 2050 年，乡村全面振兴，农业强、农村美、农民富全面实现（图 1–3）。

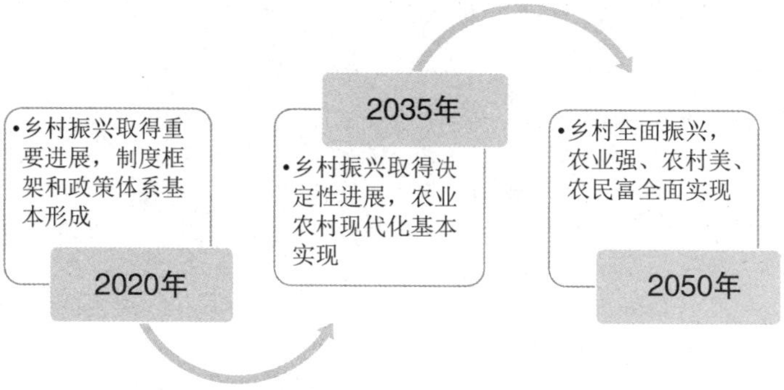

图 1–3　乡村振兴阶段性目标任务

（三）实施乡村振兴战略的基本原则

2018 年中央一号文件对实施乡村振兴战略的基本原则论述如下：

1. 坚持党管农村工作

毫不动摇地坚持和加强党对农村工作的领导，健全党管农村工作领导体制机制和党内法规，确保党在农村工作中始终总揽全局、协调各方，为乡村振兴提供坚强有力的政治保障。

2. 坚持农业农村优先发展

把实现乡村振兴作为全党的共同意志、共同行动，做到认识统一、步调一致，在干部配备上优先考虑，在要素配置上优先满足，在资金投入上优先保障，在公共服务上优先安排，加快补齐农业农村短板。

3. 坚持农民主体地位

充分尊重农民意愿，切实发挥农民在乡村振兴中的主体作用，调动亿万农民的积极性、主动性、创造性，把维护农民群众根本利益、促进农民共同富裕作为出发点和落脚点，促进农民持续增收，不断提升农民的获得感、幸福感、安全感。

4. 坚持乡村全面振兴

准确把握乡村振兴的科学内涵，挖掘乡村多种功能和价值，统筹谋划农村经济建设、政治建设、文化建设、社会建设、生态文明建设和党的建设，注重协同性、关联性，整体部署，协调推进。

5. 坚持城乡融合发展

坚决破除体制机制弊端，使市场在资源配置中起决定性作用，更好地发挥政府作用，推动城乡要素自由流动、平等交换，推动新型工业化、信息化、城镇化、农业现代化同步发展，加快形成工农互促、城乡互补、全面融合、共同繁荣的新型工农城乡关系。

6. 坚持人与自然和谐共生

牢固树立和践行绿水青山就是金山银山的理念，落实节约优先、保护优先、自然恢复为主的方针，统筹山水林田湖草系统治理，严守生态保护红线，以绿色发展引领乡村振兴。

7. 坚持因地制宜、循序渐进

科学把握乡村的差异性和发展走势分化特征，做好顶层设计，注重规划先行、突出重点、分类施策、典型引路。既尽力而为，又量力而行，不搞层层加码，不搞“一刀切”，不搞形式主义，久久为功，扎实推进。

二、乡村振兴战略的意义

《乡村振兴战略规划（2018—2022 年）》指出，我国人民日益增长的美好生活需要和不平衡不充分的发展之间的矛盾在乡村最为突出，我国仍处于并将长期处于社会主义初级阶段的特征很大程度上体现在乡村。全面建成小康社会和全面建设社会主义现代化强国，最艰巨最繁重的任务在农村，最广泛最深厚的基础在农村，最大的潜力和后劲也在农村。实施乡村振兴战略，是解决新时代我国社会主要矛盾、实现“两个一百年”奋斗目标和中华民族伟大复兴中国梦的必然要求，具有重大的现实意义和深远的历史意义。

（一）实施乡村振兴战略是建设现代化经济体系的重要基础

农业是国民经济的基础，农村经济是现代化经济体系的重要组成部分。实施乡村振兴战略，深化农业供给侧结构性改革，构建现代农业产业体系、生产体系、经营体系，实现农村第一、第二、第三产业深度融合发展，有利于推动农业从增产导向转向提质导向，增强我国农业创新力和竞争力，为建设现代化经济体系奠定坚实基础。

（二）实施乡村振兴战略是建设美丽中国的关键举措

农业是生态产品的重要供给者，乡村是生态涵养的主体区，生态是乡村最大的发展优势。实施乡村振兴战略，统筹山水林田湖草系统治理，加快推行乡村绿色发展方式，加强农村人居环境整治，有利于构建人与自然和谐共生的乡村发展新格局，实现百姓富、生态美的统一。

（三）实施乡村振兴战略是传承中华优秀传统文化的有效途径

中华文明根植于农耕文化，乡村是中华文明的基本载体。实施乡村振兴战略，深入挖掘农耕文化蕴含的优秀思想观念、人文精神、道德规范，结合时代要求在保护传承的基础上创造性转化、创新性发展，有利于在新时代焕发出乡风文明的新气象，进一步丰富和传承中华优秀传统文化。

（四）实施乡村振兴战略是健全现代社会治理格局的固本之策

社会治理的基础在基层，薄弱环节在乡村。实施乡村振兴战略，加强农村基层基础工作，健全乡村治理体系，确保广大农民安居乐业、农村社会安定有序，有利于打造共建共治共享的现代社会治理格局，推进国家治理体系和治理能力现代化。

（五）实施乡村振兴战略是实现全体人民共同富裕的必然选择

农业强不强、农村美不美、农民富不富，关乎亿万农民的获得感、幸福感、安全感，关乎全面建成小康社会全局。实施乡村振兴战略，不断拓宽农民增收渠道，全面改善农村生产生活条件，促进社会公平正义，有利于增进农民福祉，让亿万农民走上共同富裕的道路，汇聚起建设社会主义现代化强国的磅礴力量。

第二节　乡村振兴相关政策解读

乡村振兴作为国家战略，是关系全局性、长远性、前瞻性的国家总布局。通过梳理 2017 年 10 月至 2019 年 4 月的中共中央国务院相关文件，以明晰国家对乡村振兴的重点关注领域（表 1–1）。

表 1–1　乡村振兴主要相关政策

发布时间	文件名称	类别	发布单位
2017 年 12 月	《关于加强贫困村驻村工作队选派管理工作的指导意见》	意见	中共中央办公厅、国务院办公厅
2017 年 12 月	《关于探索建立涉农资金统筹整合长效机制的意见》	意见	国务院办公厅
2017 年 12 月	《关于建立健全村务监督委员会的指导意见》	意见	中共中央办公厅、国务院办公厅
2018 年 1 月	《关于实施乡村振兴战略的意见》	意见	中共中央办公厅、国务院办公厅
2018 年 1 月	《省级政府耕地保护责任目标考核方法》	办法	国务院办公厅
2018 年 1 月	《关于推进农业高新技术产业示范区建设发展的指导意见》	意见	国务院办公厅
2018 年 2 月	《农村人居环境整治三年行动方案》	方案	中共中央办公厅、国务院办公厅

续表

发布时间	文件名称	类别	发布单位
2018 年 3 月	《关于印发跨省域补充耕地国家统筹管理办法》和《城乡建设用地增减挂钩节余指标跨省域调剂管理办法》	办法	国务院办公厅
2018 年 4 月	《关于全面加强乡村小规模学校和乡镇寄宿制学校建设的指导意见》	意见	国务院办公厅
2018 年 9 月	《关于促进小农户和现代农业发展有机衔接的意见》	意见	中共中央办公厅、国务院办公厅
2019 年 1 月	《关于有效发挥政府性融资担保基金作用切实支持小微企业和“三农”发展的指导意见》	意见	国务院办公厅
2019 年 2 月	《关于坚持农业农村优先发展做好“三农”工作的若干意见》	意见	中共中央办公厅、国务院办公厅
2017 年 12 月	《关于改进管理方式切实落实耕地占补平衡的通知》	通知	国土资源部
2017 年 12 月	《关于深入推进农业供给侧结构性改革做好农村产业融合发展用地保障工作的通知》	通知	国土资源部、国家发展改革委
2018 年 1 月	《农业生态环境保护项目资金管理办法》	办法	农业部
2018 年 1 月	《国家农业科技园区管理办法》	办法	科技部、农业部、水利部、国家林业局、中国科学院、中国农业银行
2018 年 1 月	《现代农业人才支撑计划项目资金管理办法》	办法	农业部
2018 年 2 月	《2018 年农业科教环能工作要点》	要点	农业部办公厅
2018 年 2 月	《关于全面实行永久基本农田特殊保护的通知》	通知	国土资源部
2018 年 3 月	《关于开展农业产业化联合体支持政策创新试点工作的通知》	通知	农业部办公厅、国家农业综合开发办公室、中国农业银行办公室
2018 年 3 月	《关于严格核定土地整治和高标准农田建设项目新增耕地的通知》	通知	国土资源部
2018 年 3 月	《关于做好 2018 年贫困县涉农资金整合试点工作的通知》	通知	财政部、国务院扶贫办
2018 年 4 月	《关于开展休闲农业和乡村旅游升级行动的通知》	通知	农业农村部
2018 年 4 月	《关于大力实施乡村就业创业促进行动的通知》	通知	农业农村部
2018 年 4 月	《关于印发全国农村环境卫生监测工作方案（2018 年版）的通知》	通知	国家疾病预防控制局
2018 年 5 月	《关于加强农业产业化领域金融合作助推实施乡村振兴战略的意见》	意见	农业农村部、中国邮政储蓄银行
2018 年 5 月	《关于开展 2018 年国家现代农业产业园创建工作的通知》	通知	农业农村部、财政部
2018 年 5 月	《关于进一步推进农村户厕建设的通知》	通知	全国爱卫会办公室

续表

发布时间	文件名称	类别	发布单位
2018年5月	《关于开展2018年度金融支农服务创新试点的通知》	通知	农业农村部
2018年6月	《关于实施农村一二三产业融合发展推进行动的通知》	通知	农业农村部
2018年6月	《关于做好2018年农业生产发展等项目实施工作的通知》	通知	农业农村部、财政部
2018年6月	《关于深入学习浙江“千村示范、万村整治”工程经验扎实推进农村人居环境整治工作的报告》	报告	中央农办、农业农村部、国家发展改革委
2018年7月	《关于深入推进生态环境保护工作的意见》	意见	农业农村部
2018年8月	《关于批准开展2018年绿色循环优质高效特色农业促进项目建设的通知》	通知	农业农村部办公厅、财政部办公厅
2018年12月	《关于开展土地经营权入股发展农业产业化经营试点的指导意见》	意见	农业农村部、国家发展改革委、财政部等六部门
2019年2月	《关于进一步推动进城农村贫困人口优先享有基本公共服务并有序实现市民化的实施意见》	意见	国家发展改革委、教育部、公安部等多部委
2019年3月	《关于做好2019年重点高校招收农村和贫困地区学生工作的通知》	通知	教育部办公厅

通过对政策梳理发现，乡村振兴相关政策重点关注土地、资金、乡村产业发展、生态环境、乡村建设和乡村治理等方面，包括土地使用管控、土地制度改革、涉农资金投入管控、财政支持、融资担保、产业现代化、产业融合、产业特色化、环境整治、生态保护、基础设施建设、公共服务提升、基层组织建设、驻村帮扶等（图1–4）。

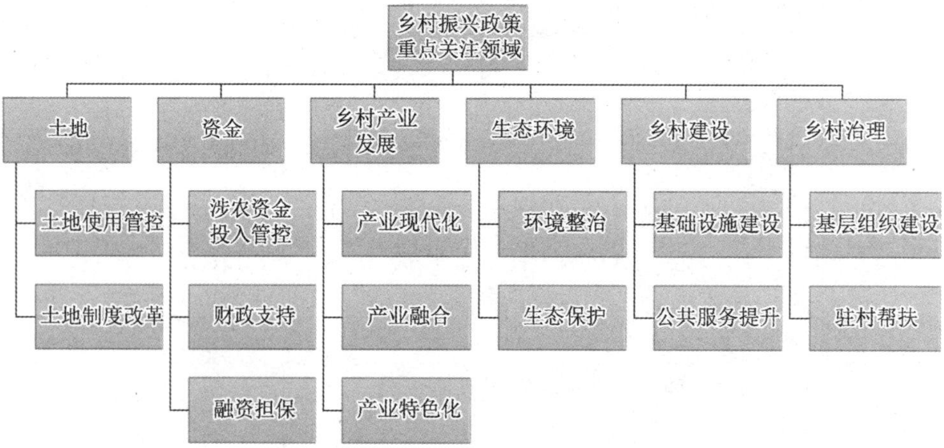

图1–4 乡村振兴政策重点关注领域

一、土地相关政策

（一）土地使用管控

2018 年 1 月，国务院办公厅印发关于《省级政府耕地保护责任目标考核办法》的通知，文件中明确提出：省级政府耕地保护责任目标考核在耕地占补平衡、高标准农田建设等相关考核评价的基础上综合开展，实行年度自查、期中检查、期末考核相结合的方法。坚持最严格的耕地保护制度和最严格的节约用地制度，守住耕地保护红线，严格保护永久基本农田，建立健全省级人民政府耕地保护责任目标考核制度。省长、自治区主席、直辖市市长为第一责任人。

2018 年 3 月，国务院办公厅印发《跨省域补充耕地国家统筹管理办法》和《城乡建设用地增减挂钩节余指标跨省域调剂管理办法》的通知，旨在将建立城乡建设用地增减挂钩节余指标跨省域调剂机制落实到具体政策上，规范有序实施跨省域补充耕地国家统筹，坚持耕地保护优先，耕地占补平衡县域自行平衡为主、省域内调剂为辅、国家适度统筹为补充，统筹调节收益分配的原则，落实耕地红线保护。

（二）土地制度改革

农业是我国经济的基础，土地制度是农村经济制度的根基。农村土地制度的变迁与发展，不仅关系到农业现代化的有效推进，还对整个社会经济的发展具有举足轻重的作用。近几年，我国农村土地改革从土地确权到经营权流转，再到所有权、承包权、经营权的“三权分置”，以及“农村土地征收、集体经营性建设用地入市、宅基地制度改革试点”的三块地改革实践，在发展中取得了令人瞩目的成效。在乡村振兴战略的背景下，农村土地制度改革为“三农”问题的解决提供了基础保障。目前，我国的土地制度改革主要包括三个方面：农村土地承包经营权改革、农村宅基地制度改革和农村集体经营性建设用地制度改革。

1. 农村土地承包经营权改革

2018 年中央一号文件提出落实农村土地承包关系稳定并长久不变政策，衔接落实好第二轮土地承包到期后再延长 30 年的政策，让农民吃上长效“定心丸”。全面完成土地承包经营权确权登记颁证工作，实现承包土地信息联通共享。完善农村土地所有权、承包权、经营权“三权分置”制度（图 1–5），在依法保护集体土地所有权和农户承包权前提下，平等保护土地经营权。农村承包土地经营权可以依法向金融机构融资担保、入股从事农业产业化经营。实施新型农业经营主体培育工程，培育发展家庭农场、合作社、龙头企业、社会化服务组织和农业产业化联合体，发展多种形式适度规模经营。

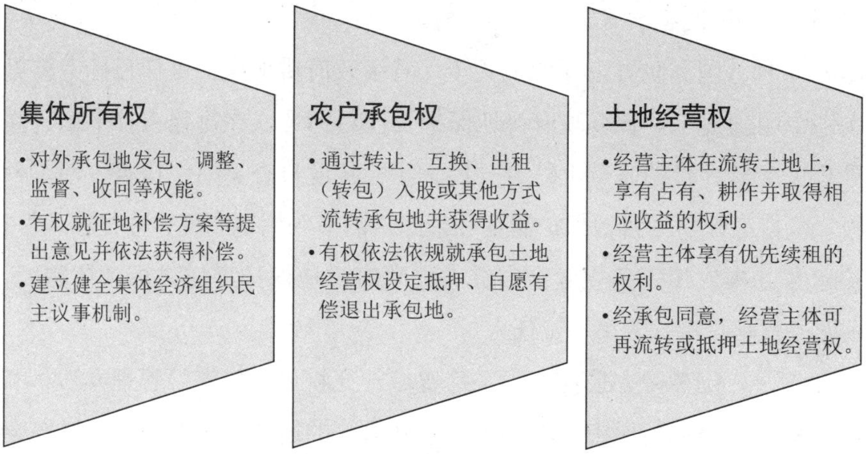

图 1–5　农村土地“三权分置”格局

2018 年 2 月，农业部办公厅印发了《2018 年农村经营管理工作要点》的通知，提出要推动修订《中华人民共和国农村土地承包法》，全面完成农村承包地确权登记颁证。2018 年是农村承包地确权登记颁证工作的收官之年，必须保质保量如期完成。完善农村土地流转管理办法，健全工商企业等社会资本流转土地经营权的资格审查、项目审核和风险防范制度。继续开展土地承包权有偿退出、土地经营权抵押贷款试点，加强工作指导，及时总结可复制、可推广的经验做法。做好农村改革 40 周年纪念活动有关工作。

2018 年 12 月 19 日，农业农村部、国家发展改革委、财政部、中国人民银行、国家税务总局以及国家市场监督管理总局印发了《关于开展土地经营权入股发展农业产业化经营试点的指导意见》，意见指出，要充分认识土地经营权入股发展农业产业化经营的重要意义，准确把握土地经营权入股发展农业产业化经营的基本原则，明确土地经营权入股发展农业产业化经营的重点任务，强化土地经营权入股发展农业产业化经营的政策保障。

2. 农村宅基地制度改革

2014 年《关于农村土地征收、集体经营性建设用地入市、宅基地制度改革试点工作的意见》发布，标志着我国“三块地改革”正式进入试点阶段。在宅基地制度改革方面，文件明确，探索农民住房保障在不同区域户有所居的多种实现形式；对因历史原因形成超标准占用宅基地和一户多宅等情况，探索实行有偿使用；探索进城落户农民在本集体经济组织内部自愿有偿退出或转让宅基地，并明确兼顾不同发展阶段和模式的试点选择原则。2015 年，国土资源部批准了 15 个县（市）作为农村宅基地制度改革试点，推行集体土地的改革方案，探索了农村宅基地管理的新路径（图 1–6）。

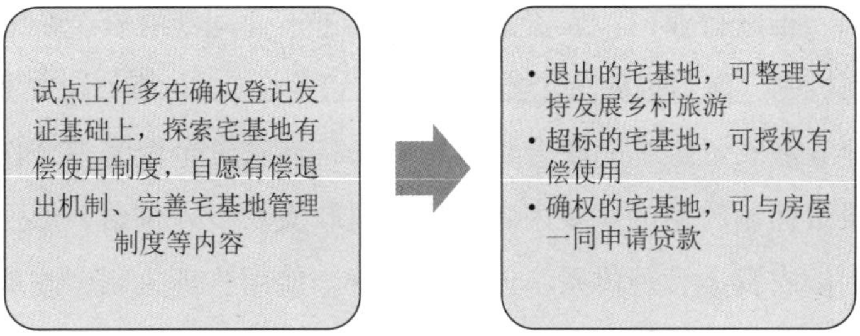

图 1–6　宅基地改革试点的主要内容

此后，农村宅基地改革不断加速，这些政策在保障农户宅基地用益物权的基础上，加速了农村宅基地的改革进程。2018 年中央一号文件系统提出：总结农村土地征收、集体经营性建设用地入市、宅基地制度改革试点经验，逐步扩大试点。扎实推进宅基地使用权确权登记颁证。完善农民闲置宅基地和闲置农房政策，探索宅基地所有权、资格权、使用权“三权分置”，落实宅基地集体所有权，保障宅基地农户资格权和农民房屋财产权，适度放活宅基地和农民房屋使用权。2019 年中央一号文件明确要求加快推进宅基地使用权确权登记颁证工作，力争 2020 年基本完成。稳慎推进农村宅基地制度改革，拓展改革试点，丰富试点内容，完善制度设计。抓紧制订加强农村宅基地管理指导意见。研究起草农村宅基地使用条例。开展闲置宅基地复垦试点工作。

3. 农村集体经营性建设用地制度改革

2018 年中央一号文件指出，加快推进集体经营性资产股份合作制改革，推动资源变资产、资金变股金、农民变股东，探索农村集体经济新的实现形式和运行机制，为农村集体经营性建设用地制度改革指明了重点方向。2019 年中央一号文件指出，加快推进农村集体经营性建设用地入市改革和农村集体经营性资产股份合作制改革，继续扩大试点范围。总结推广资源变资产、资金变股金、农民变股东经验。完善农村集体产权权能，积极探索集体资产股权质押贷款办法。研究制订《农村集体经济组织法》。健全农村产权流转交易市场，推动农村各类产权流转交易公开规范运行。研究完善适合农村集体经济组织特点的税收优惠政策。

二、资金相关政策

（一）涉农资金投入管控

2017 年 12 月，国务院办公厅发布《关于探索建立涉农资金统筹整合长效机制的意见》从总体要求、推进行业内涉农资金整合、推进行业间涉农资金统筹、改革完善涉农资金管理体制机制、保障措施五个方面对近 3 年（至 2020 年）涉农资金整合提供指导，旨在探索建立涉农资金统筹整合长效机制，将涉农资金统筹整合作为深化财税体制改革和政府投资体制改革的重要内容，优化财政支农投入供给，加强财政支农政策顶层设计，理顺涉农资金管理体系，创新涉农资金使用管理机制，改革和完善农村投融资体制，切实提升国家支农政策效果和支农资金使用效益。

2018 年 3 月，财政部、国务院扶贫办联合印发了《关于做好 2018 年贫困县涉农资金整合试点工作的通知》，通知指出，开展整合试点的范围包括全国 832 个连片特困地区县和国家扶贫开发工作重点县。从 2018 年起，对试点贫困县计划整合资金规模占纳入整合范围资金规模的比例不作统一要求。同时，切实防止和严厉查处“完成年度脱贫任务存在明显资金缺口却‘应整不整’”等问题。

（二）财政支持

2018 年中央一号文件指出，要建立健全实施乡村振兴战略财政投入保障制度，公共财政更大力度向“三农”倾斜，确保财政投入与乡村振兴目标任务相适应。优化财政供给结构，推进行业内资金整合与行业间资金统筹相互衔接配合，增加地方自主统筹空间，加快建立涉农资金统筹整合长效机制。充分发挥财政资金的引导作用，撬动金融和社会资本更多投向乡村振兴。切实发挥全国农业信贷担保体系作用，通过财政担保费率补助和以奖代补等方式，加大对新型农业经营主体支持力度。2019 年中央一号文件要求优先保障“三农”资金投入，坚持把农业农村作为财政优先保障领域和金融优先服务领域，公共财政更大力度向“三农”倾斜，县域新增贷款主要用于支持乡村振兴。地方政府债券资金要安排一定比例用于支持农村人居环境整治、村庄基础设施建设等重点领域。

各部委对乡村振兴战略财政方面的支持主要体现在五个方面：扶贫资金、人才资金、文化资金、生态资金、农业综合开发。

（三）融资担保

2018 年中央一号文件指出，要加快设立国家融资担保基金，强化担保融资增信功能，引导更多金融资源支持乡村振兴。支持地方政府发行一般债券用于支持乡村振兴、脱贫攻坚领域的公益性项目。稳步推进地方政府专项债券管理改革，鼓励地方政府试点发行项目融资和收益自平衡的专项债券，支持符合条件、有一定收益的乡村公益性项目建设。规范地方政府举债融资行为，不得借乡村振兴之名违法违规变相举债。

2019 年 2 月，国务院办公厅发布《关于有效发挥政府性融资担保基金作用切实支持小微企业和“三农”发展的指导意见》，从总体要求、坚持聚焦支小支农融资担保业务、切实降低小微企业和“三农”综合融资成本、完善银担合作机制、强化财税正向激励、构建上下联动机制、逐级放大增信效应、优化监管考核机制八个方面提出引导更多金融资源支持小微企业和“三农”发展的意见，旨在规范政府性融资担保基金运作，坚守政府性融资担保机构的准公共定位，弥补市场不足，降低担保服务门槛，着力缓解小微企业、“三农”等普惠领域融资难、融资贵问题，切实降低小微企业和“三农”综合融资成本。

三、产业相关政策

（一）产业现代化

2018 年 1 月，国务院办公厅发布《关于推进农业高新技术产业示范区建设发展的指导意见》，从总体要求、重点任务、政策措施、保障机制四个方面明确农业高新技术产业示范区创建的指导意见，旨在进一步加快推进示范区建设发展，提高农业综合效益和竞争力，大力推进农业农村现代化。2018 年 9 月，中共中央办公厅、国务院办公厅印发《关于促进小农户和现代农业发展有机衔接的意见》，强调促进小农户和现代农业发展有机衔接，要提升小农户发展能力，提高小农户组织化程度，拓展小农户增收空间，健全面向小农户的社会化服务体系，完善小农户扶持政策保障措施，逐步提升小农户发展现代农业能力。

为突出现代农业产业园产业融合、农户带动、技术集成、就业增收等功能作用，引领农业供给侧结构性改革，加快推进农业农村现代化，农业农村部、财政部联合发布了《关于开展 2018 年国家现代农业产业园创建工作的通知》，拟建成一批产业特色鲜明、要素高度聚集、设施装备先进、生产方式绿色、一二三产业融合、辐射带动有力的国家现代农业产业园，形成乡村发展新动力、农民增收新机制、乡村产业融合发展新格局，带动各地加强产业园建设，构建各具特色的乡村产业体系，推动乡村产业振兴。

（二）产业融合

为贯彻落实中央关于深入推进农业供给侧结构性改革的重大决策部署，有效促进农村一、二、三产业融合发展，2017 年 12 月，国土资源部同发展改革委印发了《关于深入推进农业供给侧结构性改革做好农村产业融合发展用地保障工作的通知》，通知鼓励农业生产和村庄建设等用地复合利用，拓展土地使用资源，提高土地节约集约利用水平。2018 年 6 月，《关于实施农村一二三产业融合发展推进行动的通知》提出，要坚持“基在农业、惠在农村、利在农民”原则，以农民分享产业链增值收益为核心，以延长产业链、提升价值链、完善利益链为关键，以改革创新为动力，加强农业与加工流通、休闲旅游、文化体育、科技教育、健康养生和电子商务等产业深度融合，增强“产加销消”的互联互通性，形成多业态打造、多主体参与、多机制联结、多要素发力、多模式推进的农村产业融合发展体系，努力助推乡村产业兴旺，切实增强农业农村经济发展新动能。

（三）产业特色化

2018 年中央一号文件提出，要推进特色农产品优势区创建，建设现代农业产业园、农业科技园。实施产业兴村强县行动，推行标准化生产，培育农产品品牌，保护地理标志农产品，打造“一村一品”“一县一业”发展新格局。2019 年中央一号文件指出，要加快发展乡村特色产业。因地制宜发展多样性特色农业，倡导“一村一品”“一县一业”。积极发展果菜茶、食用菌、杂粮杂豆、薯类、中药材、特色养殖、林特花卉苗木等产业。支持建设一批特色农产品优势区。创新发展具有民族和地域特色的乡村手工业，大力挖掘农村能工巧匠，培育一批家庭工场、手工作坊、乡村车间。健全特色农产品质量标准体系，强化农产品地理标志和商标保护，创响一批“土字号”“乡字号”特色产品品牌。

四、生态相关政策

（一）环境整治

改善农村人居环境，建设美丽宜居乡村，是实施乡村振兴战略的一项重要任务，事关全面建成小康社会，事关广大农民根本福祉，事关农村社会文明和谐。2018 年 2 月，中共中央办公厅、国务院办公厅印发《农村人居环境整治三年行动方案》，方案聚焦农村生活垃圾、厕所粪污治理、生活污水治理和村容村貌提升等重点领域，集中实施整治行动。按照因地制宜、分类指导的原则，有条件的地区可进一步提升人居环境质量，条件尚不具备的地区可根据实施乡村振兴战略的部署持续推进，不搞“一刀切”。确定实施易地搬迁的村庄、拟调整的空心村等可不列入整治范围。通过地方为主、中央补助的政府投入体系、开展农村基础设施重点项目股权和债权融资、调动社会力量积极参与等渠道，确保农村人居环境整治的资金投入。

2019 年 3 月，中共中央办公厅、国务院办公厅转发《中央农办 农业农村部 国家发展改革委关于深入学习浙江“千村示范、万村整治”工程经验扎实推进农村人居环境整治工作的报告》，并发出通知，要求各地区各部门学好学透、用好用活浙江经验，扎实推动农村人居环境整治工作早部署、早行动、早见效。在工作中，要学习借鉴浙江省始终坚持以人民为中心的发展思想，始终坚持绿色发展和“绿水青山就是金山银山”的理念，并真正转化为引领推动农村人居环境综合治理的具体实践。在地方党政机构改革过程中，要做好农村人居环境整治工作衔接，确保不断档、不耽误，朝着既定目标，持续发力，久久为功，不断谱写美丽中国建设的新篇章。

（二）生态保护

为进一步做好农业农村生态环境保护工作，打好农业面源污染防治攻坚战，全面推进农业绿色发展，推动农业农村生态文明建设迈上新台阶，农业农村部于 2018 年 7 月出台了《关于深入推进生态环境保护工作的意见》，提出要健全以绿色生态为导向的农业补贴制度，推动财政资金投入向农业农村生态环境领域倾斜，完善生态补偿政策。加大政府和社会资本合作（PPP）在农业生态环境保护领域的推广应用，引导社会资本投向农业资源节约利用、污染防治和生态保护修复等领域。加快培育新型市场主体，采取政府统一购买服务、企业委托承包等多种形式，推动建立农业农村污染第三方治理机制。

五、乡村建设相关政策

（一）基础设施建设

2018 年中央一号文件提出推动农村基础设施提档升级。把基础设施建设重点放在农村，加快农村公路、供水、供气、环保、电网、物流、信息、广播电视等基础设施建设，推动城乡基础设施互联互通。2019 年中央一号文件再次强调要实施村庄基础设施建设工程，加强农村饮水、道路、用电、住房、物流、信息网络等基础设施建设。

（二）公共服务提升

乡村振兴，生活富裕是根本。要坚持人人尽责、人人享有，按照抓重点、补短板、强弱项的要求，围绕农民群众最关心、最直接、最现实的利益问题，切实提升农村公共服务水平，全面提升农村教育、医疗卫生、社会保障、人才培养等公共服务水平，加快推进城乡基本公共服务均等化。把乡村建设成为幸福美丽新家园（图 1–7）。

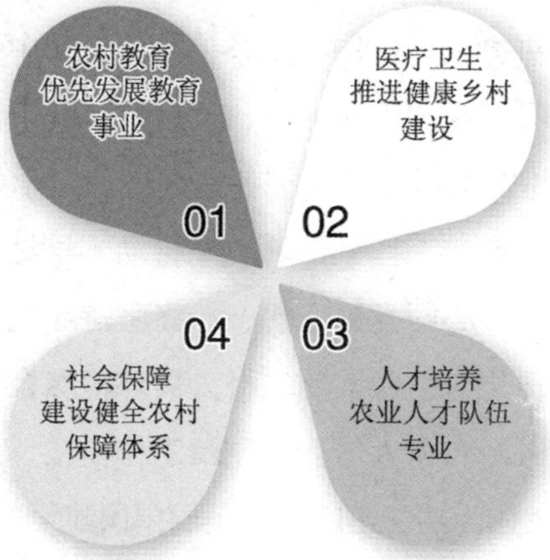

图 1–7　乡村公共服务体系

1. 农村教育

2018 年 4 月，国务院办公厅发布《关于全面加强乡村小规模学校和乡镇寄宿制学校建设的指导意见》并提出，乡村小规模学校（指不足 100 人的村小学和教学点）和乡镇寄宿制学校（以下统称两类学校）是农村义务教育的重要组成部分。第一，要科学合理设置两类学校，妥善处理好学生就近上学与接受良好义务教育的关系，切实保障广大农村学生公平接受教育的权利；第二，重点保障对两类学校公共资源配置，推进学校基础设施建设和教学装备配备，补齐两类学校办学条件短板；第三，还要加强两类学校教育教学管理，深化育人模式改革，配齐配强乡村教师，大力提高乡村教师素质，运用“互联网 + 教育”方式，全面提升办学水平。

2019 年，教育部办公厅《关于做好 2019 年重点高校招收农村和贫困地区学生工作的通知》，指出要继续实施国家专项计划、地方专项计划和高校专项计划，完善长效机制，进一步促进教育公平。要根据本地推进城镇化和户籍制度改革情况，科学合理确定地方专项计划和高校专项计划实施区域的农村范围，并据此进行农村考生资格审核和复核。

2. 医疗卫生

2018 年中央一号文件提出，要推进健康乡村建设。强化农村公共卫生服务，加强慢性病综合防控，大力推进农村地区精神卫生、职业病和重大传染病防治。完善基本公共卫生服务项目补助政策，加强基层医疗卫生服务体系建设，支持乡镇卫生院和村卫生室改善条件。加强乡村中医药服务。开展和规范家庭医生签约服务，加强妇幼、老人、残疾人等重点人群健康服务。倡导优生优育。深入开展乡村爱国卫生运动。2018 年 4 月 25 日，国家疾病预防控制局发布了《关于印发全国农村环境卫生监测工作方案（2018 年版）的通知》（国卫办疾控函〔2018〕289 号）要求进村入户监测环境卫生，保障农村人居环境。2018 年 5 月 14 日，全国爱卫会办公室发布了《关于进一步推进农村户厕建设的通知》（全爱卫办发〔2018〕4 号），规范并指导农村厕所建设。2019 年中央一号文件提出，加快标准化村卫生室建设，实施全科医生持岗计划。建立健全统一的城乡居民基本医疗保险制度，同步整合城乡居民大病保险。

3. 社会保障

2018 年中央一号文件提出，要加强农村社会保障体系建设。完善统一的城乡居民基本医疗保险制度和大病保险制度，做好农民重特大疾病救助工作。推进城乡居民医保联网、全国异地就医直接结算。完善城乡居民基本养老保险制度，建立城乡居民基本养老保险待遇确定和基础养老金标准正常调整机制。统筹城乡社会救助体系，完善最低生活保障制度，做好农村社会救助兜底工作。将进城落户农业转移人口全部纳入城镇住房保障体系。构建多层次农村养老保障体系，创新多元化照料服务模式。健全农村留守儿童和妇女、老年人以及困境儿童关爱服务体系。加强和改善农村残疾人服务。2019 年 2 月，发改委、教育部、公安部、民政部、财政部等多部委联合印发《关于进一步推动进城农村贫困人口优先享有基本公共服务并有序实现市民化的实施意见》并提出，落实农村贫困人口参加城乡居民基本医疗保险个人缴费财政补贴政策。落实进城贫困人口市民化奖励政策，在城镇建设用地增加规模与吸纳农业转移人口落户数量挂钩机制下，探索落户贫困人口在原籍宅基地复垦腾退的建设用地指标由输入地使用。

4. 人才培养

2018 年中央一号文件强调实施乡村振兴战略，必须破解人才瓶颈制约。一方面，要大力培育新型职业农民，实施新型职业农民培育工程；另一方面，要加强农村专业人才队伍建设。为聚焦乡村振兴人才需求，切实提高新型职业农民培育的针对性、规范性和有效性，2018 年 6 月，农业农村部、财政部发布了《关于做好 2018 年新型职业农民培育工作的通知》。强调各地要结合乡村振兴人才需求实际，依托新型职业农民培育工程重点实施新型农业经营主体带头人轮训、现代青年农场主（农业职业经理人）培养、农村实用人才带头人培训和农业产业精准扶贫培训四个计划，明确各类型职业农民培育规模，积极争取各级财政部门支持，坚持目标导向、需求导向和问题导向相结合，加强需求调研和内容设置，提升培育针对性，加强过程管理和标准建设，突出培育规范性，加强政策扶持和延伸服务，提高培育有效性。

六、乡村治理相关政策

（一）基层组织建设

2017 年 12 月，中共中央办公厅、国务院办公厅印发《关于建立健全村务监督委员会的指导意见》，从总体要求、人员组成、职责权限、监督内容、工作方式、管理考核、组织领导七个方面明确了村务监督委员会的职责，旨在落实党中央关于全面从严治党、加强农村基层组织建设的部署，推动全面从严治党向基层延伸，进一步完善村党组织领导的充满活力的村民自治机制，加强村级民主管理和监督，提升乡村治理水平。

2018 年 2 月，农业部办公厅印发了《2018 年农村经营管理工作要点》的通知，指出各级农业部门要主动加强与相关部门沟通协调、争取支持，要将加强基层农村经营管理体系建设落到实处。坚持用业务工作开展推动体系建设，将承包地确权登记颁证、农村土地经营权有序流转、农村集体产权制度改革、新型农业经营主体培育等重点工作与农经体系建设一体推进、同步落实。强化正向引导和激励，宣传推广加强农经体系建设的经验做法，示范带动基层体系建设。

2019 年中央一号文件强调，要强化农村基层党组织领导作用。抓实建强农村基层党组织，提升组织力，持续加强农村基层党组织体系建设。一是要实施村党组织带头人整体优化提升行动，配齐配强班子。增加先进支部、提升中间支部、整顿后进支部，以县为单位对软弱涣散村党组织“一村一策”逐个整顿。对村“两委”换届进行一次“回头看”，坚决把受过刑事处罚、存在“村霸”和涉黑涉恶等问题的村“两委”班子成员清理出去。二是要建立第一书记派驻长效工作机制，全面向贫困村、软弱涣散村和集体经济空壳村派出第一书记，并向乡村振兴任务重的村拓展。此外，还要加强和改善村党组织对村级各类组织的领导，健全以党组织为领导的村级组织体系。

（二）驻村帮扶

2017 年 12 月，中共中央办公厅、国务院办公厅印发《关于加强贫困村驻村工作队选派管理工作的指导意见》，从总体要求、规范人员选派、明确主要任务、加强日常管理、加强考核激励、强化组织保障六个方面对驻村工作队进行全面要求和工作指导，旨在解决驻村帮扶中选人不优、管理不严、作风不实、保障不力等问题，更好地发挥驻村工作队脱贫攻坚主力军作用。

第三节 乡村旅游是乡村振兴的重要路径

乡村振兴是新时期我国“三农”工作的总抓手，其最终目标在于实现我国农村社会经济的全面现代化。“产业兴旺、生态宜居、乡风文明、治理有效、生活富裕”是乡村振兴的总体要求，而这五点要求分别对应了乡村经济振兴、乡村生态振兴、乡村文化振兴、乡村治理转型和乡村社会振兴的发展内涵。由此可见，新时期的乡村振兴是一项内容多元的系统性工程。它不单纯是某一领域、某一方面的振兴，而是既包括经济、社会和文化振兴，也包括治理体系创新和生态文明进步在内的全面振兴。

乡村振兴的最终目标在于追求乡村的全面协调可持续发展和乡村的现代化，进而破解我国当前城乡发展不平衡不充分的矛盾。乡村振兴的基本内涵决定了乡村振兴内容的丰富性和多样性。而乡村旅游作为社会经济发展的产物，有助于实现农业的多功能性价值，并对乡村社会、经济、文化等各方面均具有显著的积极影响，是实现乡村振兴战略的重要路径和有力抓手。[①]

一、乡村旅游有利于优化农村产业结构，助推乡村经济振兴

（一）乡村旅游有利于促进社会结构变迁和经济的发展

乡村旅游有利于促进社会结构变迁和经济的发展，为农业资源开发创造了新的条件和新的契机。农村是以农业为基础存在的，农村发展范式的转变促进了农业发展思想的相应转变。改革开放以来，我国已进入后现代消费主义时代，城镇化水平不断提高，城市中产阶层规模持续扩大，这不仅为农业资源开发提供了新的基础，而且对农业经济的发展提出了新的要求。乡村旅游作为一定阶段社会经济发展的产物，是实现农业多功能价值和满足中产阶层精神文化消费“双需求”的重要媒介。而且，乡村旅游可以提升农业产业附加值，为农民收入提高创造新的增长点。

（二）乡村旅游有利于巩固农业基础性地位

农业是国民经济发展的基础性产业，任何时候都不得动摇或削弱农业的发展。中央政府明确提出“必须坚持农业农村优先发展”“确保国家粮食安全”。而乡村旅游是在农业生产种植基础上发展起来的现代服务业，农业生产景观、农业生产活动的参与

① 蔡克信，杨红，马作珍莫. 乡村旅游：实现乡村振兴战略的一种路径选择［J］. 农村经济，2018，431（9）：28-33.

性体验、农耕文化的科普教育等均是乡村旅游发展的重要内容，乡村旅游业的成功发展离不开农业的健康发展。因此，乡村旅游不仅不会削弱农业的生产发展，还会进一步巩固农业的基础性地位。换句话说，乡村旅游发展是农业多功能价值属性的开发。在新时期下，农业供给不仅仅局限于为城市生活和工业生产提供原材料和初级农产品，还包括为社会提供农耕文化、环境教育、科普认知等精神产品。

（三）乡村旅游有利于优化农村产业结构，增加农民收入

近年来，农业生产的“增产不增收”已成为影响农民种粮积极性的重要“瓶颈”，我国农业发展实践也已充分表明，仅仅依靠农业产业增加农民收入的空间非常有限。在新时期，农民增收不仅影响农民生活水平的提高，而且关系到农业的基本地位。要增加农民收入，不仅要立足农村自身资源，而且要突破农业收入增长的天花板。而乡村旅游正是“农村之内、农业之外”实现农民增收的有效途径。一方面，体验经济和服务劳动的附加显著提高了农产品的劳动价值，实现农产品附加值的提高；另一方面，乡村旅游的在地消费，进一步降低了农产品交易中的交易储运成本和交易风险，使农产品的收益直接转化为农民的收入。此外，乡村旅游与家庭联产承包责任制基础上的小农经济也具有更高的契合性。在小农经济基础上发展的乡村旅游，可以丰富乡村旅游产品体系，增加乡村旅游产品供给，同时也更易实现主客之间的交往与对话，提升游客的乡村旅游体验价值，进而实现“小农户”与“大市场”的有效对接。因此，乡村旅游更好地保障了小农的经济利益，在不流转土地的情形下，实现农民的增收。

综上分析，乡村旅游对于优化农村产业结构，深化农业供给侧改革，助推乡村经济振兴均有较好的促进作用。以湖南省花垣县十八洞村为例，该村地处武陵山连片特困地区，人多地少为典型的经济发展滞后贫困村落。2014 年，地方政府确定了发展乡村旅游的新思路，在推进农业产业结构调整的同时，大力促进乡村旅游资源开发，以良好的自然生态环境和淳朴的民族风情走上了乡村旅游发展的道路。现已初步形成了猕猴桃种植、手工艺、乡村旅游为主的产业体系。2017 年，十八洞村人均纯收入已达 1 万元，由武陵山区的贫困村一举成为脱贫致富的明星示范村，乡村旅游已成为十八洞村最具生命力和发展潜力的支柱产业。

二、乡村旅游有利于打造生态宜居环境，实现乡村生态振兴

（一）乡村旅游有利于改变乡村落后面貌

一方面，为了满足游客需求，乡村会大力推进水、电、路、气、住房、通信、医疗等基础设施建设，改变农村原有的落后的面貌；另一方面，乡村旅游使得大量游客

去到当地旅游参观，农村原有的垃圾处理以及污水排放方式已经难以有效地处理游客增多产生的垃圾和污水，为了保护当地的乡村环境，就需要完善农村污水处理设施以及生活垃圾处理系统，进而会推动农村户用卫生厕所建设和改造，提升农村饮水安全等措施，打造一个生态宜居的生活环境，促进物质文明和精神文明建设和发展。

（二）乡村旅游有利于改善生态环境

生态文明建设是乡村振兴的重要内容，也是乡村社会经济可持续发展的关键。乡村旅游作为一种重要的生态友好型产业，与生态文明建设有着共同目标，二者在本质上是共生共荣、双向互动的和谐统一关系。生态环境既是乡村旅游发展的背景，也是乡村旅游产品的重要构成。因此，发展乡村旅游一方面会促进农村大力开展森林、草场、湿地等生态修复活动；另一方面，乡村旅游开发能为当地资源和环境保护提供资金支持，有效地促进生态文明的建设和发展。

三、乡村旅游有利于乡土文化的传承与发展，实现乡村文化振兴

（一）乡村旅游重识乡土文化价值

与工业经济驱动的乡村发展显著不同的是，乡村旅游的发展有助于乡土文化的传承，实现经济振兴与文化振兴的统一。乡土文化是中华传统文化的重要构成，但在现代化与城镇化的影响下，伴随乡村的空心化，乡土文化日益萎缩甚至走向消亡。旅游作为一种典型的体验经济，游客具有娱乐、教育、逃避、审美等多重体验需求，而乡村传统的居住方式、饮食方式、特色服饰、民风民俗等均成了乡村旅游体验的重要内容。在乡村旅游发展中，乡村传统文化价值不仅得到重新认识，且通过旅游手段实现了活化及再利用。

（二）乡村旅游能够反哺乡土文化保护

以旅游为导向的乡村地区发展不仅实现了文化的保护与发展，更有部分乡村以乡土文化为卖点，形成了乡土文化驱动乡村旅游、乡村旅游反哺乡土文化保护的良性互动。如四川绵竹村的年画虽为我国四大年画之一，但在 2007 年乡村旅游发展前，全村近 2500 人的农业人口中，仅 16 人从事专业年画绘制工作，文化技艺濒临失传。在乡村旅游开发中，年画村确立了以年画非遗艺术为主题的发展思路，既转变了当地农民的生产经营方式，实现产业结构的调整和农民的持续增收，又建立了乡村民俗文化遗产保护传承的产业链条。如今年画村从事年画产业的人员已有上千人，固定从事年画制作的有百余人，年画年销售收入达 2000 万元。乡村旅游不仅促进绵竹年画国家非物质文化遗产的传承，更有效地保护了年画生产制作的文化空间，并对年画的制作工艺

实现创新和发展，走出了一条文化保护与乡村旅游互动发展之路。

（三）乡村旅游为乡土文化的发展注入新的活力

乡土文化的价值重塑促进了乡村居民的文化自觉，乡村居民对于文化的传承与保护成为一种自下而上的积极行动。通过旅游开发实现了乡土文化资本向经济资本的转化。同时，为适应旅游经济发展需求，乡土文化也不断进行变革和发展，丰富了传统的文化形态，并展现出更为强大的生命力。

四、乡村旅游有利于优化乡村治理体系，推进乡村治理转型

（一）乡村旅游能够优化乡村治理体系

良好的乡村治理是实现乡村全面振兴与发展的重要保障。乡村治理的关键在于加强地方政府对于乡村社会经济发展的引导，并创造和谐稳定的社会环境与社会秩序。近年来，随着我国农村社会结构的变迁，乡村治理面临较为严峻的形势，部分乡村地区在基层治理过程中甚至呈现出内卷化的特征，严重影响到乡村社会秩序的稳定和可持续发展。中央政府指出在乡村振兴过程中，要加强农村基层基础工作，健全自治、法治、德治相结合的乡村治理体系。事实证明，乡村旅游的发展不仅对于目的地的经济和社会文化具有重要影响，且对于增强地方治理、维持乡村社会秩序同样具有促进作用。

（二）乡村旅游有助于提升村民自治的管理水平和基层社区的法制化水平

在乡村旅游发展的初级阶段，为了实现经济效益的共享，乡村社区居民的旅游参与往往具有一定的自发性，容易发生无序竞争。为了规范旅游经营秩序，促进旅游经济的健康发展，乡村社区在能人的带动下，往往自发成立管理小组，实现旅游社区的自治管理。在这一自治管理的过程中，管理的领域与对象也逐渐由旅游接待向乡村的公共环境卫生、历史文物的保护、利益矛盾的协调等方面延伸。如贵州朗德苗寨、山东淄博中郝裕村等在乡村旅游发展中，均以基层自治管理组织实现了良好的公共管理。同时，乡村旅游有助于提高基层社区法治化水平。乡村旅游打破了乡村地域的封闭性，游客的到访与主客交流，为乡村居民带来了市场化、法制化的价值理念和思维模式。此外，乡村旅游发展实践中面临的复杂问题，也为基层社区治理的创新提供了更多的机会。如厦门鼓浪屿旅游社区在基层治理过程中，创新性地建立了法治与自治相结合的鼓浪屿公共议事会的协商治理机制，不仅有效缓解了旅游发展中的多元利益主体之间的矛盾，还为其他社区的基层治理提供重要借鉴。总体而言，发展乡村旅游区域不仅比其他地区拥有更高的经济发展绩效，也具有更为稳定的乡村社会秩序和更好的乡

村治理。

五、乡村旅游有利于推动美丽乡村建设，实现乡村社会振兴

（一）乡村旅游有利于改善乡村的生活水平和生活环境

乡村振兴的最终落脚点在于增进乡村居民的社会福利，即不断改善乡村的生活水平与生活环境，其重要内容在于建设村容整洁、宜居和谐的美丽乡村。乡村旅游能够促进当地产业优化升级，增加农民收入，促进农村地区环境的改善，进一步提升农村村民的生活水平和生活环境，推动美丽乡村建设。乡村地区以其区别于城市的田园风光和乡土气息为游客带来了不同的精神享受，持续吸引着游客参与乡村旅游活动。乡村旅游产业的蓬勃发展使参与其中的农民共享到了发展成果，乡村旅游对农村地区基础设施建设的持续完善更加调动了农民参与和保护乡村自然生态的主动性和积极性，也为美丽乡村的建设奠定了稳固的根基，[①] 增进了民生福祉。

（二）乡村旅游有利于改善乡村的基础设施建设

建设美丽乡村是乡村旅游发展的应有之义。旅游的本质是“诗意的栖居”，而游客旅游体验空间与乡村居民生产生活空间的统一性，决定了这些基础设施和旅游服务设施的完善，本质上是旅居环境一体化建设。为了提升游客的体验度以及增加乡村旅游的吸引力，当地会加快路网改造升级，推进“四好农村路”建设，实现互联网在农村全覆盖等基础设施的建设，提升乡村旅游景观、完善乡村公共服务设施，营造“诗意栖居”的旅游空间，同时，乡村居民的日常生活同样从中得到显著改善。推动美丽乡村的发展，有利于乡村振兴的实现。

---

① 李岚．乡村旅游与农村生态环境良性互动机制的构建［J］．农业经济，2013（4）：51-52.

Part 2

第二章　乡村旅游发展概论

第一节　乡村旅游的兴起与发展

一、国外乡村旅游的兴起和发展

（一）国外乡村旅游活动的兴起

有关乡村旅游的起源说法较多。有研究者认为现代意义上的乡村旅游起源于 19 世纪中叶的法国。1855 年，一位名叫欧贝尔的法国参议员带领一群贵族来到巴黎郊外农村度假，他们品尝野味，乘坐独木舟，学习制作肥鹅肝酱馅饼，伐木种树，清理灌木丛，挖池塘淤泥，欣赏游鱼飞鸟，学习养蜂，与当地农民同吃同住。通过这些活动，使他们重新认识了大自然的价值，加强了城乡居民之间的交往，增强了城乡居民的友谊。此后，乡村旅游在欧洲兴起并兴盛起来。

另一说法是乡村旅游最早可以追溯到 19 世纪中叶，起源于意大利，1865 年，意大利农业与旅游全国协会的成立，标志着该类旅游的诞生，协会专门介绍城市居民到农村去体味农村野趣，与农民同吃、同住、同劳作，或者在农民的土地上搭起帐篷野营，或者在农民家中住宿。旅游者骑马、钓鱼、参与农活，食用并购买新鲜的粮食、蔬菜、水果等农副产品。总之，现代意义上的乡村旅游起源于 19 世纪的欧洲是大家的共识。

（二）国外乡村旅游的发展

国外乡村旅游起步早，发展比较成熟，其发展演变过程可归纳为萌芽阶段、全面发展阶段和成熟阶段。

1. 萌芽阶段（19 世纪中叶至 20 世纪 40 年代初期）

乡村旅游的萌芽与当时欧洲的时代背景有着紧密的联系。18 世纪 60 年代起源于英国的工业革命加快了城市化进程，使很多人从乡村迁移到工业城市，快节奏的城市生活心理压力激发了人们返回大自然的追求。同时，工业革命使得社会生产的财富不再只是流向封建贵族和大土地所有者，也越来越多地流向了新兴的工业资产阶级，扩大了经济上有条件外出去乡村休息消遣的人群规模。此外，伴随着蒸汽机技术在交通运输领域中的应用，火车和轮船的出现大大改变了人们外出旅行的交通条件，使大规模的人员流动在技术上成为可能，这也造就了近代旅游业发端。1841 年，托马斯·库克利用包租火车的方式，组织了一次从英国中部地区的莱斯特市前往拉夫堡市访问的 570 人的大型团体旅游活动，而在 1863 年，托马斯·库克再次组织了瑞士农村的第一个包价旅游团，这是最早的团队包价乡村旅游，自此，乡村团队游开始出现，旅行社的建立为人们突破传统的乡村旅游方式的限制创造了条件，扩大了人们外出旅游的时空区域，为乡村旅游发展注入了新的活力。

工业革命改变了人们的工作性质。随着大量人口进入城市，原先那种随农时变化而忙碌的多样性农业劳动开始被枯燥的、重复的单一性大机器工业劳动所取代。这一变化促使人们强烈要求休假，前往乡村寻找过去的生活节奏和乡愁记忆，以便获得喘息和调整的机会。事实上，到 19 世纪末，部分高度工业化的城市发展超出社会资源的承受力，“城市病”现象初步出现，主要包括住宅奇缺、污染严重、卫生状况恶化等。根据记载，工业革命时期曼彻斯特的议会街上，每 380 人才有一个厕所，在居民区每 30 幢住宅才有一个厕所，而在工人的家里，鸡、猪甚至马都挤在同一个房子里，恶劣的城市环境和拥挤的城市人口使人们更加向往乡村。受到城市环境恶化的影响，乡村旅游产品在城市郊区和乡村地区萌发，例如，19 世纪后半期，德国的市民农园体制正式建立，主旨是让住在狭窄公寓的都市居民能够有足够且营养的食物供应，并以建立健康社会的理想为目标。到 19 世纪末 20 世纪初，乡村旅游产品进入乡村地区，德国农民将旧有牛舍、猪舍改建成乡村餐厅或度假客房，以满足到乡村地区游憩、休闲人们的需求。

在工业革命之后的两次世界大战期间，战争对城市和乡村均产生了毁灭性的影响，使参战国家的乡村旅游几乎陷入停滞。但也必须认识到，尽管战争对乡村旅游的发展产生了严重破坏，但在发达的资本主义经济的孕育下，产生了部分与乡村旅游相关的新业态，为第二次世界大战后的乡村旅游发展奠定了基础。例如，1919 年，德国颁布了有关市民农园最早的法律《市民农园法》，规定市民农园的土地以租赁方式获得，土地可转让但不得买卖，农园用于自给或休闲，而非营利性质的场所。1924年，生态农业于欧洲兴起，30年代得到较大发展，并逐步向美洲、亚洲扩展，在美国、英国、日本等国家得到发展，为乡村旅游的发展奠定了坚实的基础。

2. 全面发展阶段（20世纪50年代初至20世纪70年代末）

第二次世界大战结束后，随着战后旅游活动恢复，乡村旅游的需求也快速发展。尤其在世界发达国家，乡村旅游产业不断转型升级，从功能单一、品质较差的乡村旅游初期产品逐步向功能丰富、品质提升、规模扩大、产业联动的现代乡村旅游业转型发展。因此这阶段被称为现代乡村旅游阶段。在现代乡村旅游阶段，以欧美为代表的发达国家在其中扮演了重要角色，是乡村旅游的先行者。当下的乡村旅游产品中，许多起源于这些发达国家，如乡村民宿、葡萄酒庄园等。乡村旅游之所以能够快速恢复并且规模持续扩大，其中所涉及的原因与当时相关国家和地区的经济和社会发展状况有关。总之，随着第二次世界大战的结束，各国均极力避免再次出现世界范围的大规模战争，几乎所有国家都将重点转移至自身的经济发展，使得该时期各国GDP均出现快速增长（图2–1），人均GDP也在增长，人民生活水平提高，支付能力增强，是乡村旅游活动的发展和普及的重要经济基础。

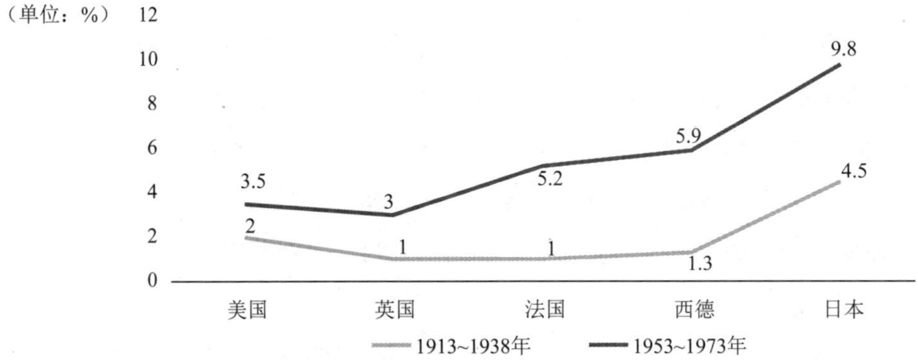

图2–1　19世纪部分国家经济增长速度的变化

随着经济的发展，各国社会福利进一步完善，纷纷延长休假时间。如1936年法国颁布《带薪休假法》，制订15个工作日的带薪休假，于1956年增至3周，1982年进一步延长至5周。日本于1988年颁布《劳动基准法》确立周休二日制，并接连颁布了《国民节假日法》《老年人福利法》等，为公民提供了充足的休闲时间。还有德国的《联邦休假法》中规定，每人每年还享有至少24个工作日的带薪休假，其中不包括双休日和节日。德国政府一向鼓励人们带薪休假，对自动放弃带薪休假权的员工不予经济补偿。如果员工在一年中没有休满假期，剩余的带薪假最晚可在次年的 3 月前休完。充足的闲暇时间为旅游业，尤其为乡村旅游业的发展提供了时间保障。西欧和日本等发达国家乡村旅游相继开发。主要旅游活动为历史遗迹参观、钓鱼、散步、乡间自驾游、郊游、摄影、观光、乡间农作方式、乡村景观参观与体验等。从 20 世纪 60 年代快速发展以来，乡村旅游在欧美国家已经成熟发展为规模巨大的产业。目前乡村旅游在德国、奥地利、英国、法国、西班牙、美国、日本等发达国家已具有相当的规模，走上了规范化发展的轨道。①

3. 成熟阶段（20 世纪 80 年代至今）

20 世纪 80 年代后，传统单纯的观光活动已经不能适应城市旅游者的需求，受现代城市旅游的影响，乡村旅游功能开始不断扩展，满足旅游者娱乐、休闲、度假、健身、疗养等需求的参与性旅游活动被不断推出。此时，原始的农业园已转变为休闲农庄、农场，乡村已建成大量旅游接待设施，旅游业经营管理水平也逐步上升，乡村旅游的层次、品位和文化内涵进一步提高。这阶段，发达国家乡村旅游主要的经营方式为农耕出租，即通过出租土地，将农场出租给旅游者耕种，农场主向其收取租用费。

20 世纪 90 年代以来，乡村旅游几乎覆盖整个欧洲和北美，澳大利亚、新加坡、日本、韩国等国家的乡村旅游也基本走上了规范的发展道路，现已具有相当大的规模，显示出强大的生命力。在法国，目前全国有 16 万个农庄推出了乡村旅游活动，并有 33% 的居民选择到乡村度假，全国每年接待的国内外游客约 200 万人次，乡村旅游收入占旅游总收入的 1/4。在意大利，全国 20 个行政大区已开展乡村旅游，约有 7500 个可供住宿的农庄。仅托斯卡纳大区每年接待的国内外游客就在 20 万人次以上。美国农村一直地多人少，而开展乡村旅游不仅弥补了农业劳动力的短缺，还帮助农场主就近推销了农副产品。因此，乡村旅游在美国很受欢迎。1997 年，美国有 1800 万人次赴农场观光度假，目前仅美国东部地区就有观光农场 1500 多家，各个农场除开展游客自采瓜果蔬菜的旅游项目之外，还推出垂钓、绿色食品展、乡村音乐会等特色旅游项目。为了促进乡村旅游的健康发展，美国政府还制定出专门的管理法规，对观光农场设置严格的软硬件标准。在亚洲，日本的乡村旅游发展得较早。日本旅行社开发出务农旅游，每年组织旅游者参加春天插秧、秋天收割等务农活动和捕捞鱼虾、牧场放牧、牛棚挤奶等项目，参加活动的旅游者向旅行社和农场交费。

国外的乡村旅游经历了以上三个发展阶段后，其旅游产品也脱离了传统的乡村观

---

① 干永福 . 乡村旅游概论［M］. 北京：中国旅游出版社，2017：41-43.

光，乡村度假和个性化旅游成为主要的高层次的旅游需求。旅游发展目标也从最初在乡村地区旅游转变成真正意义上的乡村旅游。乡村旅游的发展如此引人注目，与其特殊的历史背景分不开。一个多世纪以来，由于工业化和城市化进程的不断加速，乡村的经济和政治地位发生很大变化。特别是近 50 年来，由于技术进步，农业生产方式不断改进，农业劳动力需求下降，剩余农产品不断增加，这迫使政府采取措施限制农产品产量，许多乡村地区人口外移，数量不断下降，导致了乡村服务业的萧条和乡村社区的衰落。随着年轻人口的外迁，乡村老龄化问题日益突出。而发展旅游业作为改变乡村经济结构的重要途径之一，自然引起了人们的广泛关注。20 世纪 50 年代以后，旅游业的迅速发展，乡村旅游更是得到了蓬勃发展，引起更广泛的关注（图 2–2）。

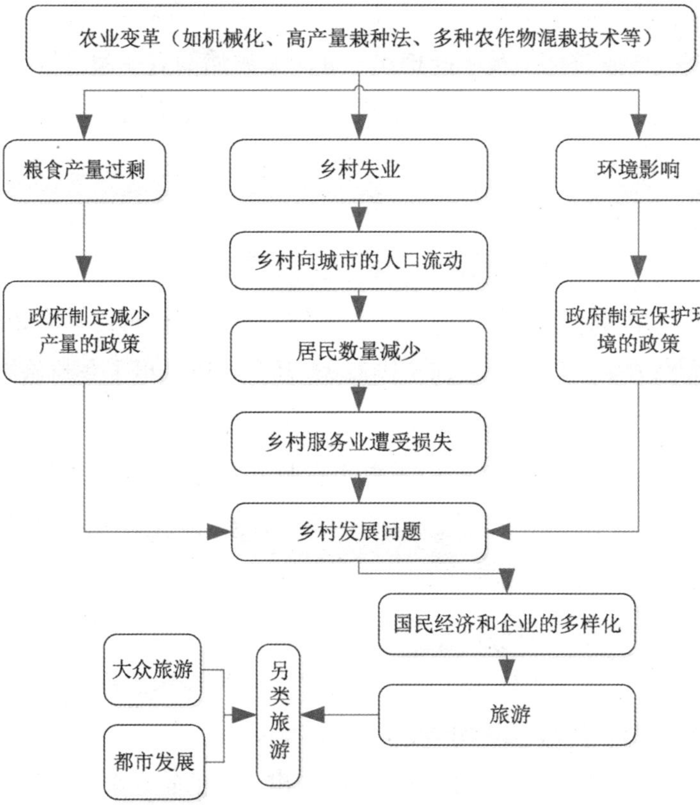

图 2–2　乡村旅游产生的背景

资料来源：陈秋华，纪金熊，等 . 乡村旅游规划理论与实践［M］. 中国旅游出版社，2014.

二、国内乡村旅游的兴起和发展

（一）国内乡村旅游的兴起

中国是个古老的农业大国，古代文人墨客的郊游和田园休闲活动，很早就已经产生，后来，城市居民到城郊远足度假也十分活跃，但多是自助式的，而且旅游目的地处于“纯自然状态”，并非现代意义上的乡村旅游。与其他国家相比，我国的乡村旅游起步比较晚。在学术上，关于我国的乡村旅游起源一直以来都有不同的说法：一是认为我国国内的乡村旅游开始于20世纪50年代，因接待外事的需要，山东省石家庄村率先开展乡村旅游活动；二是1982年，贵州省开发了黄果树附近的石头寨民族风情旅游；三是1984年，以开业的珠海白藤湖农民度假村为主要标志，开放地区的农民率先兴办了旅游类企业；四是20世纪80年代中后期，经济较发达的成都市郊区为了接待洽谈业务的客人，形成农家服务点，如80年代中后期成都市郫县友爱镇农科村的农户庭院接待等；五是由文化项目演变为乡村旅游点，其代表是贵州雷山朗德寨，1986年被确定为该省首批重点保护的民族村寨，省、州、县相继将其作为民族风情旅游点来开发。

（二）国内乡村旅游的发展

1. 初期发展阶段（1988~2000年）

20世纪80年代中期，一些著名旅游景区的周边乡村开始发展乡村旅游。1988年，改革开放较早的深圳首先办了荔枝节，主要目的是招商引资，随后又开办了采摘园，并取得了较好的效益。此后各地纷纷效仿，开办各具特色的观光农业项目。20世纪80年代末，位于成都郫县友爱镇农科村的徐家大院，以秀美的花卉盆景和浓郁的乡风民俗为依托，整合家庭资源，自发地办起庭院餐厅，农家乐破茧而出，这里诞生了中国第一家农家乐。20世纪90年代开始，在国家政策的扶持和旅游需求的推动下，乡村旅游逐渐发展壮大起来。近年来，休闲农业、观光农场、特色小镇和田园综合体等乡村旅游业态层出，将乡村旅游不断推向成熟。[①] 在这个时期发展的乡村旅游主要集中于具有特殊自然资源和文化特色的乡村地区，如安徽省皖南地区的西递、宏村和云南的少数民族地区。

1995年5月1日开始实行双休日，1995年，“中国民俗风情游”旅游主题与中国“56个民族的家”宣传口号引导游客深入少数民族风情区；1998年“中国华夏城乡游”旅游主题与“现代城乡，多彩生活”宣传口号吸引大批旅游者涌入乡村。1999年，春节、“五一”“十一”调整为7天长假。但这一时期的乡村旅游的旅游功能和产品还是比较单一的，主要是乡村观光和乡村农家（农家乐）。

20世纪90年代后，随着乡村地区观光农业园大规模的建立，逐步形成市民农园、

---

① 揭筱纹．乡村旅游目的地环境生态性规划与管理［M］．成都：四川大学出版社，2018：6–7.

教育农园、休闲农场、休闲牧场、农村留学、民俗农庄、森林旅游、高科技农艺园、多功能花园、乡村工业园、水乡旅游、田园主题公园、乡村生态旅游区等多形式的乡村旅游，表现为城里人到各类农业观光园采摘水果、钓鱼、种菜、野餐、学习园艺等的“农业娱乐型”活动。

此阶段发展特征表现为以开发观光农业为主，满足大众休闲旅游，并向“乡村度假型”发展。这期间涌现出一大批具有鲜明乡土特色和时代特点的乡村旅游地与乡村旅游区，如北京平谷的蟠桃采摘园和大兴的西瓜采摘园、淮北平原的“绿洲仙境”小张庄、江苏省江阴市华西村、上海的都市农业园、广东番禺的农业大观园等。这些乡村旅游地的开发和建设，不仅为城市居民提供了新的旅游休闲地域与空间，而且为农民致富和农村发展开辟了新的途径。为刺激乡村旅游的发展，1998 年，国家旅游局推出乡村旅游线路跨 20 个省，1 万多个村，紧接着推出“99 生态旅游年”。

2. 粗具规模阶段（2001~2010 年）

进入 21 世纪，党中央、国务院高度重视乡村旅游的发展。2000 年，国务院 46 号文件明确了“黄金周”的概念。中国共产党第十七届中央委员会第三次会议在《中共中央关于推进农村改革发展若干重大问题的决定》中明确提出要根据我国国情因地制宜发展乡村旅游，这是历史性的重大突破。2002 年，我国出台了《全国农业旅游示范点检查验收标准》，在全国开展创建“全国工农业旅游示范点”工作，对各地发展农家乐起到了极大的推动作用。2004 年，我国推出“中国百姓生活游”的旅游主题，其目的就是通过旅游者走进百姓生活，百姓参与旅游活动，城乡游客互动带动乡村社会经济的发展。

2006 年，中国乡村旅游年把中国乡村旅游建设推向高潮。形成一定规模的乡村旅游目的地主要集中在城市近郊、城乡接合部，江南古镇、古村落，中西部山村、少数民族村寨等地，乡村旅游资源的开发利用空间很大。2007 年被定为“2007 中国和谐城乡游”。2009 年，全国旅游工作会议指出：发展城乡旅游，已成为各地发展农村经济的重要“抓手”、培育支柱产业的重要内容、发挥资源优势的重要手段、促进城乡交流的重要途径、优化产业结构的重要举措，并启动乡村旅游“百千万工程”，即围绕旅游产业的全面发展，在全国推出 100 个特色县、1000 个特色乡、10000 个特色村。

这个时期全国乡村旅游开始全面兴起，各地涌现出大量的观光农业园，以观光功能为主，休闲功能为辅，主要包括观赏、品尝、购物、劳作、娱乐、农技学习、乡村文化欣赏、农民生活体验等，还有大量农家乐出现。最初在国内开展的乡村旅游活动大多数是以观光旅游和周末休闲的形式出现的，多在大、中城市近郊开展，多数为都市农业旅游或农家乐式的乡村旅游，例如四川的“农家乐”、北京的“民众旅游接待户”等。之后一大批以“体验农民生活，享受农村风光，欣赏农村风情”为主的新型乡村旅游产品在全国各地相继涌现。

3. 提升阶段（2011 年至今）

从 2011 年开始，农业部、国家旅游局在全国联合开展休闲农业与乡村旅游示范县和全国休闲农业示范点创建活动。活动的目的是通过创新机制、规范管理、强化服务、培育品牌等方式，进一步规范提升休闲农业与乡村旅游发展，推进农业功能拓展、农村经济结构调整。

截至 2018 年，我国共有 107 个县（市、区）为全国休闲农业与乡村旅游示范县，283 个点为全国休闲农业与乡村旅游示范点。①

2017 年，为推动我国乡村旅游持续健康发展，进一步发挥乡村旅游在稳增长、促消费、减贫困、惠民生等方面的积极作用，巩固当前我国经济稳中向好的势头，特制订《促进乡村旅游发展提质升级行动方案（2017 年）》，该方案指出，集中采取一批有力有效的政策措施，加大扶持力度，创新发展机制，改善基础设施条件，提高公共服务水平，健全市场监管环境，强化乡村生态环境和乡村风貌保护，全面提升乡村旅游发展质量和服务水平，推动乡村旅游成为促进农村经济发展、农业结构调整、农民增收致富的重要力量，成为建设美丽乡村的重要载体。

乡村旅游市场需求旺盛、富民效果突出、发展潜力巨大，是新时期居民休闲度假旅游消费的重要方式，也是促进农民增收、农业增效和农村经济社会全面发展的重要力量。明确乡村旅游发展的阶段性特征将有助于加速我国乡村旅游的产业化进程、加速我国的城乡统筹发展、加速乡村旅游参与社会主义新农村建设、美丽乡村建设和乡村振兴战略的积极实践。

第二节 乡村旅游研究综述

一、国外乡村旅游理论研究综述

国外学者对乡村旅游研究的开展也相对较早，并积累了丰厚的成果。综合搜集到

① 陈秋华，纪金雄 . 乡村旅游规划理论与实践［M］. 北京：中国旅游出版社，2014.

的文献来看，其关注的焦点主要包括以下六个方面。

（一）乡村旅游概念研究

国外学者对乡村旅游概念的研究给予了高度重视，并认为准确的概念是构建完备乡村旅游理论体系的基础，定义者主要包括官方组织机构与专家学者。世界经济合作与发展组织（OECD，1993）将乡村旅游（Rural Tourism）定义为发生在乡村的旅游活动，“乡村性”是其本质和特点。[①] 而世界旅游组织（1997）在《地方旅游规划指南》中指出，乡村旅游是旅游者在乡村（通常是偏远地区的传统乡村）及其附近逗留、学习、体验乡村生活模式的活动。[②] 专家学者也根据不同侧重点对乡村旅游的定义进行了探讨。比如，Gilbert（1990）等认为乡村旅游就是农户为旅游者提供食宿等条件，使其在农场、牧场等典型的乡村环境中从事各种休闲活动的一种旅游形式，[③] 该定义限定了乡村旅游的场所及服务内容。Arie Reichel（2000）等学者也言简意赅地认为乡村旅游就是位于乡村地区的旅游，具有乡村地区的特性。[④] 而 Lane（1994）比较全面地阐述了乡村旅游的概念，他认为乡村旅游是在乡村地区进行的旅游活动，且在不同的国家和地区具有不同的表现形式，它具有位置在乡村地区，旅游活动具有乡村性、小规模化，社会结构和文化具有传统特征以及类型变化多样五个特征。[⑤] 此外，Bramwell、Lane（1994）和 Lnskeep（1991）等学者还对乡村旅游（Rural Tourism）与农业旅游（Agritourism）以及农庄旅游（Farm Tourism）等概念及其之间的关系进行了论述，[⑥⑦] 从上述观点可以看出，各组织机构和专家学者对乡村旅游的定义各有侧重点，目前尚未形成统一，但大多数定义都强调了乡村旅游的活动地点和乡村性的本质特征。

（二）乡村旅游的影响研究

乡村旅游影响方面，国外学者在研究早期更多关注其经济作用，一般认为乡村旅游有利于促进经济多元化、扩大就业、完善当地基础设施、改善投资环境、促进相邻

---

① Arie Reichel，Oded Lowengart，Ady Milman，Rural Tourism in Isreal：Service Quality and Orientation［J］. Tourism Management. 2000，21（5）：451–459.

② 世界旅游组织 . 旅游业可持续发展：地方旅游规划指南［M］. 北京：旅游教育出版社，1997.

③ GILBERT D，TUNG L.Public Organizations and Rural Marketing Planning in England and Wales［J］.Tourism Management，1990，11（2）：164–172.

④ REICHEL A，LOWENGART 0，MILMAN A. Rural Tourism in Israel：Service Quality and Orientation［J］. Tourism Management，2000，21（5）：451 –459.

⑤ LANE B.What is Rural Tourism?［J］. Journal of Sustainable Tourism，1994，2（1）：7–21.

⑥ BRAMWELL B，LANE B. Rural Tourism and Sustainable Rural Development［M］. UK：Channel View Publications，1994.

⑦ LINSKEEP E.Tourism Planning：An Integrated and Sustainable Development Approach［M］.US：Van Nostrand Reinhold，1991.

地区的合作，[①②]对推动农村经济的发展起了重要作用。[③]随着乡村旅游的发展和研究的深入，学者们对乡村旅游在社会文化、生态环境方面的积极作用也进行了探讨，认识到乡村旅游有利于推动乡村与外界的社会文化交流，[④]促进社区团结和结构优化，[⑤]增强地方文化发展、遗产保护和改善乡村环境。[⑥]但同时也有学者指出，仍存在乡村旅游企业规模小、就业层次低、收入低、对地方经济的贡献具有局限性等问题。[⑦]甚至乡村旅游的发展还可能带来一些负面影响，比如加剧城乡差距，[⑧]导致当地社区的分化与隔阂，[⑨]破坏乡村传统文化，[⑩]增加乡村垃圾和噪声污染，[⑪]对野生动植物也会产生一定的影响。[⑫]此外，还有学者如Gill从正反两方面对乡村旅游与乡村经济发展的关系进行了研究。[⑬]由此可见，国外学者对乡村旅游的影响保持审慎态度。

（三）旅游者行为研究

游客是旅游活动的主要参与者与体验者。国外学者对乡村消费者行为的研究主要集中在消费者市场细分、消费者的特点及旅游者旅游动机三个方面。研究表明，乡村旅游者和非乡村旅游者在人口学特征、态度和行为特征上存在差异。[⑭]根据利益诉求的

---

① DERNOI L A. Farm Tourism in Europe［J］. Tourism Management，1983，4（3）：155–166.

② BRIEDENHANN J，WICKENS E. Tourism Routes as a Tool for the Economic Development of Rural Areas：Vibrant Hope or Impossible Dream?［J］. Tourism Management，2004，25（1）：71–79.

③ SLEE B，FARR H，SNOWDON P. The Economic Impact of Alternative Types of Rural Tourism［J］. Journal of Agricultural Economics，2010，48（1/3）：179–192.

④ OPPERMANN M. Rural Tourism in Southern Germany［J］. Annals of Tourism Research，1996，23（1）：86–102.

⑤ HUANG Y H，STEWART W P.Rural Tourism Development：Shifting Basis of Community Solidarity［J］. Journal of Travel Research，1996，34（4）：26–31.

⑥ MAUDE A，VANRD J.The Social and Economic Effects of Farm Tourism in the United Kingdom［J］. Agricultural Administration，1985，20（2）：85–99.

⑦ RIBEIRO M，MARQUES C. Rural Tourism and the Development of Less Favoured Areas：Between Rhetoric and Practice［J］. Intemational Journal of Tourism Research，2002，4（3）：211–220.

⑧ FLEISCHER A，PIZAM A.Rural Tourism in Israel［J］. Tourism Management，1997，18（6）：367–372.

⑨ LONG P T，PERDUE R R，ALLEN L.Rural Resident Tourism Perceptions and Attitudes by Community Level of Tourism［J］.Journal of Travel Research，1990，28（3）：3–9.

⑩ MAUDE A J S，VAN R D J.The Social and Economic Effects of Farm Tourism in the United Kingdom［J］. Agricultural Administration，1985，20（2）：85–99.

⑪ GARCIA~RAMON M D，CAN0VES G，VALD VINOS N. Farm Tourism，Gender and the Environment in Spain［J］. Annals of Tourism Research，1995，22（2）：267–282.

⑫ HALL D. Rural tourism Management：Sustainable Options Conference［J］. International Journal of Tourism Research，2000，2（4）：295–299.

⑬ GILL G A.The Effects on Farm Tourism，on the Rural Community and on Farming in the United Kingdom［J］. Tourism Recreation Research，1991，16（1）：69–71.

⑭ HUANG Y H，STEWART W P. Rural Tourism Development：Shifting Basis of Community Solidarity［J］. Journal of Travel Research，1996，34（4）：26–31.

不同，学者们将乡村旅游者细分为活跃型、消遣型、观览型和乡村型四类，① 而旅游动机是国外学者研究关注旅游者行为的关键问题。Murphy（1999）等通过对日本旅游者进行乡村旅游动机和消费行为的分析，证实了乡村旅游者和非乡村旅游者在消费动机和行为特征上的诸多不同。②Pearce（1990）的调查发现，旅游者到乡村旅游的动机是因为在此可享受后台体验。③ 其他相关乡村旅游动机研究还包括逃离都市的疏离感，寻找满足与踏实感、自身的生活方式和地位，④⑤ 了解当地生活。⑥ 此外还有享受乡村宁静、祥和、自由自在的环境或是出于对出游价格的考虑。⑦⑧

（四）居民与社区参与研究

当地居民是旅游活动的服务提供者，在乡村旅游活动中同样扮演着重要角色。居民对旅游影响的态度和感知是成功开发、经营、营销现有或未来旅游项目的一个重要因素。已有研究表明，居民对乡村旅游感知与态度的差异受年龄、受教育程度、经济发展水平和旅游业发展阶段等许多因素的影响，⑨⑩ 如 Perdue（1990）等对乡村居民对旅游发展影响的感知、旅游业发展的支持、旅游发展的限制与特殊旅游税收支持之间的关系进行了模型构建。⑪

由于旅游的发展使社区发生了分化，从而影响了社区居民对待旅游的态度，⑫ 忽略或缺乏地方居民参与会导致居民对旅游发展的反对，降低他们对旅游者的容忍度，并增强

---

① FROCHOT I.A benefit Segmentation of Tourists in Rural Areas：A Scottish Perspective［J］. Tourism Management，2005，26（3）：335–346.

② MURPHY A，WILLIAMS P W. Attracting Japanese Tourists Into the Rural Hinterland：Implications for Rural Development and Planning［J］. Tourism Management，1999，20（4）：487–499.

③ PEARCE P L. Farm Tourism in New Zealand：A Social Situation Analysis［J］. Annals of Tourism Research，1990，17（3）：337–352.

④ WALMSLEY D J. Rural tourism：A Case of Lifestyle~led Opportunities［J］. Australian Geographer，2003，34（1）61–72.

⑤ KNEAFSEY M. Rural Cultural Economy：Tourism and Social Relations［J］. Annals of Tourism Research，2001，28（3）：762–783.

⑥ FRATER J M. Farm Tourism in England：Planning，Funding，Promotion and Some Lessons From Europe［J］. Tourism Management，1983，4（3）：167–179.

⑦ MURPHY A，WILLIAMS P W.Attracting Japanese Tourists Into the Rural Hinterland：Implications for Rural Development and Planning［J］. Tourism Management，1999，20（4）：487–499.

⑧ PEARCE P L. Farm tourism in New Zealand：A Social Situation Analysis［J］. Annals of Tourism Research，1990，17（3）：337–352.

⑨ LONG P T, PERDUE R R, ALLEN L.Rural Resident Tourism Perceptions and Attitudes by Community Level of Tourism［J］. Journal of Travel Research，1990，28（3）：3–9.

⑩ ALLEN L R，HAFER H R，L0NG P T，et al. Rural Residents' Attitudes Toward Recreation and Tourism Development［J］. Journal of Travel Research，1993，31（4）：27–33.

⑪ PERDUE R R，L0NG P T，ALLEN L.Resident Support for Tourism Developement［J］. Annals of Tourism Research，1990，17（4）：586–599.

⑫ MADRIGAL R.A Tale of Tourism in Two Cities［J］. Annals of Tourism Research，1993，20（1）：336–353.

他们对进一步发展的敏感度。[①] 因此，乡村居民的感知与态度、社区参与程度也引起了相关学者的重视。比如 Sheldon 等以美国夏威夷为案例，评测了当地居民对旅游业的态度，并认为在旅游开发的各个方面重视社区参与是获得旅游可持续发展的重要部分。[②]

（五）乡村旅游营销研究

随着乡村旅游市场竞争愈演愈烈，乡村旅游营销的价值与意义也日益凸显，学者们呼吁发展乡村旅游应了解市场与营销。[③] 旅游产品的市场开发与发展重视，如 Fleischer（2000）通过对广大游客的偏好研究和乡村旅游的经济效益分析，得出应小规模开展乡村旅游的结论。[④] 另外，乡村旅游的营销战略与策略的相关探讨不断深入，如 Roberts（2004）和 Gartner（2004）等认为，乡村旅游是后现代社会背景下的体验经济，营销策略应从传统的产品营销和服务营销转向体验营销；[⑤⑥]Hummelbrunner（1994）以奥地利乡村旅游为例提出三种乡村旅游经营策略。[⑦] 整体营销在后现代背景下成了学者们推荐的一种重要模式。[⑧] 此外，学者对乡村旅游形象与品牌也进行了相关研究，如 Cai（2002）建立了乡村旅游目的地品牌的概念模型，[⑨] 而 Beeton（2004）则关注现代媒体对乡村旅游形象和乡村品牌打造的影响。[⑩]

（六）乡村旅游的管理研究

Shaipley（2002）在研究塞浦路斯乡村旅游发展时指出，有效管理机构的长期缺乏将导致乡村旅游的发展面临诸多挑战。[⑪] 除了政府研究机构在乡村旅游管理中的重要作

---

① LANKFORD S V, HOWARD D R. Developing a Tourism Impact Attitude Scale［J］. Annals of Tourism Research, 1994, 21（1）：121–139.

② SHELDON P J, ABENOJA T. Resident Attitudes in a Mature Destination：The Case of Waikiki［J］. Tourism Management, 2001, 22（5）：435–443.

③ LANE B, KASTENHOLZ E. Rural Tourism：The Evolution of Practice and Research Approaches ~Towards a New Generation Concept?［J］. Journal of Sustainable Tourism, 2015, 23（8/9）：1133–1156.

④ FLEISCHER A, FELSENSTEIN D.Support for Rural Tourism［J］. Annals of Tourism Research, 2000, 27（4）：1007–1024.

⑤ ROBERTS L, HALL D.Consuming the Countryside：Marketing for Rural Tourism［J］. Joumal of Vacation Marketing, 2004, 10（3）：253–263.

⑥ GARTNER W C. Rural Tourism Development in the USA［J］. International Journal of Tourism Research, 2004, 6（3）：151–164.

⑦ HUMMELBRUNNER R, MIGLBAUER E.Tourism Promotion and Potential in Peripheral Areas：The Austrian case［J］. Journal of Sustainable Tourism, 1994, 2（1/2）：41–50.

⑧ GILBERT D. Rural Tourism and Marketing：Synthesis and New Ways of Working［J］. Tourism Management, 1989, 10（1）：39–50.

⑨ CAI L A. Cooperative Branding for Rural Destinations. Annals of Tourism Research, 2002, 29（3）：720–742.

⑩ BEETON S. Rural Tourism in Australia：Has the Gaze altered? Tracking Rural Images Through Film and Tourism Promotion［J］. The International Journal of Tourism Research, 2004, 6（3）：125–135.

⑪ SHARPLEY R. Rural Tourism and the Challenge of Tourism Diversification：The Case of Cyprus［J］. Tourism Management, 2002, 23（3）：233–244.

用外，[①] 乡村社区、行业协会和旅游中介组织在乡村旅游资源的管理中也发挥着重要作用。Embacher（1994）对奥地利旅游发达地区的农业旅游严密的组织管理进行了详细阐述。[②] 此外，乡村旅游中的冲突管理也有诸多研究成果。Klejdzinski（1991）对乡村旅游中发生在各种旅游地居民之间、居民与旅游者之间、居民与开发管理公司之间的冲突进行了分类整理和分析。[③]Huang 和 Stewart（1996）则从博弈角度对乡村旅游的冲突管理进行了解释。[④]

二、国内乡村旅游研究

我国乡村旅游业的蓬勃发展催生出丰富深入的系列研究成果。目前国内乡村旅游的关注点主要集中在概念界定、动力机制、价值与影响、规划与开发、经营与治理五个方面。

（一）乡村旅游概念的界定

我国学者对乡村旅游概念的讨论也较多，但由于各个学者对乡村旅游的关注点不同，因而至今尚未形成统一。国内较早研究乡村旅游的学者杨旭（1992）从旅游活动的视角提出，乡村旅游是以农业生物资源、农业经济资源、乡村社会资源所构成的立体景观为对象的旅游活动；[⑤] 而杜江和向萍（1999）关注到乡村旅游活动的消费性，认为乡村旅游是以乡野农村的风光和活动为吸引物，以都市居民为目标市场，以满足旅游者娱乐、求知和回归自然等方面需求为目的的一种旅游方式，[⑥] 也有学者从旅游产品吸引物角度进行概念探讨，如刘德谦（2006）指出乡村旅游就是以乡村地域及农事相关的风土、风物、风俗、风景组合而成的乡村风情为吸引物，吸引旅游者前往休息、观光、体验及学习等的旅游活动。[⑦] 尽管学者们对乡村旅游概念的阐述不尽相同，但本质上仍是围绕乡村旅游的发生地点、吸引物、消费市场等关键要素进行讨论。

---

① AUGUSTYN M. National Strategies for Rural Tourism Development and Sustainability：The Polish Experience［J］. Journal of Sustainable Tourism，1998，6（3）：191–209.

② EMBACHER H. Marketing for Agritourism in Austria：Strategy and Realisation in a Highly Developed Tourist Destination［J］. Journal of Sustainable Tourism，1994，2（1/2）：61–76.

③ KLEJDZINSKI M. Report on Tourism and Agriculture［J］. Comparative Biochemistry & Physiology Part A Molecular & Integrative Physiology，1991，158（1）：79–86.

④ HUANG Y H, STEWART W P.Rural Tourism Development：Shifting Basis of Community Solidarity［J］. Journal of Travel Research，1996，34（4）：26–31.

⑤ 杨旭 . 开发“乡村旅游”势在必行［J］. 旅游学刊，1992（2）：38–41.

⑥ 杜江，向萍 . 关于乡村旅游可持续发展的思考［J］. 旅游学刊，1999，14（1）：15–18.

⑦ 刘德谦 . 关于乡村旅游、农业旅游与民俗旅游的几点辨析［J］. 旅游学刊，2006，21（3）：12.206.

（二）乡村旅游动力机制研究

乡村旅游在我国发展的良好势头也引起了众多学者对其动力机制的关注与探讨。杨军（2006）认为，乡村旅游发展的核心动力系统包括需求、供给、营销和扶持；[①]叶红（2007）将乡村旅游动力归纳为需求、供给、营销和政府四方面；[②]张骁鸣等（2009）在“起点—动力”假说中提出乡村发展动力是自然环境、社会、经济、文化、政治等发展要素之间的复杂关联和相互作用；[③]也有相关实证研究证实乡村旅游产业发展的动力系统主要包括供给、需求与管理；[④]还有学者指出，中国人的乡土情结是引发乡村旅游的根本动机。[⑤]虽然我国乡村旅游发展的动力因素丰富多样，但最为核心的因素仍是需求与供给两个方面。

（三）乡村旅游价值与影响

作为新时期农村发展和产业发展的重要组成部分，乡村旅游在经济、社会、文化与生态等方面都产生了深刻影响。首先，作为推动农村经济发展的重要动力，乡村旅游的发展对农户收入的提高效果显著，[⑥]对农村扶贫作用明显，[⑦]并能推动农村产业转型升级，[⑧]为农村经济的快速发展注入了活力，[⑨]甚至对区域经济也有一定的拉动作用。[⑩]其次，乡村旅游也产生了显著的社会影响。王晨光（2018）认为，乡村旅游不仅是解决“三农”问题的重要途径，还有利于乡村振兴战略的推进；[⑪]吉根宝等（2015）也指出乡村旅游在社会化转型过程中对优化城乡网络空间结构、促进城郊社会产业结构调整与经济转型、促进城郊乡村居民的职业转型与身份转型、促进城郊乡村文化转型与有效实现城乡融合起着重要的推动作用。[⑫]再次，乡村旅游的发展对传统文化的保护、传承与复兴也得到了学界的认可，如黄震方等（2018）提出适度的旅游发展能有效促进乡

---

① 杨军．中国乡村旅游驱动力因子及其系统优化研究［J］．旅游科学，2006，20（4）：7-11.

② 叶红．乡村旅游发展的动力机制研究：以成都市乡村旅游发展为例［J］农村经济，2007（10）：79-82.

③ 张骁鸣，保继刚．旅游发展与乡村变迁：“起点—动力”假说［J］．旅游学刊，2009，24（6）：19-24.

④ 黄炜，孟霏，肖淑靓．精准扶贫视域下乡村旅游产业发展动力因素实证研究：以武陵山片区为例［J］．中央民族大学学报（哲学社会科学版），2017（5）：57-68.

⑤ 黄洁．从“乡土情结”角度谈乡村旅游开发［J］．思想战线，2003，29（5）：24-26.

⑥ 姚海琴，朋文欢，黄祖辉．家庭型乡村旅游发展对农户收入的影响机制及效果：以浙江、四川和湖南三省为例［J］．经济地理，2016，36（11）：169-176.

⑦ 郭焕成，刘军萍，王云才．观光农业发展研究［J］．经济地理，2000（20）：119-124.

⑧ 郁珊珊，王浩，王亚军．我国乡村旅游产业的价值体系及对产业升级的影响［J］．农业经济，2016（4）：48-49.

⑨ 蔡文芳．乡村旅游对农村经济发展的影响［J］．吉首大学学报（社会科学版），2017（增刊2）：23-25.

⑩ 卢睿．乡村旅游业发展对广西区域经济的影响研究［J］．中国农业资源与区划，2016，37（10）：45-50.

⑪ 王晨光．集体化乡村旅游发展模式对乡村振兴战略的影响与启示［J］．山东社会科学，2018（5）：34-42.

⑫ 吉根宝，郭凌．乡村旅游对城郊乡村社会转型的影响研究［J］．改革与战略，2015（7）：102-105.

村文化保护，并增强农民的文化自觉与文化自信。[①] 最后，旅游学者对乡村旅游在生态方面的积极作用也进行了关注。李莺莉等（2015）的研究表明，旅游产业作为环保产业发挥了带动作用和乘数效应；[②] 李涛等（2016）等也指出休闲农业旅游开发是地区实现农业产业休闲化、多元化、生态化、高效化发展的重要途径和出路。[③]

对乡村旅游的负面影响特别是在生态、社会与文化方面的负面效应，学者们也有着清醒的认识。研究表明，乡村旅游可能会给农村地区带来空气污染、地表水污染以及固体垃圾废弃物污染等问题。[④] 邹统钎等（2007）进一步指出乡村朴实的民风、传统的伦理观和道德观会因乡村旅游开发中过度追求经济效益而改变；[⑤] 保继刚等（2004）对周庄和大理的研究表明，乡村旅游会加速历史城镇的商业化，改变传统文化，甚至造成传统文化和艺术的消亡。[⑥]

（四）乡村旅游规划与开发

我国乡村类型多样，在经济发展水平和社会文化习俗等方面也千差万别，乡村旅游的开发与发展模式也不尽相同。对乡村旅游的开发与发展也是学界研究的热点。

有关研究从不同角度对乡村旅游开发与发展模式进行了划分与探讨。依据资源类型的不同，有学者将乡村旅游开发与发展归纳为旅游资源主体型、共生型与附属型三种。郑群明等（2004）认为，在众多开发模式中，社区和居民参与的开发模式是最佳选择，并据此提出了参与式的乡村旅游开发模式，包括“公司＋农户”模式、“政府＋公司＋农村旅游协会＋旅行社”模式、股份制模式、“农户＋农户”模式、个体农庄模式五种具体模式。[⑦] 郭剑英（2008）等根据旅游活动的参与主体，提出了政府主导型、企业主导型、集体股份制和自主发展四种模式。[⑧]

随着乡村旅游市场的发展与成熟，也有学者提出应该通过乡村旅游的转型升级，实现乡村旅游的可持续发展，如王云才（2006）认为新时期替代传统乡村旅游产品的新形态和新模式主要有主题农园与农庄发展模式、传承地方性遗产之乡村主题博物馆

① 黄震方，黄睿.城镇化与旅游发展背景下的乡村文化研究：学术争鸣与研究方向［J］.地理研究，2018，37（2）：233-249.

② 李莺莉，王灿.新型城镇化下我国乡村旅游的生态化转型探讨［J］.农业经济问题，2015（6）：29-34.

③ 李涛，刘家明，刘锐等.基于“生产—生活—生态”适宜性的休闲农业旅游开发［J］.经济地理，2016.3.6（12）：169-176.

④ 阮洛瑶.旅游开发与民族文化传承［J］.经济与社会发展，2004，2（6）：145-149.

⑤ 邹统钎，王燕华，丛日芳.乡村旅游社区主导开发（CBD）模式研究：以北京市通州区大营村为例［J］.北京第二外国语学院学报，2007（1）：53-59.

⑥ 保继刚，苏晓波.历史城镇的旅游商业化研究［J］.地理学报，2004（59）：427-436.

⑦ 郑群明，钟林生.参与式乡村旅游开发模式探讨［J］.旅游学刊，2004，19（4）：33-37.

⑧ 郭剑英，邱云志，熊明均.初探新农村建设中乡村旅游发展模式选择：以汶川县照壁村、萝卜寨村为例［J］.商业研究，2008（6）：176-179.

发展模式、乡村民俗体验与主题文化村落发展模式、乡村旅游基地化之乡村俱乐部模式、现代商务度假与企业庄园模式、农业产业化与产业庄园发展模式及区域景观整体与乡村意境梦幻体验模式。[①] 如王婉飞等（2008）就以德清乡村旅游为例，提出乡村旅游可持续发展必须从产品、模式、营销三方面进行产业提升；[②] 邹统钎等（2006）则分析了乡村旅游可持续发展的动力机制与政府规制问题；[③] 耿庆汇等（2007）围绕乡村旅游可持续发展目标，提出了区域轮休的新思路，并探讨了与之相适应的集中可行的运作模式。[④]

（五）乡村旅游经营与治理

乡村旅游的不断开发与发展也伴随着一系列问题，比如不同利益主体之间矛盾关系的处理和利益的协调、[⑤] 土地流转与使用问题、[⑥] 城郊乡村旅游社区建设[⑦] 等。同时，开发过程中村民参与层次低、村寨和村民的主体地位得不到体现、旅游利益分配不均、过分追求短期经济效益而忽视社会发展的综合效益[⑧] 等现象，也是乡村旅游开发和发展过程中必然面对的乡村规划与治理问题。乡村旅游作为发展农村经济的重要途径，在推动乡村经济发展水平的同时推动了中国乡村从传统的乡村治理向以公民身份为基础的现代乡村治理发展，[⑨] 同时承担了治理农村空心化问题的重任，[⑩] 并在农村空心化问题方面发挥着有效作用。[⑪] 近年来，旅游扶贫正成为我国扶贫攻坚的崭新生力军，在“推进生态文明、建设美丽中国”和“坚持五大发展理念、全面建成小康社会”国家战略引领下迈入新阶段，并逐步走向以生态和环境为底线、以投入和能耗为标尺、以质量和效益为中心的内涵式发展新方向。[⑫]

---

① 王云才．中国乡村旅游发展的新形态和新模式［J］．旅游学刊，2006，21（4）：8.

② 王婉飞，单文君．乡村旅游产业升级研究：以德清县乡村旅游为例［J］．技术经济与管理研究，2008（5）：101–104.

③ 邹统钎，马欣，张昕玲，等．乡村旅游可持续发展的动力机制与政府规制［J］．杭州师范大学学报（社会科学版），2006，28（2）：64–67.

④ 耿庆汇，牟晓婷，魏薇．区域轮休：乡村旅游可持续发展的新思路［J］．农村经济与科技，2007，18（3）：106–107.

⑤ 刘婷婷．乡村旅游利益相关者矛盾冲突及协调路径［J］农业经济，2017（12）：64–66.

⑥ 郭凌，黄国庆，王志章．乡村旅游开发中土地流转问题研究［J］．西北农林科技大学学报（社会科学版），2009，9（5）：85–91.

⑦ 张传时，吴茜，李呈琛，等．城郊乡村旅游开发与乡村旅游社区发展［J］．长安大学学报（社会科学版），2010，12（3）：121–124.

⑧ 罗永常．民族村寨社区参与旅游开发的利益保障机制［J］．旅游学刊，2006，21（10）：45–48.

⑨ 郭凌．乡村旅游发展中的乡村治理研究［J］．农村经济，2008（6）：21–24.

⑩ 田新强．乡村旅游开发与农村空心化问题治理［J］．农业经济，2017：52–54.

⑪ 宋凡金，王爱忠，王东强．统筹城乡发展中乡村旅游开发与农村空心化治理［J］．农业现代化研究，2015（5）：755–759.

⑫ 杨德进，白长虹．我国旅游扶贫生态效率的提升路径［J］．旅游学刊，2016，31（9）：12–14.

三、国内外研究对比分析

纵观国内外乡村旅游的发展和研究情况，可以看出，乡村旅游研究工作的开展与乡村旅游的实际发展密切相关，研究工作及成果既是实践经验的概括和总结，也反过来指导实践工作的进一步开展。从研究内容来看，乡村旅游概念、乡村旅游的影响、乡村旅游规划与管理等是研究者关注的重要议题，但由于国内外乡村旅游的兴起时间、背景及其他经济、社会、文化因素的不同，国内与国外对乡村旅游研究之间的差异仍比较明显，主要体现在以下两个方面。

（一）研究视角

国外学者的研究更关注乡村旅游作为一种产品在营销过程中的各个环节中所表现出的具体问题及其对策、措施，既包括宏观方面，如可持续发展，也包括微观方面，如旅游消费行为特征等；而我国对于乡村旅游的研究大多还处于宏观的单纯定性描述层次，如乡村旅游分类、乡村旅游动力机制、开发与发展模式分类等。虽然近年来部分学者也逐渐开始关注更深层次的微观研究。如张圆刚等（2017）利用计划行为理论（TPB）和自我调节理论（TSR）模型构建，深入探讨乡村旅游地游客旅游行为意向的差异。[①] 但总体来说，我国目前对乡村旅游研究的关注点主要还处于宏观层面，有待向微观研究发展。

（二）研究方法

在乡村旅游研究方法的采用上，国外学者更注重研究成果在理论推进与实际应用方面的可能性。因此，他们除了对研究对象进行定性描述之外，更注重采取定量方法对实际案例进行分析，以得到具体的数据及有利于改进实际操作的结论；而我国目前的研究仍主要停留在对各种乡村旅游现象的定性描述和简单分类上，关于一些理论的提出也仅停留在理念和战略上，针对性和实际可操作性不强。

清晰的概念界定是进行乡村研究的基本前提，本书认为乡村旅游的内涵应从以下几个方面进行概括：

（1）空间概念。乡村旅游是发生在“乡村”这个空间的旅游。“乡村”专门指以从事第一产业生产为主的劳动人民所住的地方，或叫乡间聚居之地，它有别于都市、风景名胜区。

（2）资源概念。乡村旅游资源是存在于“乡村”这个空间的旅游资源，乡村中凡

---

① 张圆刚，余向洋，程静静，等. 基于 TPB 和 TSR 模型构建的乡村旅游者行为意向研究［J］. 地理研究，2017，36（9）：1725-1741.

是具有审美和愉悦价值且使旅游者为之向往的自然存在、历史文化遗产和社会现象都应该属于乡村旅游资源的组成部分。它不仅包括乡野风光等自然旅游资源，还包括乡村建筑、乡村聚落、乡村民俗、乡村文化、乡村饮食、乡村服饰、农业景观和农事活动等人文旅游资源。

（3）目标市场。乡村旅游的目标市场应主要定位于城市居民，满足都市人享受田园风光，回归淳朴民俗的愿望。

（4）旅游者的旅游动机。在发展乡村旅游的时候应该明确旅游者参与乡村旅游的旅游动机，更好地开发出符合旅游者偏好的乡村旅游活动。

（5）发展特色。乡村旅游的特色应在于它的乡土性。而乡土性也正是乡村旅游吸引目标群体城市居民的独特优势所在。在进行乡村旅游规划、设计和组合产品时应充分利用这个优势，满足城市居民回归自然的需求。[①]

在明确乡村旅游内涵的基础上，将乡村旅游的概念界定为：以乡村空间环境为依托，以乡村独特的农业生产经营活动、农民生活形态、民俗风情、乡村风光、乡村居所和乡村文化等为旅游资源，利用城乡差异来规划设计和组合产品，主要吸引城市居民前来观光、游览、娱乐、休闲、度假和购物的一种新型旅游形式，它可以为乡村社区带来社会、经济和环境效益。[②]结合国内外学者研究热点及我国乡村旅游发展现状，本书重点介绍乡村旅游的发展效应、空间格局、发展模式、乡村旅游规划、乡村旅游资源与环境保护等，并进行一些具有典型示范意义的乡村旅游发展实践案例分析，以期为探索适合我国国情的乡村旅游发展道路提供参考借鉴。

①② 陈秋华，纪金雄．乡村旅游规划理论与实践［M］．北京：中国旅游出版社．

Part 3

第三章　乡村旅游的发展效应

第一节　乡村旅游的经济影响

旅游过程中的经济行为是现代旅游的功能要素之一，乡村旅游作为旅游行业的一个分支，有着广大的市场需求，能够被接受并迅速发展起来，与其经济属性密切相关。乡村地区往往地理位置比较偏僻、经济水平比较落后，在乡村地区发展旅游业，可以促进当地收入增加、优化产业结构、扩大就业机会、实现经济转型等。但是，发展乡村旅游也会产生一些消极的影响。主要包括引起当地物价上涨，导致盲目投资、重复建设等问题。

一、对于农村地区经济的积极影响

（一）增加农村经济收入，促进农村地区经济发展

乡村旅游可以有效利用农村各类资源，发挥地区优势与特色，[①] 陈伍香等学者对桂林阳朔村进行了研究，认为乡村旅游产生了良好的经济效益，是促进欠发达地区致富的有效手段。通过发展乡村旅游，农民可以将一般的生产和生活资料转化为经营性资产，从而获得经济效益。[②] 乡村旅游不同于其他产业，其依赖的主要是当地的生态环境

① 杨敏，白廷斌．乡村旅游对农村产业结构调整和优化的影响［J］．云南民族大学学报（哲学社会科学版），2006（2）：89–92.

② 陈伍香，李咏梅．乡村旅游对欠发达旅游目的地影响探析——以桂林阳朔历村为例［J］．社会科学家，2010（9）：93–95+98.

资源，如果没有旅游业，这些资源的经济价值非常小，旅游业的发展有效提升了这些资源的经济价值。因此，乡村旅游可以在边远地区兴起并蓬勃发展，能为当地经济发展创造良好的契机，促进农村经济的繁荣。

根据前瞻产业研究院发布的《中国休闲农业与乡村旅游市场前瞻与投资战略规划分析报告》统计数据显示，2012~2018 年，我国乡村旅游接待的人数在不断地增加，2012 年，我国乡村旅游接待人数为 7.2 亿人次。2018 年，我国乡村旅游接待人数已经达到了 30 亿人次，占国内游客接待人次的 56%。乡村旅游正在发挥着越来越重要的作用。从图 3–1 中可以看出乡村旅游接待人数的增长趋势，乡村旅游接待人数在 2012~2015 年经历快速增长之后，2015~2018 年开始趋于平稳增长（见图 3–1）。

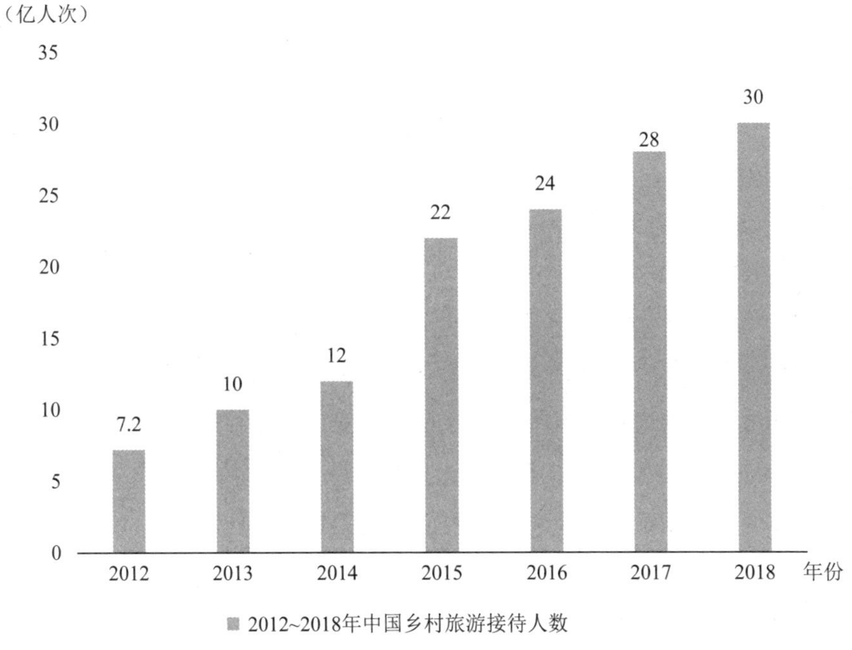

图 3–1　2012~2018 年中国乡村旅游接待人数

资料来源：前瞻产业研究院

根据前瞻产业研究院发布的关于乡村旅游收入的数据可以看出，2012 年，乡村旅游营业总收入是 2400 亿元，在 2018 年，乡村旅游收入已经超 8000 亿元，占国内旅游总收入的 16.2%（见图 3–2）。

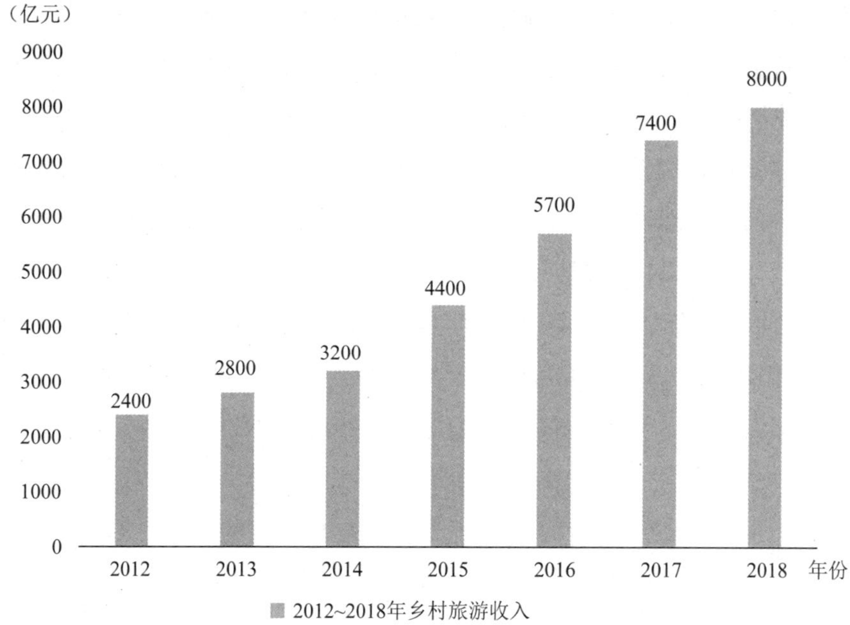

图 3-2 2012~2018 年乡村旅游收入

资料来源：前瞻产业研究院

（二）增加农民家庭收入，提高当地村民的生活水平

资本的形成与积累是经济快速发展的关键，一个国家或地区的经济发展受益于资本的形成与积累。发展乡村旅游是促进农村资本形成与积累，从而使农民脱贫致富的有效手段，其可以从供给和需求两方面打破纳克斯的“贫困恶性循环理念”。从供给方面来看，旅游地可以丰富的旅游资源作为依托，吸引外来资金的投入，开发当地的旅游资源，从而使农村闲散的资源包括闲置的劳动力转化为旅游资本；从需求方面来看，大量的外来游客在当地游览消费，弥补了当地消费的不足，从而可启动农村消费市场，解决农村有效需求不足的问题。这样就从供给和需求两方面促成农村资本的形成，使农村经济进入了一个良性循环圈（见图 3-3）。根据图 3-3 可知，当农村闲置的资源转化为旅游资本后，乡村旅游就会带动相关产业发展，从而为农民提供就业机会，进而使乡村旅游的增收效应得以发挥，最后农民收入的增加就会进一步扩大投资，使乡村经济进入下一轮的循环。①

① 文乐，麻学锋.乡村旅游对农民的收入效应及其机制探究——以凤凰县为例［J］.边疆经济与文化，2011（8）：11-14.

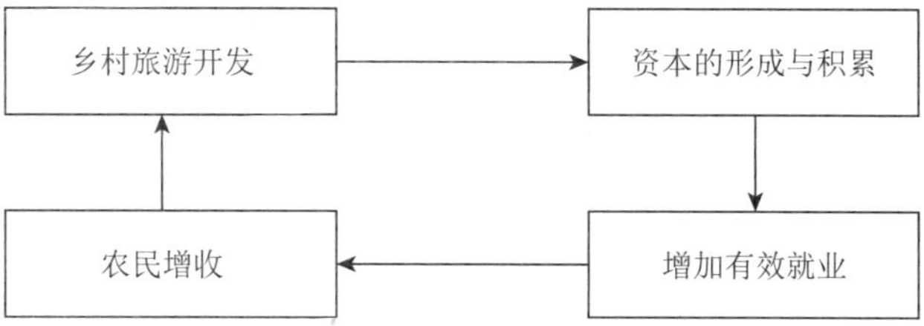

图 3–3　乡村旅游良性发展的动态机制图

资料来源：袁智慧 . 海南省旅游业发展与农民收入问题研究［D］. 中国农业科学院，2014.

（三）优化当地产业结构

乡村旅游业是一个综合性的产业，乡村旅游业的发展需要许多部门的支持与配合，反过来它又可以促进和带动许多部门和行业的发展。为了不断满足乡村旅游者在旅行期间的吃、住、行、游、购、娱等要求，就必须在乡村地区建立设施齐全的多功能村，促进乡村地区尽快建立健全农村社会化服务体系。因此，乡村旅游发展有助于将传统农业向现代旅游业延伸，打破传统种养产业的思维定式，带动乡村交通运输、商饮服务、文化娱乐和地方工艺品制作等行业的发展，实现第一、第二、第三产业发展的相互促进，由农业为主的产业结构转向农业和非农业共同发展的结构，从而改变乡村第二、第三产业弱小的局面。[①] 作为传统农业的后续产业，乡村旅游可带动整个第三产业，第三产业服务于第一、第二产业，而第一、第二产业的发展又形成对第三产业活动的新需求，从而形成这样一种良性的循环结构。另外，乡村旅游在交通基础设施方面的投资，为农产品运输提供了方便，可提高农产品的商品率，打破小而全的农业结构，因地制宜发展优势农产品（图 3–4）。

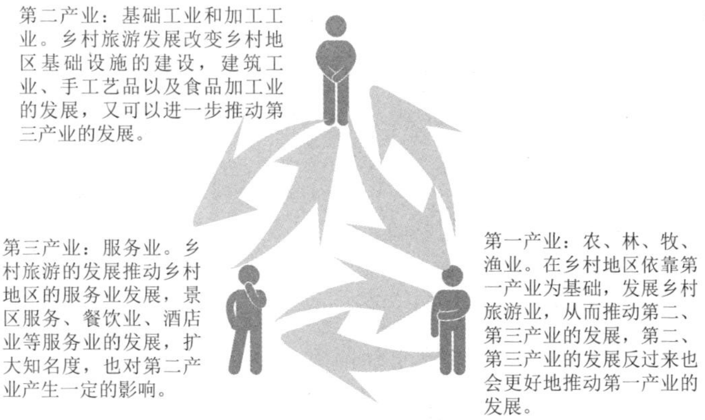

图 3–4　乡村旅游优化当地产业结构

① 赵承华 . 乡村旅游及其推动农村产业结构优化研究［D］. 武汉理工大学，2009.

旅游业的发展带来了农村产业结构的转变，增加农民收入的同时，收入结构也随之发生变化。乡村旅游相关的就业岗位增多，工资性收入逐步增加。同时随着旅游相关产业的快速发展，农民由靠传统农业生产赚钱向靠经营农业旅游项目赚钱转变，家庭经营收入中的第一产业收入的比重有所降低，第二、第三产业收入比重不断增加。具体来看，与旅游业相关的农民的收入主要来源于工资性收入、经营性收入、财产性收入。工资性收入主要来源于在旅游景区内就业的固定工资收入，或在其旅游相关部门就业的固定工资收入、从事建筑行业的工资性收入等。经营性收入主要来源于民宿住宿、餐饮、经营农家乐等直接旅游收入，除此之外旅游业发展也促进了当地农产品、土特产品、手工艺品、小商品等销售，增加了农民经营性收入。财产性收入主要包括旅游景区、旅游设施建设中吸收农民以土地入股，并取得相应的土地入股分红收入、土地租金收入等（图 3–5）。

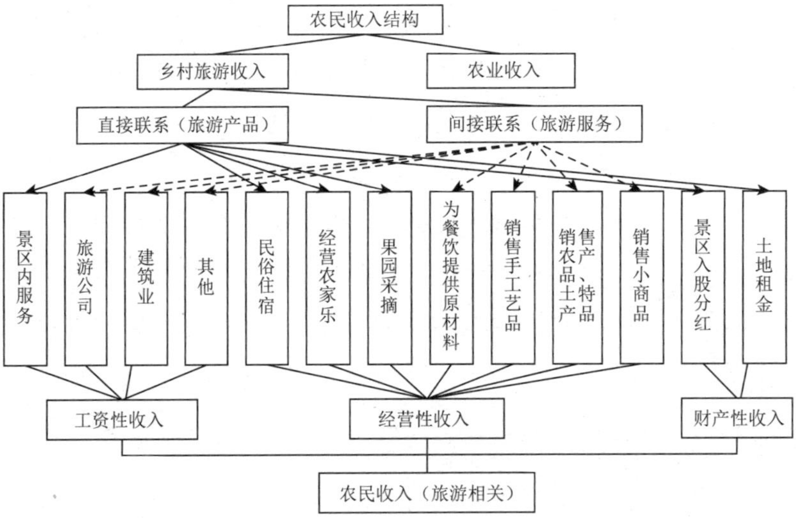

图 3–5　乡村旅游业对于农民收入的影响

资料来源：袁智慧．海南省旅游业发展与农民收入问题研究［D］．中国农业科学院，2014.

二、对农村经济的消极影响

（一）提高了当地的物价水平

旅游业的快速发展和客流量的增加，通常会拉动物价的上涨，在一定程度上影响当地居民的日需生活水平。比较典型的是可直接用于旅游经营的设施和资源，如房屋、土地、山地、湖泊等。它们在旅游开发前往往价值不高，交易机会有限，供需基本平衡。旅游开发后需求增加，商业价值大大提升，购买和租赁的价格都会上升。在一些乡村旅游特色村和民俗村，以前房屋的价值往往不高，租赁和交易往往在村民之间进行。开展旅游活动后，房屋被改造或扩建为商店、餐馆、旅馆等经营设施，其价格迅速上涨。相应地增加了居住成本，导致当地村民购买能力下降。

（二）导致乡村经济风险

乡村旅游的发展有可能导致农民放弃对土地的耕种和经营，致使经济发展过分依赖旅游产业，乡村产业结构变得单一、脆弱。旅游产业具有高度敏感性，受社会政治、气候气象、自然灾害、疾病等影响较大，因乡村旅游产业发展导致的薄弱经济结构，极大地增加了乡村经济的风险性。乡村旅游扶贫开发有可能造成当地资金大量流入旅游行业，导致资金对其他产业的投入不足，抑制其他产业的发展。此外，乡村旅游产业的盲目开发和重复建设，也会带来资源的浪费，造成区域旅游资源利用效率低下。久而久之，发展乡村旅游的热情就会下降，经济发展速度也会放缓。

第二节　乡村旅游的就业带动

旅游业属于服务性行业，劳动密集度高，一些岗位对技术要求不高，当地社区居民可以普遍参与，促进农民充分利用富余时间。我国农村劳动力资源丰富，农村有限的耕地面积并不能保证农民充分就业，发展乡村旅游为农村剩余劳动力的转移提供了可能，[①] 发展乡村旅游是解决“三农”问题的一个途径。[②] 在我国，乡村旅游能增加就业岗位与机会，农民通过多种形式搞副业，提高自身素质和就业竞争力，从而促进农村就业。[③]

一、增加就业岗位

旅游产业是一个多部门、多产业的复合产业，属于人力资源密集型产业，在发展中需要投入大量的人力资源。在乡村旅游扶贫发展的过程中，既需要第三产业专业性的服务人才，同时也需要第一产业、第二产业的专业人才，也离不开高素质的管理型、综合型人才。乡村旅游的发展，有利于乡村剩余劳动力流向旅游产业，为当地贫困村民提供了较多的就业机会，有利于促进当地村民收入水平的提高和生活水平的改善。

---

① 于静．论乡村旅游对农村经济发展的意义［J］．经济问题，2008（5）：91-93.

② 杨朝继，李辉．乡村旅游：缓解西部“三农”问题的一种尝试［J］．攀登，2005（2）：50-52.

③ 王龙，武邦涛．乡村旅游业对增加农民收入的效应分析［J］．安徽农业科学，2006（19）：5106-5107.

根据世界旅游组织公布的资料显示，旅游业每增加一个直接就业人员，社会就能增加5~7个就业机会，具有极大的乘数效应。目前，我国广大贫困地区由于产业结构单一，主要依赖农业种植、养殖，人均耕地面积较少，存在劳动力剩余和劳动力利用不足的现象，一些区域有“三个月忙，八个月闲，一个月过年”的说法，部分区域剩余劳动力占总劳动力比例高达40%~50%，许多村民外出打工甚至导致耕地闲置，家中仅有老人、儿童。通过开展贫困地区的旅游扶贫开发工作，增加就业机会，促进了农业人口向非农就业方向转移，减少了村民对土地的依赖性，有利于土地利用向旅游发展利用转型；有利于解决乡村剩余劳动力的问题，同时促进外出打工劳动力回流，有利于乡村的长远、可持续发展。① 乡村旅游从业人数上涨，平均每人年服务人数超300人，随着乡村旅游对服务业的带动，乡村旅游从业人员人数不断增加，2017年，我国乡村旅游从业人员达900万人次，接待游客29亿人次，平均每人年接待322人次，收入超7400亿元，共计带动700万户农民受益，已成为农村产业融合主体（图3–6）。

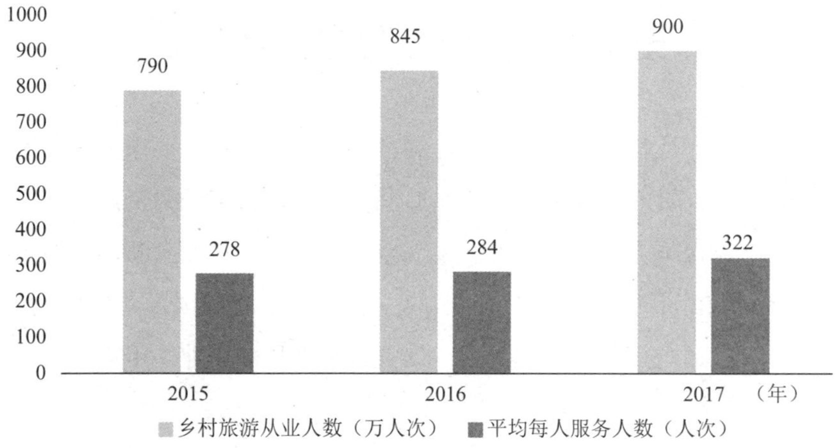

图3–6　2015~2017年乡村旅游从业人员情况

资料来源：前瞻产业研究院

二、调整就业结构

旅游业作为涉及交通、游览、住宿、餐饮、购物、文娱六个环节的综合性行业，就业门槛相对比较低，就业成本比其他产业低36.3%左右，大力发展乡村旅游业，除了能够增加大量的旅游直接就业岗位，与此同时，由于乡村旅游经济具有很强的产业关联性，乡村旅游业自身发展壮大的同时又能够带动农业、建筑业、制造业、食品加

① 梁留科．乡村旅游扶贫理论与实践［M］．北京：科学出版社，2017.

工业等相关行业的发展，增加了大量旅游间接就业岗位，乡村旅游业的快速发展使得就业人数显著增加。

在增加就业岗位的同时，乡村旅游能够调整第一、第二、第三产业之间的就业人数，杨晓娟对乡村旅游收入及第三产业从业人数进行线性回归发现，海南省乡村旅游收入增加 1 亿元，带动第三产业从业人数平均增加 3304 人。① 因此，伴随海南省乡村旅游业快速发展，乡村旅游业就业人数必将显著增加，就业结构不断完善。② 由此可以看出，乡村旅游的发展调整了农村地区的就业结构。

第三节 乡村旅游的社会效应

一、文化效应

乡村旅游有助于保护乡村文化和历史遗产，使优秀的民俗文化得以传承，增强乡村社区居民的自豪感。国外的很多研究案例表明，在乡村旅游开发之前，乡村社区的一些独特文化和历史传承很少为人所知，处于逐步衰微的状态，乡村旅游在保留历史传承、发掘乡村文化上起到了较好的作用。事实上，乡村旅游的经营者和当地政府在“乡村旅游热”中，已经逐渐认识到乡村文化在旅游业中的核心作用。民俗是我国重要的物质与精神财富，通过挖掘、保存民俗文化，不仅可以让本民族人民了解和熟悉祖先创造的悠远历史文明，还可以让优秀的民俗文化得以传承和发展。

此外，乡村旅游有利于加强城乡文化交流，改变乡村居民落后的观念，通过城市居民的参与活动，可以把先进的科技知识带到农村，利于科技推广，促进乡村居民打破保守思想的束缚。在乡村旅游开展过程中，乡村和城市这两种社会形态和文化形态实现了直接接触，游客、外来投资者、当地政府等对乡村文化产生了较大的影响，这种影响既通过直接接触产生，也通过观念、意识的渗透产生。

乡村旅游使城市居民可以直观地了解乡村和当地居民，消除对对方的错误和片面理解，从而更好地沟通，这些都有助于构建和谐社会。尤其是青少年，通过乡村旅游可以更好地开阔眼界、增长见识，更全面、客观地了解国家和社会，特别是理解农民

---

① 杨晓娟 . 国际旅游岛建设进程中的海南省旅游业发展现状、问题及解决对策［J］. 特区经济，2012（6）：119–121.

② 袁智慧 . 海南省旅游业发展与农民收入问题研究［D］. 中国农业科学院，2014.

的艰苦与奉献精神。

二、生活效应

乡村旅游业的发展促进了乡村村民观念的更新。

（1）旅游发展逐步打破了贫困地区信息封闭落后的困境，拓宽了贫困乡村居民的眼界，促进了贫困乡村与城镇间信息、人才、商品、贸易、资源、资金等的流动，通过旅游经营发展了当地村民的商品经济意识。

（2）乡村旅游的发展逐步培养了当地村民环境保护意识、观念的提升与转变，退耕还林、退耕还草、保护环境已经成为许多村民的共识与自觉行动，并逐渐认识到环境保护对旅游发展的决定性作用。

（3）随着旅游业的发展，村民对土地的依赖程度降低，摆脱了从前“靠山吃山、靠水吃水”的耕作思想，有了更多的主观能动性，主动利用土地资源、房屋资源及其他资源开展旅游经营活动，实现了土地利用的转型。

（4）旅游业对服务人员的要求较高，随着外界游客的涌入，当地村民对知识、文化有了更深的要求，通过购买相关书籍、学习普通话和英语、学习专业技能等不断提升自身的文化、服务等相关素质。

（5）旅游扶贫将外界的新思维和现代化生活方式通过旅游的渠道引入贫困乡村，逐步改善了乡村落后、封闭、保守的生活方式，例如乡村厕所环境的优化和提升就是一种生活方式的转变。

（6）对女性地位产生影响。在以往的一些家庭中，丈夫往往是家庭收入的主要贡献者，妇女的劳动（尤其是家务劳动）不能直接用金钱来衡量，她们对家庭的隐性贡献容易被忽视。乡村旅游的发展使女性有了展现自我的机会，这种展现极大地增强了妇女在接待和经营活动中的自信心和影响力，甚至超过了男性的作用。就最简单的农家乐而言，其接待活动与操持家务、招待亲朋十分接近，正好适合女性的特点和优势，妇女的参与程度也很高。女性的耐心、细致、热情和亲和力等特质，往往是接待活动必不可少的，也因此容易与游客拉近距离。在此基础上，部分女性成了乡村旅游活动中的干部和很多家庭中的决策者。她们创造的收入和社会地位都发生了明显变化，她们在家庭和家族中拥有更大的影响力和话语权。

三、环境效应

乡村旅游发展的环境效应，主要体现在对当地的人文环境和自然环境的效应。首先，发展乡村旅游，必然要求对乡村的基础设施进行改造，对贫困地区的生活环境、卫生条件、绿化亮化、通信设施、供水供电等进行综合的改善，例如建设旅游厕所、大功率变电站、乡村垃圾处理站等设施。其次，发展旅游能够促进乡村人文环境的优化，通过提高村民的文化素质和更新村民的观念，促进村民形成积极向上、团结互助的民风，使得乡村旅游从业人员的素质整体提高，优化乡村人文环境。最后，乡村旅游的发展，离不开优良的自然环境，良好的经济效应将会加大当地政府和村民对环境保护的重视程度，通过优化美化乡村环境，打造浓郁的乡村氛围。

四、综合效应

首先，通过发展乡村旅游，加快了城乡经济融合和三大产业的联动发展，加快了城市信息、资金和技术等资源向农村的流动，以发展乡村旅游为动力和契机，许多地方政府和经营者、村民通过多种途径和方式在交通、通信、医疗点、食品卫生等方面开展了卓有成效的工作，对建设社会主义新农村起到了积极的推动作用；其次，乡村旅游的开展扩大了目的地的开放程度，游客给目的地居民带来了丰富的外部信息，在旅游接待和各种共同活动中，乡村居民开阔了视野；最后，乡村旅游的开展改善了村民的精神面貌，为了开展乡村旅游，村民积极创新，想方设法地美化环境，吸引顾客，从忙于自家的农活或外出打工到现在的“一致对外”招揽、接待游客，甚至建立起相应的旅游协会组织，一些村民内部矛盾也转移或消失。这些都对我国社会主义和谐的新农村建设起到了积极的推动作用。

Part 4

第四章　乡村旅游的空间格局

第一节　乡村旅游的空间特征

依据乡村旅游区的区位特征与客源主体，将我国乡村旅游区（点）划分为城市依托型、景区依托型和交通依托型三种类型。

一、城市依托型

城市依托型乡村旅游是一种特殊的城市郊区游憩活动空间。这种活动空间主要产生于城市郊区，与中心城市交通联系便捷，以城市居民为客源主体，以农业生产场所及过程和乡村的村容村貌、生活方式、自然环境等为主要旅游吸引物，为游客提供与农业、乡村相关的旅游体验，满足旅游者观光、休闲、娱乐、求知体验等需求，空间上呈现环城市外围较密集分布的结构。①

（一）空间布局

国内关于城市周边乡村旅游地空间结构的分析，最有代表性的成果之一是吴必虎等的《中国城市周边乡村旅游地空间结构》，研究者根据中国 69 个不同规模城市周边 100 个乡村旅游地的相关信息，对乡村旅游地与其一级客源地城市间的距离进行了测定、统计和处理，通过必要的假设条件研究分析，最后得出以下三项主要结论：②

（1）中国乡村旅游地在大、中城市周围的分布总体上呈距离衰减趋势（并不是一

① 李光跃．休闲农业与乡村旅游概论［M］．成都：四川科学技术出版社，2014：56-57.
② 吴必虎，黄琢玮，马小萌．中国城市周边乡村旅游地空间结构［J］．地理科学，2004（6）：757-763.

开始就呈现衰减，而是逐步增加，至 30 千米之后，才出现衰减现象），即与城市的距离越远，乡村旅游地分布越少，84% 的旅游地集中在距其一级客源地城市中心 100 千米以内的地区。

（2）乡村旅游地在城市周边的分布主要有两个密集带，最密集地带出现在距城市 20 千米左右的地区，次密集带出现在距城市 70 千米左右的地区。

（3）在两个密集带之间距中心城市 50 千米左右，会出现一个明显的乡村旅游地低谷带，受周边中心地的干扰而形成。[①]

（二）发展特征[②]

1. 资源特征

（1）圈层分布。城市依托乡村旅游资源呈现出圈层分布的特征，一般由近郊非典型乡村旅游资源带、中郊典型乡村旅游资源带和远郊生态型乡村旅游资源带三个圈层组成。

①近郊非典型乡村旅游资源带。近郊为紧邻城市市区的城乡接合部，既有城市设施和城市景观的延伸，也有交错分布的农村田园，呈半乡村景观。这个区域的乡村农业生产资源大多是以时令果蔬、花卉、苗木和药材等经济作物和农副产品加工为特色。这些经济物产以及形成这些物产的条件和生产过程所具有的景观环境，构成了以经济物产资源为主的城乡气息交融的非典型乡村旅游资源。

②中郊典型乡村旅游资源带。离城市稍远的“中郊”以乡村田园的农村风貌为特色，以农民生产劳作和生活场景为主，形成优美的乡村田园农耕景观。田园风光结合乡村聚落、乡村民俗和人文风貌，体现出人与自然的和谐相处以及乡村生活的独特魅力。中郊乡村所具有的农耕文化和生活方式，通常是乡村旅游发展中开发利用最普遍的资源，也是最典型的乡村旅游资源。

③远郊生态型乡村旅游资源带。在这一区域中，乡村旅游资源与大面积的山林、河、湖等自然资源相结合，并与颇具特色的乡村社区生活方式构成乡村旅游资源，乡村性和生态性互相交织是这一资源带的特点。

（2）同一圈层的乡村旅游资源差异不明显，呈现同质化的趋势。由于中心城市涵盖城郊，在同一圈层中的自然地理和人文地理环境十分相似，乡村旅游资源的生成条件大体一致，乡村旅游资源类型大致相同，本身没有太大的差异，呈现出外部相似的宏观特征和资源同质化的趋势。

---

① 吴必虎，黄琢玮，马小萌．中国城市周边乡村旅游地空间结构［J］．地理科学，2004（6）：757-763.

② 颜亚玉，董菁．地方性中心城市的乡村旅游开发策略［J］．改革与战略，2011，27（2）：114-116.

2. 市场特征

中心城市既是旅游客源地又是旅游目的地。中心城市的乡村旅游客源主要来自于中心城市主城区的本地居民及外地中心城市来的游客。

（1）本地居民客源市场。中心城市基础设施较好，通常与城郊地区有通达的公路和便捷的班车往来，游客乘车方便，旅途时间短，城市居民周末出游具有便利的条件。中心城市的本地居民客源覆盖面很广，既包含城市里先富起来的一小部分高消费人群，也包含普通工薪阶层、退休职工和学生等，尤以后者为众。旅游方式以散客和家庭式出游为主，团队旅游较少。旅游时间以一日游为主，过夜游客较少，其中假日客源最多，无明显淡旺季。由于距离近和交通方便，属大众化消费，重游率较高。

（2）外地游客客源市场。外地游客是中心城市乡村旅游的潜在市场。中心城市作为旅游目的地和旅游集散地，外地客源市场充足。同时，许多中心城市还是优秀旅游城市，每年有数以百万的外地客源。中心城市的光环效应会辐射到城郊的乡村旅游，中心城市巨大的客源优势也会影响城郊的乡村旅游，并由此促进乡村旅游发展。一般情况下，早期吸引外地游客的是少数典型的乡村旅游地，随着中心城市乡村旅游的不断开发，中心城市的溢出效应愈渐明显，中心城市逐步成为城郊乡村旅游游客的中转站和疏散地。

3. 产品特征

与其他旅游产品相比，乡村旅游产品的主要特征是乡村性和复合性。从乡村性特征来看，当前一部分乡村旅游产生于城市近郊，展示的是现代农村、农业的风貌，如农业高科技园游览等，但乡村旅游的主流产品仍然是具有原生态的乡村旅游产品。从复合性特征来看，乡村旅游产品实现了农业资源的综合利用，使农业资源由单一功能向多功能转化。它将农事活动、自然风光、科技示范、休闲娱乐和环境保护融为一体，生态、生产和生活相结合，实现第一产业与第三产业优势互补，实现生态效益、经济效益、社会效益统一，是现代旅游和农业实现双赢、共同发展的一个重要成果。①

由于各种原因，中心城市的乡村旅游产品也出现了一些值得注意的问题，主要有旅游产品同质化倾向，质量参差不齐，空间分布以点状、轴带状不连续分布的问题。

二、景区依托型

景区依托型乡村旅游区位于邻近知名旅游景区（点），且与景区有较好的连通性位

---

① 颜亚玉，董菁．地方性中心城市的乡村旅游开发策略［J］．改革与战略，2011，27（2）：114–116.

置，依托景区（点）的客源及知名度、景观、环境，充分利用当地休闲农业与乡村旅游类资源，着眼于食、住、行、游、购、娱六要素，采取多种多样的形式，为游客提供具有价格优势、凸显当地特色的产品与服务。[①]

（一）空间布局

景区依托型乡村旅游的景点与依托景区的空间关系，常见的有散点状分布、点—轴状分布、多核心分布及网状分布形式[②]（见图 4–1）。

1. 散点状分布

以散点状分布的乡村旅游地常分布在旅游活动区或游客接待区，该类型的分布方式多见于某区域乡村旅游开发的初期阶段。形成这种旅游地分布方式的主要原因有两个：一方面，当所依托景区在已有的旅游支撑体系，难以满足不断增长的游客各方面需求时，在住宿、餐饮等刚性消费需求的带动之下，旅游地居民将自发地提供配套的接待服务，从而形成逐个散点；另一方面，当游客基数达到一定数量时，旅游体验的层次化需求也将愈发地明显，在游客主观意愿的驱动之下，也将促进相关配套服务的兴起。散点状分布的乡村旅游地或游客接待场所是景区依托型乡村旅游初期无序发展的结果，可以由当地政府或相关管理部门进行合理的规划和有益的引导。

2. 点—轴状分布

点–轴状分布是一种类线性分布形态，多出现于乡村旅游发展的中期阶段。随着景区依托型乡村旅游的进一步发展，原来的点状旅游地以及接待区会朝核心景区的出入口及交通干道周边集中，逐步形成以核心景区为“点”，以交通干道为“轴”的分布形式。

3. 多核心分布

当所依托的核心景区不止一个或逐渐形成了新的核心景区时，各核心景区周边都将分布一定数量的小型景点及旅游设施。在这种分布形式下，各核心景区往往自成体系，相互影响甚至相互制约，多出现于景区依托型乡村旅游发展的过渡阶段。

4. 网状分布

当整个区域的旅游景区发展到一定程度时，通过政府或相关部门的统一管理及协调，各景区之间的联系更加广泛，信息、人员、游客及资金等因素相互渗透，多个景区逐渐形成一个更大范围的网状体系。区域景区成网状形态分布，标志着景区依托型乡村旅游进入成熟阶段，该形态有利于景区依托型乡村旅游的持续稳定发展[③]（见

① 杨世河，章锦河，戴昕．基于类型的乡村旅游竞争力研究［J］．资源开发与市场，2008（4）：361–364.

②③ 盘瑶丽．景区依托型特色乡村旅游开发研究［D］．中南林业科技大学，2016.

图 4–1）。

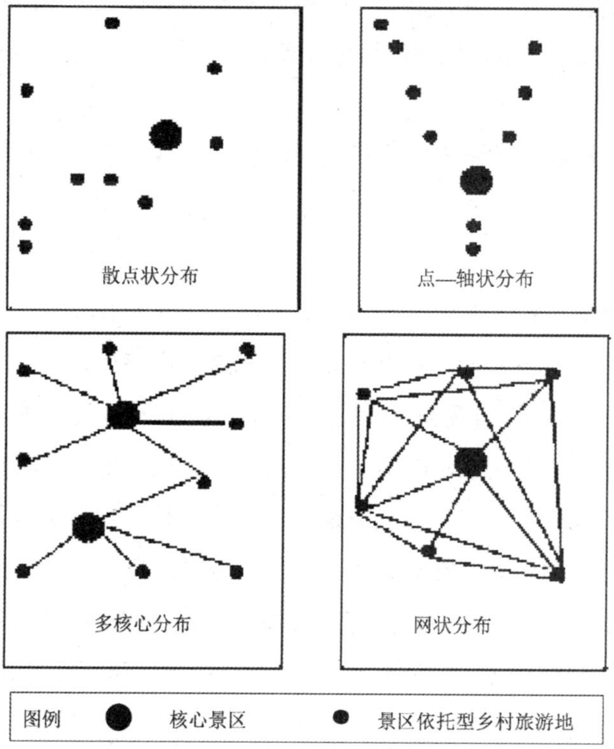

图 4–1　景区依托型乡村旅游的景点与依托景区的空间关系图

资料来源：姚治国．目的地依托型乡村旅游开发模式研究［D］．安徽师范大学，2007.

（二）发展特征①

1. 景区依附性

景区依托型乡村旅游具有依附在著名景区的边缘区域的明显特征，具有非独立性特征。我国著名的景区大多处于乡村的包围之中，其边缘区域也是我国乡村旅游业开展最早的地区。景区周围的农民在协助景区保护、供给旅游消费品、建立廉价的接待设施等过程中，培养了浓郁的旅游意识和经商意识，逐渐独立发展起乡村旅游业。而且，景区依托型乡村旅游和景区在地域文化上具有一致性，乡村旅游地的发展依附景区的核心文化。

2. 资源互补性

资源互补性主要体现在两个方面，一是景观资源上的差异。景区与乡村在地域上的相近使其具有相似性，但由于开发模式的差异，景区在保留人文与自然景观外注入

① 杨蜜蜜，龙茂兴，刘建平．景区边缘型乡村旅游发展探讨［J］．生态经济，2009（1）：142–144.

了更多的商业元素，而景区依托型乡村则更具乡土气息与田园风格，能更直观地体现民俗文化，通过发展互补性乡村旅游产品，为游客提供其所依托景区未能提供的旅游产品，从而丰富游客的旅游经历，提高旅游体验。二是客流资源上的分化。景区吸引大量游客的前提是与生态承载能力相吻合，当景区游客人数超过承载能力时，可以通过周边乡村的容纳力来缓解承载压力，并以此为契机带动周边经济发展。

3. 客源共享性

景区依托型乡村的消费群体主要为景区游客，这点区别于其他类别的乡村旅游地。就城郊型乡村旅游而言，具有可依托的旅游消费城市是发展的必要条件，其区位优势表现为直接面对就近大城市居民的周末度假、民俗佳节庆典活动等需求量稳定而庞大的客源市场。城郊型乡村旅游的开发，至少要把一个大中城市作为其一级客源市场，在区位上要求交通便利，与市区有高速公路或高等级公路连接，设置乡村旅游专线，有公共交通工具为市区游客出行提供便利。景区依托型乡村旅游具有与其依托的景区客源共享的特征，景区周边的乡村旅游景点均把景区的客源流作为一级客源市场，而周边城市则是二级市场或潜在市场。因此，景区的旅游旺季也是周边乡村旅游景点的旺季，与景区客源市场的共享性特征，使得乡村旅游的营销策略一般以景区为中心展开营销宣传。

4. 地缘优势性

地缘优势性指某个实体有地理位置上较为接近的优势，这里主要突出其邻近景区的区位优势性，是由于景区依托型乡村位于成熟景区的辐射圈，可利用其相对较好的交通条件发展经济，且因二者地域上相近，文化及环境上具有一致性，可更好地发挥景区依托型乡村的优势作用[①]。

三、交通依托型

交通依托型乡村旅游区主要沿交通线以及景区间主要的旅游廊道展开，往往邻近铁路大站或高速公路，或者其他交通主干道，交通十分便捷，可进入性较好，以过往游客或附近城镇为主要的客源市场。现代社会拥有私家车的人日益增多，人们越来越倾向中、远程距离的旅游，交通依托型乡村旅游正好适应了这一需求，迎合了人们逃离城市、寻觅清净、探奇远方的心理。当前，在我国有形成沿高速公路或交通主干道分布的特殊的交通依托型乡村旅游景观。

---

① 张雄一，孙惠芳，毛兴，等.景区依托型乡村发展研究——以张家界村为例［J］.安徽农业科学，2016，44（34）：160.

（一）空间布局

1. 带状分布

全国特色景观旅游名镇名村多邻近交通线呈带状分布。一是因为部分特色旅游名镇名村的地理位置自古以来是水路商贸系统的交通节点，商业贸易的繁荣形成稳定旅游客流，带动沿线交通节点村镇的发展，产生别具特色的商贸交通型旅游城镇。二是在经济条件相对落后、不邻近知名景区的地区，交通线密集处的可达性大大增强，时间成本降低会增强消费者的出游意愿，形成分布在交通线密集的城市周边旅游飞地和卫星城等。该现象在交通设施薄弱的边远地区更易产生，如甘肃什川镇周边有陇海铁路、连霍高速和京藏高速等交通线路。基于这一带状分布特征，交通依托型旅游乡村应挖掘自身旅游资源，完善“最后一千米”，改善旅游接待能力，提升旅游村镇作为旅游线路上新的吸引物。①

2. 点—轴状分布

点—轴空间结构概念，即在一定区域内，旅游中心地是点，旅游中心地之间的交通连接线是轴，点—轴成网，形成区域旅游点—轴网络化空间结构。对于传统旅游产品的设计与交通的融合一般是采用建设通往旅游景点的等级公路来实现旅游的交通功能，主要是从客源地到目的地旅游交通出行链（见图 4–2）。旅游交通轴线一般分为若干等级，不同等级的旅游交通轴线对临近地区具有不同强度的旅游吸引力和资源聚集力。

图 4–2　传统旅游公路与旅游产品的服务关系

资料来源：庞京成，胡宗文 .“交通 + 旅游”模式下旅游公路规划浅析［J］. 华东公路，2018（2）.

现代“旅游 + 交通”模式下，旅游产品与交通的融合从传统的、单一的普通公路交通功能向综合交通、美学、游憩和生态等多种功能复合型通道的转变，充分开发并利用公路沿线自然风光，提升城际旅游交通的品质，使游客在旅行途中真正达到“快进、快出、慢游”的目的，实现旅游资源与交通资源的整合（图 4–3）。旅游中心地集聚旅游资源和产业要素形成旅游增长极，旅游交通轴线将旅游产业关联效应扩展到更为广阔的区域空间，将旅游资源配置融入更为广泛的多产业领域，进而由近及远带动区域经济共同发展。②

---

① 孙枫，汪德根 . 全国特色景观旅游名镇名村空间分布及发展模式［J］. 旅游学刊，2017，32（5）：80–93.

② 程瑞芳 . 环京津地区旅游交通与旅游目的地空间模式开发［J］. 河北经贸大学学报，2016，37（1）：111–115.

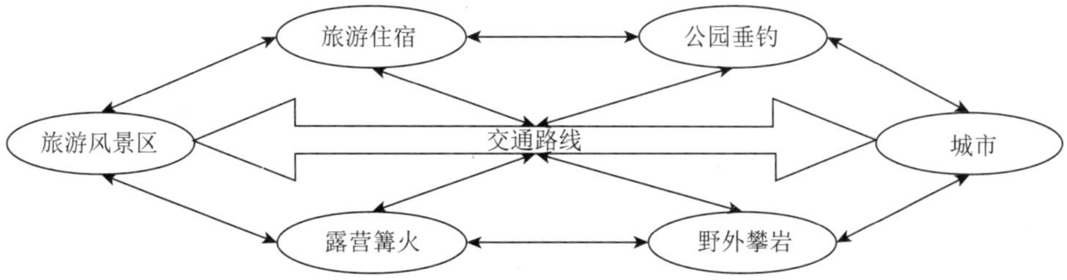

图 4-3 现代旅游公路与旅游产品的服务关系

资料来源：庞京成，胡宗文．“交通 + 旅游”模式下旅游公路规划浅析［J］．华东公路，2018（2）．

（二）发展特征

1. 发展模式

交通依托型乡村旅游既涉及道路交通方面的设施设备，还涉及旅游的核心要素，包括旅游资源、旅游市场需求、旅游大数据等。从利用旅游业的元素（包括旅游资源、旅游要素、旅游服务、旅游市场需求等）转化为新型交通旅游产品的方式方法来考虑，可将交通依托型旅游归纳为四种模式：要素提升模式、资源依托模式、互动发展模式、产品创新模式。①

（1）要素提升模式。这是最传统、最常规的交通旅游融合模式，是将游客需要的旅游功能，附加于道路交通建设当中，从而实现道路改造升级的一种模式。例如，在停车港湾的建设中，选址在公路两侧可建设地块，结合周边景观条件，设置集停车、观景摄影、驿站等多功能于一身的停车港湾；在自行车道建设中，在不同节点增加各具特色的休息驿站；自驾车、房车营地选址建设时，考虑配套会议、餐饮、购物、亲子活动、商务会议等空间。

（2）资源依托模式。依托道路周边的自然与人文元素的植入，强化体验性，这是实现道路交通特色化的重要方式。例如，旅游公路、旅游风景道、休闲绿道的开发建设。以旅游风景道为例，在沿线节点选址上，注重选择具有山体、水景、湿地、林地、大地田园等自然资源条件优越的位置，以及周边具有村寨、特色小镇等文化旅游资源点，设置观景平台、休息节点。在休憩点的设计中充分考虑满足游客的需求，设置旅游厕所、小型休闲餐饮设施，另外附加用于出售当地特色产品的流动性摊位，以此实现旅游带动当地经济收入，规范道路周边农产品销售方式的目的。景观与建筑设计是风景道设计的重点之一，提炼最具有代表性的地区旅游文化元素，以景观符号的方式呈现，适当融入现代技术手段，增加可视性与体验性。

① 赵丽丽，张金山．旅游与交通融合发展的新实践［J］．中国公路，2018（12）：44–47.

（3）互动发展模式。这是一种全方位的、深度的融合发展模式。此模式既涵盖旅游视角下的“旅游 + 文化”“旅游 + 大数据”，完善旅游体验环节的功能与品质，也包含交通视角下的“交通 + 旅游”，提升道路交通服务质量，增加交通产品的盈利能力，体现产品的多功能复合模式和运营的多功能复合模式两个方面，典型案例如“服务区 + 旅游”。例如，观光小火车、音乐公路、云梯、天空步道等。

（4）产品创新模式。这是一种创新的融合模式，在满足道路交通运行的基础上，通过植入新功能、新符号，或改造交通工具，形成独特的游览体验形式。

2. 特征

（1）交通依托型旅游乡村以道路交通为骨架和基础，包含了生态、文化、经济等旅游重要元素，具有舒适可达性和游憩体验性两大特征。舒适可达性是一切道路交通的基础，要以人为本，考虑行驶者的行车安全需求与舒适需要，符合道路设计的基本要求。游憩体验性是旅游交通的显著特征，体现当地自然风貌、风土人情的道路交通，具有鲜明特色和唯一性。

（2）交通对旅游的驱动，是双向的互动发展。交通作为一种动力源，通过驱动方式来促进城市的旅游发展，旅游作为交通驱动下的产物，通过反馈的方式来完善和提升交通。在这一过程中，交通系统通过发挥旅游与交通的联动功能，带动当地特色农产品及其他商品销售、促使该城市由过境地晋升为旅游集散地，进而发展为旅游城市，而随着旅游发展，地方交通得以进一步优化和提升，二者表现为协调共进的关系。

（3）交通发展和旅游资源空间分布不匹配。我国交通建设重点集聚于东部地区，并已逐渐形成网状结构，但我国乡村旅游资源主要集中于区域交通严重滞后的西部地区。这种交通发展和旅游资源空间分布不匹配的矛盾，导致我国西部地区旅游发展因交通问题有所限制，同时也造成了一直以来我国旅游空间格局难以从轴线状转向域面状。

第二节　乡村旅游的资源空间分布

一、乡村旅游资源的类型

乡村旅游资源是指能吸引旅游者前来进行旅游活动，为旅游业所利用，并能产生经济、社会、生态等综合效益的乡村景观客体。它是以自然环境为基础、人文因素为主导的人类文化与自然环境紧密结合的文化景观，是由自然环境、物质和非物质要素共同组成的和谐的乡村地域复合体。不同乡村地区旅游资源因其人文旅游资源及自然旅游资源的不同而各有特色，根据乡村旅游资源的结构、组合方式划分，得出以下五种类型。[①]

（一）乡村田园景观旅游资源

自然田园风光是乡村旅游资源中最主要的构成部分，包括大规模连片的农田带、多种类型的经济果林与蔬菜园区、一定面积的天然或人工水面等。一般布局在城市郊区或远离城市的自然条件和资源类型多样且空间组合良好的乡村地域，以优美的乡村生态环境、良好的乡村自然景观或人工建造的优良环境空间及其生态化设施，满足人们休闲度假、放松休养、欣赏体验乡村环境、考察学习的旅游需求，有的成为区域生态环境建设示范点。

（二）乡村聚落景观旅游资源

聚落是人类活动的中心，它既是人们居住、生活、休息和进行社会活动的场所，也是人们进行生产劳动的场所。我国乡村聚落分为集聚型，即团状、带状和环状村落；散漫型，即点状村落；特殊型，表现为帐篷、水村、土楼和窑洞。乡村聚落的形态、分布特点及建筑布局构成了乡村聚落景观旅游资源丰富的内涵。这些旅游资源景观具有整体性、独特性和传统性等特点，反映了村民们的居住方式，往往成为区别于其他乡村的显著标志。

（三）乡村建筑景观旅游资源

乡村建筑包括乡村民居、乡村宗祠建筑以及其他建筑形式。不同地域的乡村民居代表一定的地方特色，其风格迥异，给游客以不同的感受。如青藏高原的碉房、内蒙古草原的毡包、乡村宗祠建筑等，是乡村发展的历史见证，反映出乡村居民生活的某一侧面。

（四）乡村农耕文化景观旅游资源

我国农业生产源远流长，乡村劳作形式多样，有刀耕火种、水车灌溉、围湖造田、鱼鹰捕鱼、采药摘茶等，这些都充满了浓郁的乡土文化气息，体现出不同的农耕文化，对于城市居民、外国游客极具吸引力。

（五）乡村民俗文化景观旅游资源

乡风民俗反映出特定地域乡村居民的生活习惯、风土人情，是乡村民俗文化长期

---

① 骆高元，张金山 . 旅游资源学［M］. 浙江：浙江大学出版社，2016.

积淀的结果。乡村传统节日五彩纷呈，汉族有元宵节、清明节、端午节、中秋节等；藏族有浴佛节、雪顿节等；彝族有火把节等；傣族有泼水节等。还有农村的游春踏青、龙舟竞渡、赛马、射箭、荡秋千、赶歌等各种民俗活动都具有较高的旅游开发价值。乡村风俗习惯，如我国各地的舞龙灯、舞狮子，陕北的大秧歌，东北的二人转，西南的芦笙盛会等都脍炙人口。还有各地民间工艺品，如潍坊年画、贵州蜡染、南通扎染、青田石刻以及各种刺绣、草编、泥人、面人等，无不因其浓郁的乡土特色而深受游客青睐。

二、乡村旅游的空间分布结构

（一）空间分布

1. 乡村旅游资源的空间分布

乡村旅游的空间布局整体上与我国城市化布局方向相反。我国城市化由东部沿海地区向西部内陆地区递减，而我国乡村旅游资源从东部沿海向西部内陆地区递增。这是因为越往西部和北部，我国的城市建设速度越缓慢、城市建设规模越小，因此会有大量待开发的乡村地区及旅游资源。虽然乡村旅游资源在整体上呈现东少西多的空间布局，但是在全国范围内还呈现着点状或者块状分布，尤其是一些重点乡村旅游资源更是如此。一是尽管东部地区城市化进程较快，但是在快速扩张的城市周边仍然存在大片的乡村地区，并且在城市开发过程中，一些重点的乡村旅游资源被保留了下来；二是在中西部、西北部以及西南部地区，并非所有的农村地区都具备乡村旅游资源，一些稀缺的、重点的、具有较高开发价值的乡村旅游资源在整体中还是呈现着点状和块状分布，如西南地区的土家部落这一价值性较高的社会风光就具有此布局特点。①

2. 乡村旅游开发的空间分布

我国东、中、西部乡村旅游开发不平衡，与乡村旅游资源的空间分布呈现不同的表现特点。总体上东部好于中西部地区，中部和西部地区水平接近，西部部分省区乡村旅游形成“沙漠绿洲”效益。全国范围内形成了乡村旅游开发相对比较快的集中区域：一是东部沿海地区，主要包括广东、江苏、浙江、山东、辽宁五省；二是中部地区，主要包括安徽、山西、河南三省；三是西南地区，主要包括重庆、四川、云南、贵州四省市。而西南地区以四川为代表的乡村旅游发展明显好于西北地区，几乎与东

① 郑燕．乡村旅游空间布局研究［J］．价值工程，2018，37（29）：22-23.

部地区并驾齐驱。[①]

乡村旅游东、中、西部旅游开发不平衡导致了我国在西部地区、西北部地区、西南地区存在着较多未开发的乡村旅游资源，同时在已开发的东部和中部旅游资源中呈现出饱和状态。在乡村旅游的资源供给以及开发市场上存在着极度的不匹配，这种不匹配使我国现有的乡村旅游呈现出发展不均匀、不完善的缺陷。

（二）空间结构

我国乡村旅游空间结构还处于较初级的形态，主要体现在以下两方面。

1. 宏观层面

中国乡村旅游空间特征是“块块”分布格局，即基本上以省区为地域单元自成空间体系，省域间横向空间联系较少，全国性的乡村旅游大网络没有形成。形成这种格局的原因主要有两个：一方面，中国乡村旅游起源于城市周边并依托于城市。由于中国的城市空间体系具有较强的行政区经济特色，一个省区的各级各类城市构成较为独立的城市体系，以城市客源市场为导向的各类乡村旅游地围绕区域中心城市呈同心圆状布局，形成宽度不一的若干环城游憩带，相应地乡村旅游地的空间结构就形成以省区为地域单元的独立的乡村旅游空间体系；另一方面，由于乡村旅游客源地的近距离特点和中国旅游行政区现象的存在，同一省区内的乡村旅游地联系较强，而省区之间的乡村旅游地的空间联系较弱，全国性的乡村旅游空间网络远未形成。

2. 中观层面

省域范围内，同一城市周边的不同乡村旅游地共享同一个客源市场，乡村旅游地与城市的空间联系（旅游通道与旅游流）密切，通过旅游交通线路与城市构成“点—轴”式空间结构。由于彼此竞争关系的存在，以及乡村旅游开发的地方性（政府主导、地方保护）特征，乡村旅游地之间的横向联系较少，特别是同类型的乡村旅游地，空间联系更少。围绕城市的网络化乡村旅游空间结构远未形成，这在中国欠发达地区表现尤为显著[②]。

三、乡村旅游空间格局的影响因素[③]

（一）地理位置因素

乡村旅游能够发展的核心在于旅游市场的存在。由于城市旅游人口是乡村旅游的

---

① 江舸 . 全域旅游背景下的乡村旅游空间结构分析［J］. 旅游纵览（下半月），2018（8）：36–37.

② 秦学 . 中国乡村旅游的空间分布格局及其优化［J］. 农业现代化研究，2008.

③ 郑燕 . 乡村旅游空间布局研究［J］. 价值工程，2018，37（29）：22–23.

主力军，因此接近这些人口居住地的乡村旅游资源便有了先发优势。这些乡村旅游资源由于离城市地区较近，因此能够打破时间的限制，城市居民在周末也能进行参观。而较远的乡村地区，由于中间路程耗时长，因此只能在较长的休假期才能进行游玩，而且这些较远地区只有在具有较高知名度或者吸引力时才能让人们忽略距离的劣势，因此，乡村资源的地理位置对其开发以及后期的盈利具有至关重要的作用。

（二）交通通达度

交通是影响乡村资源分布的另一重要因素。在交通通达度较高的乡村地区，人们可以通过乘坐公共交通工具或者自驾的方式到达旅游地点，因此就算距离较远，但仍然能够吸引人们去旅游的兴致。但是在广大交通不便的西部地区或西北部地区，由于交通通达度较低，人们需要花更多的精力与体力去进行旅游，在这过程中会产生诸多的不便。

（三）乡村旅游资源的自身稀缺性

乡村旅游是受大众欢迎的旅游方式之一，但并不是所有的乡村地区都具有有价值、能够吸引人的优势。大部分乡村地区如果只是具有单调的自然景色以及千篇一律的人文活动，起不到吸引大众的作用。在乡村旅游资源的类型中，独特自然风光的乡村旅游资源、历史底蕴浓厚的人文旅游资源等乡村旅游资源都具有一定的稀缺性。

四、乡村旅游空间结构优化①

（一）创建“以点带面”的空间发展格局

因为传统旅游资源分布不均、传统旅游资源对乡村旅游的影响较大等因素的制约，乡村旅游资源呈现不均衡的特点。全域旅游背景下，要想提高乡村旅游业发展的速度和效率，必须以点带面，对优势地区予以重点发展。政府在进行资源分配时，要以中、东、西南部为主，并以其为优先发展区域，有效利用这些地区的自然资源，开发创新性旅游资源项目，对当地自然环境予以合理开发，促使当地的乡村旅游业真正获得利益。在这一过程中，也不能忽视环境保护，要认识到自然环境在乡村旅游业发展中的重要作用，避免过度开发，促进乡村旅游的可持续发展。而对于西北、北部的乡村旅游业，要以产业的深度开发为重点，特别是对那些拥有文化内涵的乡村旅游项目进行有效开发，从而弥补这些地区景点距离较远的问题。通过对那些条件相对成熟、资源丰富、有发展潜力的地区进行先行开发，使乡村旅游空间结构的增长极获得超长发展，

---

① 江舸．全域旅游背景下的乡村旅游空间结构分析［J］．旅游纵览（下半月），2018（8）：36–37.

同时扩张轴辐射，促进全省乡村旅游业的发展，最终促进点、轴、面相结合的空间结构网络系统的形成。在这一模式下，点带线、线带面逐步发展，以错位发展、特色突出为原则，使乡村旅游空间结构得到优化，使乡村旅游业得到可持续发展。

（二）促进交通资源与旅游资源的结合

中国的地理环境特点使交通线路的建设存在一定困难，因此其当前的交通网络还无法充分适应旅游业的发展需要。而随着乡村旅游业的不断发展，进一步增强了其对交通基础设施的需求，所以必须增强旅游综合交通网络建设。对发展乡村旅游来说，交通建设应以公路建设为主，特别是乡村、交通的公路体系，因此有效实施“村村通”等能在很大程度上实现村落、景点之间的有效连接。交通线路的修建往往耗资巨大，所以必须充分考虑现有的财政状况，对那些需要优先修建且经济效益高的交通线予以有效修建。在建设的过程中，景点对交通线路的使用效率也不能忽略。对乡村旅游景点的位置选择来说，要以现有主航道、主要交通线附近的位置为主，这样对乡村旅游景点位置的合理选择能在很大程度上增强现有交通网络的使用效率，使交通资源与旅游资源得到最合理的配置，从而吸引更多的游客。

（三）发挥传统旅游区的节点作用

由于中国乡村旅游业的发展起步较晚，且旅游景点分布松散，在与传统旅游区之间的关系上呈现“点群状”，因此，无法拥有独立的市场环境，对客户的吸引力较弱，阻碍了乡村旅游业的进一步发展。要想乡村旅游景点与传统旅游景点间的关系得到有效利用，必须促进传统旅游区的节点作用的有效发挥，实行片状分布及带状分布的模式。如果传统旅游景点之间距离较近，可以利用片状分布，在它们的重合区域可以发展乡村旅游黄金区；而当传统旅游景点之间距离较远时，可以利用带状分布，通过在两景点间发展乡村旅游，极大地促进沿线地区的经济发展。无论哪种模式，它们都需要得到传统旅游景区的有力支撑，因此必须与传统旅游景区建立一种互惠互利的关系。

第三节 乡村旅游者的空间行为

一、乡村旅游分省发展情况

根据2017~2018年手机运营商信令数据测算，针对乡村旅游者的空间行为进行分析，展现乡村旅游发展的空间格局。

2017 年，全国乡村旅游达 25 亿人次，乡村旅游发展地区差异明显，江苏、四川、广东、湖南、河北五省乡村旅游发展成效显著，其中江苏月均旅游人次超过 1500 万，四川、广东、湖南、河北四省月均旅游人次均超过 1000 万，形成以长三角地区为首，京津冀地区、珠三角地区、川渝地区协调发展的四大乡村旅游高地。

2018 年，全国乡村旅游达 34 亿人次，同比增长 38.75%，江苏、广东、四川、湖南、河北、广西、山东、安徽、湖北、陕西、河南、浙江 12 个省、自治区乡村旅游月平均旅游接待人次超过 1000 万人，西藏、青海、天津、宁夏 4 个省、直辖市、自治区月平均旅游接待人次小于 300 万人。整体上，南方地区乡村旅游发展势头强劲，江苏、广东、四川、湖南四省月平均旅游接待人次均超过 1500 万人次。

2018 年，乡村旅游发展态势良好，除上海市乡村旅游接待人次较 2017 年有所下降外，其他各省、直辖市、自治区均有所增加，其中山东省 2018 年乡村旅游接待人次同比增长率超过 100%，广西壮族自治区和西藏自治区乡村旅游接待人次同比增长率均超过 90%，同比增长率超过 50% 的省、直辖市、自治区共有 11 个，分别是山东、广西壮族自治区、西藏自治区、海南、辽宁、云南、内蒙古自治区、贵州、青海、重庆、广东。

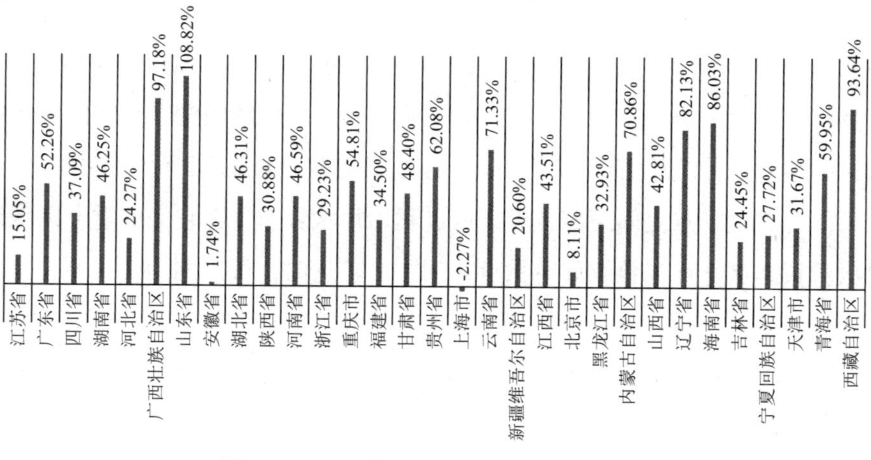

图 4–5　2018 年乡村旅游分省同比增长率

对 2017~2018 年全国乡村旅游接待人次进行 Z–score 标准化的结果显示，乡村旅游呈现明显的季节性，游客出游主要集中在 9~12 月（图 4–6）。

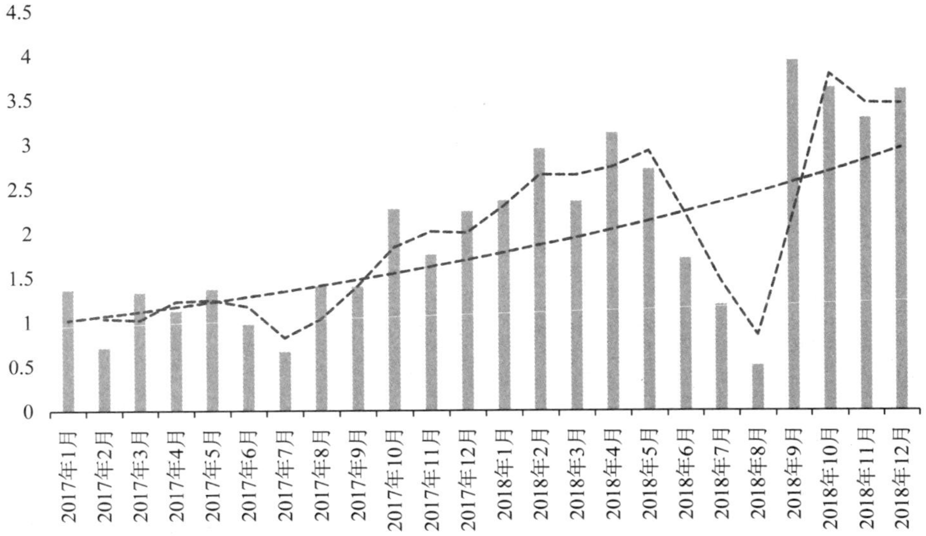

图 4-6 2017~2018 年乡村旅游人次（Z-score 标准化）

二、乡村旅游市域发展情况

为方便比较各市乡村旅游发展水平，通过 Z-score 标准化，展现 100 市乡村旅游相对发展水平和变化（表 4-1）。

表 4-1 100 市乡村旅游发展水平情况表（Z-score 标准化）

城市	2017年	2018年
上海市	5.49189	4.51257
成都市	3.4805	3.84599
北京市	2.92171	2.54695
重庆市	3.58836	5.19083
长沙市	1.13571	0.63861
杭州市	1.56314	0.71856
西安市	2.18068	1.85265
苏州市	1.72521	1.36622
南京市	1.40902	1.28036
广州市	1.07721	1.39436
合肥市	1.42856	0.56531
东莞市	0.34049	0.37014

续表

城市	2017年	2018年
石家庄市	0.61585	0.79815
沧州市	0.16766	~0.00284
保定市	0.05492	0.02828
廊坊市	0.16287	0.051
天津市	0.59743	0.71188
泉州市	0.23029	0.15285
泸州市	0.13999	0.05595
邯郸市	0.00407	−0.0995
南通市	0.25361	0.22176
唐山市	0.13981	0.08004
郑州市	0.37165	0.60103
盐城市	0.19153	−0.00587
福州市	0.13172	0.12021
绵阳市	0.01859	0.02493
无锡市	0.10687	0.06142
宁波市	0.16843	0.00695
南昌市	−0.1202	−0.12875
南充市	−0.06696	−0.10396
长春市	−0.01184	0.00546
徐州市	0.29823	−0.01726
阜阳市	−0.09663	−0.37901
湘潭市	−0.49025	−0.61431
遵义市	0.01281	0.27444
中山市	−0.30566	−0.3698
兰州市	−0.04048	0.01272
南宁市	0.04394	0.59781
渭南市	−0.35795	−0.24284
宜昌市	−0.26865	−0.37058
贵阳市	−0.05662	0.09187
洛阳市	−0.30241	−0.38343

续表

城市	2017年	2018年
深圳市	−0.18434	0.31608
赣州市	−0.26621	−0.1342
台州市	−0.27	−0.43116
常德市	−0.39117	−0.15781
咸阳市	−0.43026	−0.34573
潍坊市	−0.30007	−0.36205
九江市	−0.41243	−0.46827
武汉市	0.49026	1.01588
泰州市	−0.32725	−0.46208
常州市	−0.1626	−0.19355
延安市	−0.33297	−0.54773
乐山市	−0.30628	−0.39082
昆明市	−0.22253	0.02676
桂林市	−0.28298	−0.04793
哈尔滨市	−0.1728	−0.16952
绍兴市	−0.31432	−0.47074
烟台市	−0.30031	−0.3369
嘉兴市	−0.45578	−0.6088
扬州市	−0.29432	−0.29652
郴州市	−0.42355	−0.25818
淮安市	−0.22723	−0.34511
镇江市	−0.45318	−0.55448
西宁市	−0.47889	−0.45914
银川市	−0.39623	−0.41732
青岛市	−0.45196	−0.30273
张掖市	−0.51085	−0.62583
惠州市	−0.39338	−0.37869
柳州市	−0.41012	−0.18003
秦皇岛市	−0.55519	−0.6512
佛山市	−0.36825	−0.07658

续表

城市	2017年	2018年
厦门市	−0.28552	−0.21412
连云港市	−0.47084	−0.51807
承德市	−0.58943	−0.60255
宝鸡市	−0.65534	−0.56719
广安市	−0.60466	−0.66403
乌鲁木齐市	−0.39023	−0.39948
海口市	−0.42461	−0.2435
龙岩市	−0.64104	−0.64364
湖州市	−0.61622	−0.75029
大庆市	−0.55778	−0.67922
太原市	−0.52622	−0.42377
张家界市	−0.72958	−0.75495
大同市	−0.68749	−0.78233
莆田市	−0.65462	−0.69505
吉林市	−0.72438	−0.82984
汕头市	−0.70099	−0.83493
黄山市	−0.75279	−0.84634
北海市	−0.73543	−0.73947
拉萨市	−0.68124	−0.66566
三亚市	−0.81605	−0.76663
丽江市	−0.82775	−0.90786
延边朝鲜族自治州	−0.87295	−0.98523
沈阳市	−0.71472	−0.39147
大连市	−0.74942	−0.45079
呼和浩特市	−0.56942	−0.40967
珠海市	−0.87482	−0.75795
温州市	−0.64492	−0.20065
济南市	−0.8314	−0.4221

乡村旅游发展水平较高的城市，主要集中在一线和二线城市，这些城市基础设施完善，人口数量庞大，上海、重庆、成都、北京四市发展水平名列前茅。2017 年高于

全国平均水平的城市有32座，2018年高于全国平均水平的城市有33座，两年均高于全国平均水平的城市有28座。可以看出，全国许多地区乡村旅游发展水平依旧相对薄弱，有很大的上升空间。

三、乡村旅游者出游距离

乡村旅游者偏爱短途乡村旅游，最受欢迎的出游距离为10~50千米，游客占比60%，随着出游距离的增加，出游人次逐渐减少，出游距离50~80千米占比12.4%，出游距离80~120千米占比8.3%，出游距离120~200千米占比7.6%，出游距离超过200千米占比为11.7%。

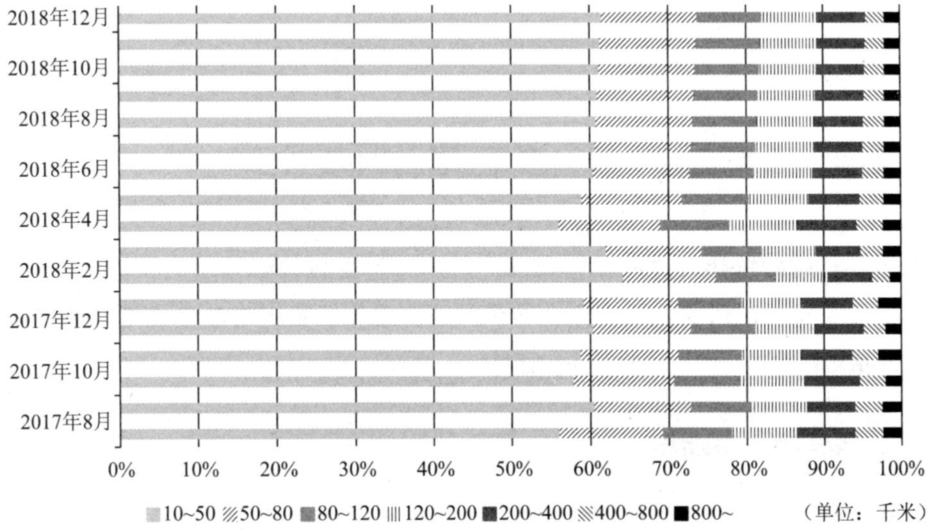

图4-11 乡村旅游出游距离人次占比

Part 5

第五章　乡村旅游的发展模式

第一节　乡村旅游开发模式

依据乡村旅游依托的资源及开发的产品，可将乡村旅游归纳为精品民宿带动型、民族风情展示型、民俗文化依托型、特色产业开发型、景区带动发展型、生态资源依托型、红色旅游结合型、田园观光休闲型和旅游扶贫成长型九种模式。

一、精品民宿带动型

精品民宿带动型主要是指利用乡村闲置农宅发展高端精品民宿，打造具有知名度和吸引力的民宿集群，形成以民宿体验为着力点，三产融合发展的乡村旅游综合业态模式。

（一）模式特点

以民宿为核心体验产品，围绕旅游元素形成丰富的乡村旅游产品体系，通过成立民宿协会或民宿联盟，形成强有力的区域力量，进而培育出具有明显地域特色的乡村旅游产品品牌，创造多元化的旅游体验。

（二）适用范围

风景优美、环境良好且周边具有良好度假旅游资源的乡村。

二、民族风情展示型

以原生态的民族风情、民族文化为吸引物，开展民族歌舞、节庆活动、民族美食体验等旅游活动，满足游客对多民族文化差异的了解、感受和体验。

（一）模式特点

乡村环境原真性强，民族文化特色浓厚，村民参与度高。

（二）适用范围

民族风情浓郁的特色村寨、民族村落。

三、民俗文化依托型

以历史建筑、文物古迹等为旅游吸引物，挖掘传统的民俗文化、农耕文明、民间技术等，体现乡村旅游的历史文化内涵。

（一）模式特点

旅游资源具有历史代表性，资源保护要求高。其核心是通过文化元素牵动旅游业的发展，注重民俗文化的展示和传承。

（二）适用范围

旅游资源文化价值高、传统文化保存较好的乡村。

四、特色产业开发型

以农业、手工艺品、艺术等特色产业为支撑，通过与旅游深度结合，拓展产品的附加值，提升产品的旅游服务功能，最终形成产业、文化、旅游共同发展的一种特色乡村旅游发展的模式。

（一）模式特点

以特色产业为主，旅游休闲功能为辅。特色产业与旅游业融合度高，游客参与性强，能够吸引城市居民共享共创。

（二）适用范围

支撑产业特色鲜明，旅游产品附加值高，在市场上具有较高的知名度的乡村。

五、景区带动发展型

借助景区的辐射效应，为景区提供多样化的配套服务，通过景区带活乡村经济、致富百姓的一种模式。

（一）模式特点

依托景区发展，共享景区客源。乡村与景区在地域文化上具有一致性，但在旅游业态上更加具有乡土气息。

（二）适用范围

邻近知名旅游景区，可进入性良好的乡村。

六、生态资源依托型

依托优质的自然生态资源而开展的生态体验、生态教育、康养度假的乡村旅游发展模式。

（一）模式特点

强调旅游环境的自然性和原真性，旅游产品主要特色为“绿色低碳”和“亲近自然”。

（二）适用范围

自然条件优越、生态资源丰富、环境污染较少的乡村地区。

七、红色旅游结合型

依托红色资源，打造集宣传、教育、展览、研究等于一身的爱国主义教育基地，建设具有特定历史记忆的红色旅游乡村，通过发展精品演艺、研学旅游传播红色文化，传承红色基因。

（一）模式特点

将红色旅游景观与乡村的自然景观进行有机结合，将传统的革命教育融入乡村发展历史文化中，具有鲜明的主题性。

（二）适用范围

乡村红色旅游资源丰富，在中国革命历史上发挥过重要作用并拥有光辉的革命事迹。

八、田园观光休闲型

主要依托优美的田园风光和乡村人居环境，将生产、生活、生态结合起来，满足游客回归自然、农事体验、休闲度假的需求。

（一）模式特点

围绕乡土景观与农业生产形成多元化的旅游体验产品，旅游服务功能相对复合多元，乡村多位于城郊地带，主要聚焦于城市居民亲子娱乐和休闲度假市场。

（二）适用范围

生态环境良好、乡土生产生活气息浓厚且位于城市郊区或周边的乡村地区。

九、旅游扶贫成长型

通过政府主导、资源租赁、企业带动等方式，完善基础设施建设，改善人居环境，将发展旅游与精准扶贫深度结合，形成以旅游带动致富的乡村旅游发展模式。

（一）模式特点

政府主导作用明显，贫困户参与度高，在探索村民参与合作模式、旅游投入机制等方面具有典型的创新示范作用。

（二）适用范围

旅游资源丰富、缺乏产业支撑、经济发展水平落后的乡村地区。

第二节　乡村旅游经营模式

一、乡村旅游经营主体

随着社会经济的发展、消费需求的升级以及社会主义新农村建设的持续推进，我国的乡村旅游得到了快速的发展，并呈现多元化的趋势。乡村旅游发展的不同水平和质量除了受历史条件、资源禀赋、经济水平、市场条件等因素限制外，经营主体的经营水平也是关键因素。乡村旅游经营主体主要包括农民、村集体、政府和企业。①

（一）农民

农民是乡村旅游开发经营的重要参与者，也是乡村旅游业得以发展的重要人力资源。农民参与乡村旅游业的主要目的是通过参与旅游利益分配和旅游管理决策，追求经济利益和社会需求的双重满足。如果乡村旅游开发以外资为主，农民只是“关联”，不参与经营，则乡村旅游开发并没有为当地经济发展做出应有的贡献，因此，乡村旅游在开放中要激发农民参与的积极性，才能保证旅游产品的原汁原味。

（二）村集体

村集体是农户利益的代表者，同时，它的介入也有利于协调政府、旅游企业、农户三者的矛盾，保证乡村旅游的健康可持续发展。村集体一方面是农户的组织者，通过契约的方式以旅游产品的销售、旅游服务的提供为连接纽带，把农户组织起来，为农户提供各种信息服务、技术服务，并对农户进行管理培训，提高旅游服务技能；另

① 干永福，刘峰．乡村旅游概论［M］．北京：中国旅游出版社，2017：236–253.

一方面是乡村旅游可持续发展的保证者，通过加强农户、旅游企业及政府联系，对三者的行为进行监督和调节，及时发现三者的矛盾问题并进行调节解决，同时积极引进外来因素，对乡村旅游的可持续发展提出建议，保证乡村旅游健康、可持续发展。

（三）政府

政府是乡村旅游发展的支持者和引导者。作为乡村旅游重要的经营管理主体，政府机构组成较为多元，纵向层面包括不同职能和层级的部门组织，横向层面包括环保、建设、林业、国土、宗教、旅游等部门。在乡村旅游发展初期，政府要充分扮演支持者的角色，尤其是资金、基础设施、招商引资等方面的政策支持。随着乡村旅游市场机制的日益完善，政府还要扮演引导者的角色，保证乡村旅游的健康可持续发展。同时，政府也要对其他参与主体实现有效的监督和引导，通过一系列的措施来规范其他参与主体的行为、加强对农户的培训和监督、提高参与者农户的旅游经营素质等。

（四）企业

伴随着乡村旅游的快速发展，越来越多的企业进入这一行业，国有企业、民营企业、社会个人和其他法人纷纷涌进农村地区从事乡村旅游，成为乡村旅游重要的经营主体之一。旅游企业作为乡村旅游开发的主体，从景点的开发建设到景区的经营管理都是企业的职责，其目标是获得经济收益，在这一逐利过程中，他们为乡村旅游的社会文化环境系统注入新的资本、思路、物流、信息流、资金流、人流等，会在一定程度上提升乡村旅游发展质量和效率。但是由于企业的逐利性，会与农民产生竞争关系，包括产品价格、产品质量、产品成本、服务质量等方面的竞争，这会对农民的利益产生影响，因而在企业与农民之间也需要村集体和政府的统一协调。

二、乡村旅游经营基本类型

乡村旅游活动的复杂性决定了乡村旅游经营主体关系的交织与交互，随着这些关系的不断萌芽、生长，从而形成潜在新秩序并奠定了一定的利益格局，形成了由不同利益主体构建而成的经营模式，主要类型有农民主导型、政府主导型、企业主导型、村集体主导型、混合型 5 种类型，每一种经营类型都有其自身特点，乡村旅游要因地制宜地选择合适的运营主体，以保障乡村旅游可持续发展。①

（一）农民主导型

农民主导型是以农民为基础，对所拥有的资源进行自主经营和管理，承担经营风

① 干永福，刘峰 . 乡村旅游概论［M］. 北京：中国旅游出版社，2017：236-253.

险，享有经济效益，自然集合形成的乡村旅游运营。该类型的主要产品形式可根据实际经营结构组织的不同，细分为“农户＋农户”“个体农庄”两种形态。

1.“农户＋农户”模式

（1）模式运作。由发展成熟的农户传播经验并进行示范带动，引导帮扶其他农民经营，最后形成农户与农户融合协作、共同发展的经营模式，自发性是该模式的重要特征。在利益分配方面，该模式下的经营权与所有权集中于农户，农户自负盈亏，经营收入全部归农户所有，富民效果较为明显。

（2）模式利弊。

优势主要有：①保留乡村原生：以当地村民为主要参与者，乡村资源为开发对象，受外来文化的影响较小，有利于保存乡村文化的原真性。②进入门槛低，运营风险小：多以小规模的农家乐为主要形式，农户的资金投入和经营成本较小，开发经营难度低。

劣势主要有：①规模有限，可持续发展能力弱：农户经营范围、业务规模、接待能力有限，缺乏核心竞争力，抗风险能力弱，可持续能力弱。②缺少标准规范，服务质量低下：农家乐多由未经过旅游服务专业训练的农民经营，松散经营和粗放式管理无法为游客提供优质的服务，卫生、消防存在一定的隐患。③产业结构单一，产品更新迭代慢：自主群体经营餐饮和住宿，结构形态单一，且农民的素质和视野限制了乡村旅游产品创新，模仿抄袭严重，在后期会产生同质化竞争，农户间陷入微利困境，旅游产品缺乏亮点，游客重游率低。④营销无法有效开展，市场影响力有限：融资困难，营销资金缺乏、方式落后且渠道较窄，致使农户经营难以形成有影响力的品牌，市场影响力有限。

（3）发展要点。“农户＋农户”模式的发展关键在于地方政府加大扶持引导力度，促进农户提升经营管理水平，实现规范化、高水平、抱团式发展。

（4）适用对象。多适用于区位条件好，有山水景区资源依托，具备一定旅游资源和散客市场，但乡村旅游资源尚处于起步发展阶段的乡村。

2. 个体农庄模式

（1）模式运作。个体农庄具有一定的规模，以农业生产和乡村生活为依托，以农耕文化为核心，利用田园景观为游客提供乡村生产生活休闲体验以及住宿、餐饮等基本服务设施，是在传统农家乐基础上升级壮大后形成的农户经营模式。在利益分配方面，农庄主作为投资经营主体自负盈亏，农民通过在农庄就业打工获取一定劳务报酬。

（2）模式利弊。

优势主要有：①拓展了经营空间与功能，相比于农家乐，个体农庄的经营空间从农户扩展至农业生产活动空间，经营功能则增加了娱乐、购物等体验活动。②丰富了收入结构模式，农庄一般会依托农业生产活动开发垂钓、采摘、亲子 DIY 等收费型项目，使农庄收入结构更加丰富。③带动周边农民就业增收，农庄经营规模相对较大，需聘请农民作为劳动力，促进农民就业。

劣势主要有：①难以出精品：农户和家庭经营，发展规模和水平容易受限，具有和“农户 + 农户”模式相同的劣势，产品创新迭代慢，服务缺失标准规范，难以做成精品。②资金风险大，外部资金和人才难以进入：农庄投入资金量和日常资金流转量相对较大，需要承担一定的资金风险。且个体农庄的经营者多是当地农民，自主经营、管理和决策，缺乏投融资思维与渠道，较难吸引外资，一般也较少聘用外来人才。

（3）发展要点。提升农庄经营管理水平，丰富经营业态，并强化招商引资与人才引进力度，打造具有市场竞争力的精品农庄。

（4）适用对象。适用于农业产业基础成熟且特色鲜明、周边市场容量大、经济相对活跃发达的区域。

（二）政府主导型

政府主导下的乡村旅游运营模式是指政府为了强化对乡村旅游资源的开发管理，成立乡村旅游管委会，并下设旅游开发公司，负责市场化运作乡村旅游项目或是政府型企业直接负责市场化运作的经营模式。

1. 模式运作

在政府主导乡村旅游运营模式下，政府是乡村旅游核心项目的经营者，其主要职能是确定产业政策、制订发展规划、完成基础设施投入、完成其他主导性投资、承担宣传推介任务、实施行业管理等。在利益分配方面，旅游开发经营收入归政府所有，用于乡村旅游资源保护、环境治理、村民补贴等，当地农民可获得生活环境改善、就业渠道增加、自主经营收入等收益。

2. 模式利弊

（1）优势主要有：①开发建设资金有保障：政府作为开发主体，不仅能投入一定的财政资金，还能有效地配置资源，为旅游项目的开发和资金筹集拓宽了渠道。②市场化运作效率高：政府主导的开发建设力度较大，能形成规模效益，且旅游公司进行市场化运营，能灵活开展市场营销、投资合作与产品服务创新升级，提高乡村旅游经营效益。③协调力度大，可控性强：管委会具备行政统筹职权，能较好地协调调度村民参与乡村旅游项目建设，同时对项目建设过程中的乡村风貌改造、经营业态布局、建设工程推进等具有较强的控制力。

（2）劣势主要有：①开发动力不足：政府作为行政管理与公共服务机构其营利性需求较低，乡村旅游开发建设容易出现动力不足的问题。②运营机制受限：政府主体的体制机制灵活性不强，在开发建设决策上偏向循规蹈矩，缺乏创新力。③开放性不足：政府过度干预，导致市场竞争力不足，外部资金、人力难以进入，村民参与的积极性较差，制约乡村旅游的发展进程。

3. 发展要点

鼓励三权分立：使农民保有土地所有权，政府实施管理监督权，企业落实经营权，保障农民权益，保障有序开发，保证市场化运作，实现效益最大化。

优化经营环境：政府出台税收、评优、财政补贴等政策，企业给予一定指导和帮扶，处理好企业和农民关系，重视基础设施建设、服务标准制订以及商业业态引导。尝试推进 PPP（Public–Private–Partnership）模式，拓展融资渠道，引导社会资本进行旅游开发。

4. 适用对象

处于乡村旅游开发前期阶段，尚未进行改制的传统乡村旅游景区。

（三）企业主导型

1. 模式运作

在乡村旅游开发建设中，引进组织结构成熟的旅游公司运营，乡村旅游项目的所有权和经营权归公司所有，以公司的整体品牌形象进行乡村旅游开发和经营活动。政府和村集体不参与具体的开发管理决策，当地农民以个人身份加入公司，以劳动获取收益。在利益分配方面，企业作为投资者获取全部的开发经营收入，对农民给予一定的征用补偿，农民主要靠农产品附加值获取收益，农民也可以个人身份进入企业打工获得薪资报酬。

2. 模式利弊

（1）优势主要有：①投资大，起点高、发展快：投资乡村旅游项目的企业大多具有雄厚的资本基础，且能灵活运用市场投融资渠道和财政补贴政策，能为乡村旅游项目投入较高的开发资金，使乡村旅游项目在一个较高的起点规模化地展开。②团队成熟、运营管理水平较高：企业组织结构成熟，管理理念更现代化，能够高水平地推进乡村旅游有序开发。③吸纳当地城镇与乡村居民就业：企业主导开发建设的过程中，需要聘用大量当地城镇与乡村居民就业，提供了建设施工与服务接待等多种职位，解决了当地就业困难的问题。④产品与服务水平较高：企业主导运营将对管理服务人员进行全面培训，对接待服务水平要求较高，能更加规范地保障游客旅游体验效果，维护游客利益。

（2）劣势主要有：①土地利用受到制约：农村用地政策限制企业进入，企业投资乡村旅游项目较难获得建设用地指标，且乡村旅游项目涉及征用农民土地，或是拆迁部分公共建筑，企业作为外来机构，较难获得农民认可与配合，开发建设的灵活度受限，不利于企业的长期发展。②企业与农民长期利益相冲突：企业主导的乡村旅游项目，大多采取一次性长期征地租用形式，不对农民的后续收益承担责任，容易出现旅游漏损的利益流失现象，易引发矛盾。③容易过度商业化破坏资源：企业投资乡村旅游项目的最大目标即获取利益收入，因此在开发建设过程中容易出现过度商业化破坏资源景观的现象，不利于乡村原真性的保护。

3. 发展要点

关键在于协调好开发建设过程中的用地问题，协调好当地农民的利益并带动农民致富。鼓励三权分立，尝试 PPP 模式，引进资金人才。

4. 适用对象

适用于经济发达且改革创新政策多（土地或资本）的区域，尤其是位于环城游憩带上具有优势农业产业的村镇，发展潜力大、接近客源市场、交通便利的区域。

（四）村集体主导型

1. 模式运作

村集体统一开发、运营和管理，把村集体所有的资源、村民特殊技术、村民劳动量、村民自主投资额转化为股本，合理分配给农民，引导农民作为股东与员工，直接参与乡村旅游开发的决策、生产经营活动和利益分配的一种经营模式。根据村集体在经营管理中的程度和作用可分为四种主导类型（表 5–1）。在利益分配方面，采取按股份分红与按劳分红相结合的方式，经营和参与主体按各自股份获得相应比例的收益。

表 5–1　村集体主导类型

参与程度	村集体完全主导	村集体合作主导	村集体企业化主导	村集体政府化主导
参与方式	村集体	“村集体 + 公司”	村集体成立公司	村集体执行

资料来源：刘馥馨，王玉海 . 图解乡村振兴战略与旅游实践［M］. 北京：旅游教育出版社，2018：239.

2. 模式利弊

（1）优势主要有：①公平保障村民利益：采取按股分红与按劳分红相结合的利益分配方式，有利于解决利益冲突并保障村民利益，具有一定的公平性。②规模效益明显：村集体能够将资源、资金、人力、物力集中统一开发与管理，有利于实现规模效应。③保护乡村原真性：有组织地经营开发一般眼光较为长远，在促进可持续发展的同时更容易保持乡村文化的原真性。

（2）劣势主要有：①较难统一村民思想与决策：村集体模式涉及集体经济的决策与运营管理，难以统一村民的开发意见，包括村民在用钱、用地、用人方面的意见。②对村集体带头人依赖性过强：村集体模式大多依赖于带头人的战略眼光与谋略，需要以带头人的人格魅力强化对村民的集体领导，也受限于带头人的经营管理思维，主观性因素较大。③法律规章约束力较弱，难以规范化发展：村集体经济对法律制度的贯彻落实不强，村民的法律意识较弱，大多依靠不成文规定或村领导的个人威望来约束村民行为，缺少严格的规范引导。

3. 发展要点

村集体模式的发展主要在于统一村民思想，形成长效的运营决策机制，强化与时俱进观念，引入外部经营理念和创新业态，提升村集体的旅游经营管理水平。

4. 适用对象

适用于村民配合度较高、区位条件好、乡村旅游资源丰富或具有垄断性、经济基础设施条件好的区域。

（五）混合型

混合型即由农民、政府、企业、投资商等多方共同参与乡村旅游的开发运营管理模式，能充分发挥各类主体的独特经营优势，避免单一主体主导的局限性，提升乡村旅游资源利用率。混合型经营根据经营结构组织的不同，可细分为股份制和合作社制两种经营模式。

1. 股份制模式

股份制模式主要是指“企业＋政府”模式，即政府保留旅游资源的所有权，出让经营权或以经营权作价注入，吸引投资商注入资本，共同组建旅游开发公司，双方占一定比例股权的经营模式。

（1）模式运作。由旅游开发公司租用农民土地或聘用农民，整体负责开发建设与经营管理，达到政府受益、企业获利、农民增收的效果。在利益分配方面，政府与投资商根据所占股份获取相应的经营收益，此外，政府还能获得旅游开发公司的纳税收入，村民通过自主经营农家乐、小旅馆、餐厅等也能获得额外收入。

（2）模式利弊。

优势主要有：①缓解资源保护与开发的矛盾：在股份制模式下，项目所有权掌握在政府手中，政府可通过行政措施强化资源与环境保护力度，推动项目顺利开发建设。②企业运营效率高：股份制模式下，企业全权负责乡村旅游项目的运营管理，能以现代的成熟运营方式对乡村旅游项目进行市场化运作，提高资源开发效率，提升运营管理效益。③拓展投融资渠道：股份制模式可以采取招商引资、信贷、融资等方式集聚资本，吸引更多社会资本投入乡村旅游资源项目中，有利于项目的顺利推进。

劣势主要有：①政府管理与企业经营存在矛盾：政府过度干预影响运营效益，政府所拥有所有权和行政管理权，容易过度干预乡村旅游项目的运营，影响企业的运营决策。②企业开发与村民利益存在矛盾：政府和企业主导的旅游开发公司全面掌控乡村旅游项目的运营管理，村民参与性不高，且村民利益缺乏保障，容易激发农民与企业之间的矛盾。③企业投资风险大：企业需投入较多资金用于基础设施改建等，整体的投入成本高，具有一定的风险。

（3）发展要点。合理分配股权权力，做好协调分配，提高农民参与积极性，形成良好的运营管理机制，避免多头管理。

（4）适用对象。适用于旅游资源归政府管理、环境保护要求高、项目开发需要大量资金投入的区域。

2. 合作社模式

合作社模式主要是指“公司 + 村委会 / 专业合作社 + 农户”模式，即农民将土地承包经营权流转并与村委会签订协议，由村委会将农民土地集中并转让给旅游开发公司的经营模式。

（1）模式运作。旅游开发公司不与农户直接交涉合作，而是统一与当地村委会或专业合作社沟通对接，由村委会和专业合作社调动农户参与旅游项目，由旅游开发公司负责投资开发经营、制定相关规章制度并组织旅游服务培训事宜。在利益分配方面，旅游开发公司占有大部分经营收入，合作社组织获取一定比例经营收入用于集体环境建设与组织协调工作，农民获得一定比例经营收入分红或是土地出让租金，还可在乡村旅游开发公司就职获取劳动报酬或是通过自主经营家庭旅馆或餐厅获得相应的经营收入。

（2）模式利弊。

优势主要有：①各司其职，各得利益：旅游开发公司与合作社统筹协调，政府进行科学有效指导，村民可以获得相对公平且长期性的利益收入，权益得到保障，合作社也能较好地统一组织村民。②高效开发，监管保障：旅游开发公司在合作社组织的协助下，能高效集中乡村土地、资金、人力，统一开发经营，提高资源利用效率；合作社可监督并规范资源开发强度，确保乡村旅游项目正规、有序、合理发展，维护乡村的可持续生态环境。

劣势主要有：①村民没有决策权：公司与村委会或专业合作社对接，而不与农户直接合作，农民的意见与建议得不到重视与反馈，不利于提高农民参与农村旅游项目的积极性。②利益分配易产生矛盾：由村委会或专业合作社经手的乡村旅游经营利润的分配易出现不公平或不均衡的问题，引发村民矛盾。③旅游开发公司投入成本高：公司需要投入大量资金用于基础设施建设与乡村环境改造，投入成本高。

（3）发展要点。合作社模式的发展要点在于做好村民的协调组织工作，高效市场运营，并公平分配经营利润，保证分配机制明晰。

（4）适用对象。适用于农民意识团结、有旅游开发意识但缺乏运营管理资金与路径的村镇。

第三节　乡村旅游社区参与

一、社区参与

（一）社区参与的概念

社区参与是指社区居民进入旅游发展体系中，参与决策、执行、管理、监督等过程，包括旅游利益分配过程，是让社区居民从受益方转化为获益方的方法和途径，其不仅关注社区居民的主体性，还从整体性的视角关注所有人的关系与利益。

社区参与中，最重要的主体是社区居民。在大众旅游发展中，社区参与划分为社区居民个别参与、组织参与、大众参与三个阶段。这三个阶段中，尤其是大众参与阶段，旅游目的地社区仅注重旅游对旅游目的地带来的经济效益，忽视发展旅游业对社区当地环境与文化的负面效应，也忽视了社区对环境保护和传统文化继承发展的责任和必要性，社区对当地环境的保护和传统文化的维持都是被动的、不系统的。而在生态旅游发展中，社区的发展要求社区对旅游业实现全面的参与，不仅参与经济活动，而且参与环境保护和社会文化等的维护，在此阶段，社区参与不仅以个体的形式分散参与经济活动，而且以整体的名义参与旅游规划和决策活动。①

（二）社区参与的途径

社区参与当地旅游的途径，主要包括当地居民进入乡村旅游业主开发的企业中作为服务人员、商贸人员、特色种植人员、特色养殖人员等。随着乡村旅游的发展，农民地位的提升，还应鼓励农民进入当地乡村旅游企业担当管理人员，并且对有实力、

① 周雨．社区参与乡村旅游影响因素作用机制研究［D］．山东师范大学，2017.

有想法的社区居民鼓励其参与到农家乐、乡村旅游商品加工企业的创办中。[①]

二、社区参与乡村旅游的重要性与优势[②]

（一）社区参与乡村旅游发展的重要性

我国仍处于社区参与乡村旅游发展的初级阶段，对乡村社区参与乡村发展缺乏正确的引导、管理和控制。由于乡村社区固有的一些制约因素，如观念落后、人口素质低、信息闭塞，人才资金缺乏等，在旅游开发中往往缺乏科学的理念和引导，且在旅游开发中只将乡村社区居民作为管理的对象，忽视其作为利益主体的权益，为追求暂时的经济利益，导致乡村的自然环境发生极大的变化。由于种种因素，导致乡村社区居民对旅游业产生极端的态度，消极抵制旅游业的发展或只顾经济利益而坑害旅游者的权益现象时有发生，旅游开发现状不尽如人意，尤其是社区参与不足所引发的各种问题十分严重。所以，必须将社区居民纳入乡村旅游发展中，通过实施社区参与，协调社区居民与当地政府、开发商、旅游者等之间的关系，实现各方的利益诉求，更有助于加快社会主义新农村建设，减少旅游发展给乡村社区带来的消极影响，从而实现旅游业的可持续发展。

（二）社区参与乡村旅游发展的优势

当前，我国经济平稳发展，人们的旅游消费观念、出游观念正发生着巨大的变化，人们以追求身心的放松、人与自然的和谐、健康舒适的休闲游憩、体验地域特色的民俗风土人情等作为出游目标。而在我国的乡村社区大多处于远离城市的偏远地区，自然景观和人文景观较少受到外界的干扰，这些地区保存了众多原始、奇秀的自然景观和独特的民俗风情，其中安乐祥和的田园景观、神秘奇特的古镇、各异的民族特色、人和自然的和谐相处，与城市生活迥异的生活方式，都使得社区居民参与旅游开发享有明显的资源优势，赢得广泛的市场。且社区的积极参与能使游客亲切真实地感到原汁原味的乡土文化，提高旅游活动的参与性和提升文化内涵，突出乡村社区的文化优势和旅游市场竞争优势。而近几年，我国政府从政策上加大扶贫力度、消除城乡差别、促进农民增收，解决“三农”问题以及社会主义新农村建设的提出等都为乡村旅游走向一个新的台阶提供了更好的经济平台和政策保障。

三、社区参与与乡村旅游发展的现状

目前，在我国相当多的乡村地区，旅游的发展主要还是由政府来掌控，社区参与

---

① 张述林，李源，刘佳瑜. 乡村旅游发展规划研究：理论与实践［M］. 北京：科学出版社，2014：64-65.

② 姚海琴. 我国乡村旅游业发展的就业特性、影响与效应研究［M］. 北京：机械工业出版社，2018：40-41.

旅游发展的进程不够成熟且较为缓慢，尤其是在比较偏僻落后的地区，当地农民乃至当地政府受教育程度低，受传统文化影响严重，政府职能部门独断专行、显示权威的现象比较严重，加上社区参与乡村旅游的意识较差，因此，乡村社区居民的参与愿望、要求和利益均得不到充分的考虑。所以，乡村社区参与乡村旅游发展中存在很多问题，主要体现在以下三个方面。

（一）参与旅游活动内容少

1. 参与旅游决策有限

社区居民由于自身的弱势地位，很少有人能够参与到旅游决策中。旅游的开发、规划、管理等一系列问题的决策仅限于相关部门的专业人员和决策者，而普通居民很少有机会能真正参与到决策中去，从而使制订的规划、计划缺少民众基础，实际操作总是达不到预期的效果。

2. 参与旅游收益有限

社区参与的合理收益机制尚未真正建立，社区居民在收入和就业等方面无法获得较好的经济利益和平等的发展机会。在乡村旅游实现最大利润化的过程中，社区居民很容易被边缘化，企业往往获得绝大部分的经济利益，而社区居民参与不到乡村旅游利益的分配，或者只能很小程度地参与乡村旅游利益的分配。同时，由于旅游业的季节性导致社区旅游就业方面的强烈波动性，从而导致了收入的不稳定性。

3. 参与旅游相关培训有限

由于资金的限制，乡村社区居民很少有机会参与旅游培训，使他们缺乏相关知识，无法参与到旅游活动中，只能从事非技术性、低报酬的工作，极少进入管理层和决策层，报酬优厚的管理性和专业性工作基本由社区外的人员占有。

（二）参与程度低

1. 参与层次低

由于现有乡村旅游开发的初级性和乡村社区居民文化素质低，现在的社区居民对乡村旅游开发的参与还停留在较低的层次上，处于基础参与层和一般参与层，重点参与层次较少，主体参与层次更少。具体表现在就业岗位大多科技含量、文化含量不高，管理岗位少，多为体力劳动，可替代性强；所提供的产品和服务较为单一，缺乏创造性和吸引力，乡村性和地方性还有待挖掘。

2. 参与产品素质有限

乡村社区参与乡村旅游开发的产品大都单一，初级旅游产品的深加工不够，把参与性、文化体验性的旅游项目简化为观光性的项目，产品内容一般是吃农家饭、住农家院、垂钓、采摘等，缺乏旅游精品。乡村社区难以摆脱小农意识，产品的雷同性强，旅游服务水平不高，表现为从业人员服务程序不规范、服务意识不强以及服务技能缺乏，难以满足游客的需求。

（三）参与机制不完善

1. 乡村社区参与乡村旅游的研究机制不健全

目前，乡村社区参与旅游开发基本处于个别探索阶段，其实施多为地方政府或国内非政府组织主导，缺乏有关部门、研究机构和多学科专家的积极参与，具体的乡村社区参与乡村旅游的操作模式、管理体制、已有经验等有待深入总结和交流。由于学术背景、研究条件的不足和旅游学科研究面的宽泛，再加上本项研究的复杂性，对这一方向的研究不深、指导不够。

2. 乡村社区参与乡村旅游的管理机制有待改良

我国旅游业还没有将社区参与纳入管理体制的框架中来，旅游管理对社区居民的利益和意见关注不够。以旅游规划为例，在旅游规划的立项、规划调查、意见征求、评审和实施中都是以地方政府和专家的工作为主，缺乏社区居民和旅游开发商的参与。

四、社区参与乡村旅游的模式

（一）“农户＋协会”和“农户＋社区”型

“农户＋协会”型一般由村民委员会组织成立乡村旅游协会或者是农家乐协会。“农户＋社区”型一般是农村社区成立相应的乡村旅游管理分支部门，无论是协会还是社区部门都对社区内的乡村旅游负有管理监督的职责，同时充分利用当地政府的有利政策和条件，促进本地区乡村旅游的健康有序发展。在社区或协会的统一协调下，家庭型乡村旅游能保持经营开发的统一性和整体性，成立统一的订房中心，统一价格、统一宣传、统一经营和分派客源，共享客源信息，实行奖励制度，这样就避免了恶性竞争，共享了当地优势资源，有利于做大、做强乡村旅游品牌。

（二）“农户＋企业”型

有些乡村旅游村庄由村委会或者乡村旅游经营大户牵头成立有限公司，农户可用现金、土地等折算入股，由企业统一经营、统一对外宣传，利润按照股份多少进行分红。农户也可以通过参与企业劳动项目的方式参与乡村旅游的发展，按照参与的劳动来分享乡村旅游的利益。农户既是企业的所有者又是企业的劳动者，按劳分配和按资分配达到了较好的结合。同时，企业与家庭型乡村旅游相互合作，在客源、当地资源分享上都有协议，企业带动家庭型乡村旅游经营户开展乡村旅游经营活动，两者相互协作、互补发展。

（三）“农户＋企业＋社区”型

“农户＋企业＋社区”型是实际上经营乡村旅游的企业和农户家庭都作为成员，统一接受社区相应部门的统一管理和监督，由社区统一分配本地区的乡村旅游资源，是居于“农户＋社区”型和“农户＋企业”型两者之间的村集体型乡村旅游发展模式。

通过对上述乡村旅游社区参与模式的总结，可以看出，在社区参与乡村旅游的发展中，都不是任何一个利益主体独立操作一切活动或事务，而是在共同协商、总体协调下，各利益相关体相互协作，组成一个有序的生产和销售体系，来实现共同的利益目标。①

第四节　乡村旅游合作社发展

一、乡村旅游合作社的产生与发展②

（一）乡村旅游合作社的概念

1. 乡村旅游合作社的定义

乡村旅游合作社是指我国农村 20 世纪 80 年代后出现在中国农村大地上的农民自愿联合组织，实行民主管理，通过组织成员开展旅游相关业务、经营活动及服务，共同分享收益的互助性经济组织。主要经营范围为组织农业生产、农产品销售、农业观光、接待服务，为成员提供相关业务管理、指导、技术、宣传和培训服务，包括各种专业合作社、专业协会、合作基金会、社区合作组织等合作经济组织，但不包括传统的信用社和供销合作社。

2. 乡村旅游合作社的功能

乡村旅游合作社作为一个服务农业、农村和农民的组织联合体，其功能的重要性是不容忽视的。乡村旅游合作作为农民专业合作经济组织的一个类型，在组织、服务、中介、协调、扶贫方面都具有十分重要的功能。

（1）组织功能。乡村旅游合作社的组织功能十分明显。一是按照国家和地方的旅游产业发展政策，组织社员进行乡村旅游建设、农家乐、民宿等服务，促使乡村旅游接待由行政管理过渡到由合作社组织协调管理；二是根据国家和地方的乡村旅游发展

① 秦红霞．乡村社区参与乡村旅游发展的初步研究［D］．西北师范大学，2007.

② 银元．乡村旅游合作社发展与建设研究［M］．北京：国家行政学院出版社，2017：44-106.

规划，组织和协调社员合理利用当地“三农”旅游吸引物，开发符合规划要求的乡村旅游产品及服务；三是根据市场需求和社员意愿，组织社员抱团参与旅游市场竞争，提高合作社的乡村旅游经营能力和竞争能力。

（2）服务功能。服务性是农民专业合作经济组织的一个重要特征，服务功能是乡村旅游合作经济组织的基本功能之一。乡村旅游合作社作为一个服务性的组织能够通过自我管理谋求自我发展，进而服务农户和游客。

（3）中介功能。乡村旅游合作社是处于政府和企业之间的中介性组织，是沟通政府和农户的有效桥梁。一是乡村旅游合作社作为一线的乡村旅游经营决策个体，能联合本地的乡村旅游行业力量，使当地的乡村旅游发展要求、意愿及时地反映到政府，既能使农户加强沟通，为自身管理提供服务，又能供政府制定政策、方针做参考；二是政府通过对乡村旅游合作社履行管理和指导职能，可以减少政府直接面对的农户数量，减轻政府服务指导压力；三是乡村旅游合作社能够协助政府宣传、指导、监督农户更好地遵守、贯彻国家的方针、政策和法规等，是协助政府管理农户的得力助手。

（4）协调功能。协调功能主要体现在两个方面。一是协调当地各乡村旅游经营者，构建一个利益共同体，实现以强带弱，整体提升当地乡村旅游接待能力和服务水平；二是乡村旅游合作社作为一个互助性经济组织，又是一个基层社会治理的“小团体”，可以通过“小团体”的优势，共同协调解决不同利益需求，消解内部矛盾，起到协调与稳定社会的作用。

（5）扶贫功能。乡村旅游合作社在保障和突出贫困户主体地位方面，具有明显的优势和现实意义，能够最大范围地把自身发展能力不足的贫困户纳入旅游扶贫范围。

（二）乡村旅游合作社的组建

乡村旅游合作社属于农民专业合作社，其成立必须按《农民专业合作社法》《登记管理条例》的规定，严格执行乡村旅游合作社注册条件及流程，履行法定的组建程序。

1. 注册条件

（1）须具有五名以上符合规定要求的合作社成员。

（2）有标准的乡村旅游合作社章程。

（3）有相应的组织机构。

（4）有固定且符合正常运转的场所。

（5）有符合章程规定的成员出资。

2. 注册程序

（1）发起筹备。

（2）制定合作社章程。

（3）推荐理事会、监事会候选人名单。

（4）召开全体设立人大会。

（5）组建工作机制。

（6）登记、注册。

二、乡村旅游合作社经营管理

（一）经营模式

乡村旅游合作社可按照农民专业合作社一般方式开展经营，基本模式就是区域内（一般为村内）农家乐经营户、民宿经营户、手工艺生产者、土特产生产者等乡村旅游相关业务的经营者、参与者，共同发起乡村旅游合作社，开展合作接待、联合经营、统一销售、共享客源。也包括引导农民以闲置房屋、土地经营权、林权等入股的方式参加乡村旅游合作社，由乡村旅游合作社对闲置房屋、林地等进行统一打造、开发和经营，解决农民如何广泛参与乡村旅游的问题。

1.“合作社＋公司＋农户”模式

在这类模式中，乡村旅游合作社作为引进公司与农户连接的桥梁，解决了合作社资金、技术、市场等问题，起着统一标准、联合农户、服务企业、调处矛盾的作用。如四川省仁寿县石家现代农业观光旅游专业合作社，采取“合作社＋公司＋农户”的发展模式，引进公司对合作社掌握的闲置农房，按照星级农家乐和乡村酒店的标准进行改造，建设乡村旅游特色村。

2.“合作社＋基地＋农户”模式

采用这种模式的乡村旅游合作社，一般以种植业和养殖业为产业基础，并有一定规模的生产基地，可在现有农业基础上注入旅游业态，从而引导农户发展乡村旅游。如四川省洪雅县荷园乡村旅游专业合作社，由当地5户农民联合成立，以70多亩荷花种植、荷塘养殖地为主要资源，融入雅女文化、农耕文化，打造集特色、生态观光、休闲旅游、农耕采摘、摄影写生、文学创作于一身的乡村旅游观光点。

3.“合作社＋公司＋基地＋农户”模式

此类乡村旅游合作社将村集体作为一个公司组织，通过一定股份比例，确定分红比例增加社员收入。如四川省北川羌族自治县青片乡正河村民俗旅游专业合作社，积极鼓励农户使用土地、房屋、资金等资源以及发展农家乐等方式入股，吸纳该村114户村民加入合作社。

4.“合作社＋园区＋农户”模式

此类乡村旅游合作社通过有效整合已有旅游资源，打造一个核心乡村旅游示范区，建立乡村旅游生态循环链条。如四川省通江县空山天盆乡村旅游专业合作社，整合当地旅游资源，在农户以新农村住房入股和带动发展农家乐的基础上，建设乡村旅游示范园区，引领当地农民走上乡村旅游产业化发展道路。

5.“合作社＋政府（村两委）＋农户”模式

此类乡村旅游合作社一般由政府部门或村两委引导村上“能人”成立，政府起主导作用，通过政策激励，引导农户加入合作社。如北京市密云区石塘路村民俗旅游专业合作社，属于村委带动型，由村委会发起成立，理事长也是村主任。

6.“合作社＋景区＋公司＋农户”模式

此类模式通常适用于资源禀赋优越的区域，公司出资开发打造景区，农户以房屋、土地、劳动力入股，合作社协调农户与公司的关系，保障农户受益。如四川省巴中市巴州区山水化湖景区，采用此种模式，建立思源等乡村旅游合作社 5 个，直接或间接地带动辐射周边 5 个乡镇稳定脱贫。

（二）经营风险控制

1. 风险类型

农民专业合作社风险是指农民专业合作社在生产经营过程中，由于自身或外界因素的影响而遭受损失的可能性。乡村旅游合作社既面临着农民专业合作社的共性风险，又面临着经营乡村旅游业务所带来的个性风险。

（1）自然风险。自然风险是指因不可抗力的气象灾害、地质灾害现象所导致的危害乡村旅游合作社经营活动或成员生命安全的风险。乡村旅游主要是在广大农村、城郊地区开展，容易受到台风、暴雨、冰雹、地震、滑坡等自然灾害影响。

（2）市场风险。一般而言，乡村旅游合作社面临的市场风险主要包括生产所需材料价格和成本变动、市场需求变化、同类产品以及服务的竞争策略变化、产品宣传销售渠道建设等。乡村旅游是极易受市场因素影响的，特别是在大多数产品和服务比较雷同的情况下，游客的需求变化和其他竞争者经营情况变化将给乡村旅游合作社带来较大的市场风险。

（3）环境风险。环境风险是指农村地区的生态环境遭到破坏，有重大疾病或重大环境污染问题产生。乡村旅游依托的乡村环境，本应是一个自然清新、尊重自然规律，给人展示和寄托乡愁的良好环境，但是近年来由于个别地区的盲目发展，导致农村地区生态环境破坏严重，生态系统被打破，青山绿水、田园景观被破坏，直接影响乡村旅游合作社的经营。同时，突然暴发的疾病、疫情或重大污染事件也会导致游客减少，给乡村旅游合作社带来风险。

（4）管理风险。乡村旅游合作社的管理风险是客观存在的，受主要负责人和管理者的素质、合作社规模、组织结构、成员参与程度等影响。乡村旅游合作社要特别注意财务和盈余分配方面带来的管理风险。

（5）经营风险。乡村旅游合作社经营风险包括旅游产品和服务的同质化竞争、服务质量不达标、游客投诉等。由于旅游产品的口碑效应较为明显，一旦乡村旅游合作社提供的产品、服务出现较大规模的游客投诉，若不认真回应和及时处理，必然影响乡村旅游合作社的经营效果，直接影响合作社成员的收益。

（6）人力资源风险。乡村旅游合作社的人力资源风险主要表现在以下三个方面：

①缺乏专业性人才：乡村旅游合作社普遍缺乏既懂合作运营又懂旅游管理的中高端旅游专业人才，对于如何运作乡村旅游合作社仍然在摸索中，应对市场需求变化能力不足，经营效果不稳定。

②合作意识不够强：乡村旅游合作社成员对合作精神缺乏认同，个别成员在旅游旺季时会出现自主经营、私自拉客、私下议价等非合作行为，导致合作社经营受损，造成成员间矛盾。

③缺乏有效的管理和培训：包括对乡村旅游合作社成员培训力度不足、培训效果不佳导致成员服务标准不一、质量和水平存在较大差异，影响乡村旅游合作社的整体经营效果。

2. 风险应对

风险管理不仅是推进乡村旅游合作社稳定和可持续发展的前提，还是提高成员收入、保障游客权益、维护社会稳定的重要保障。乡村旅游合作社应对风险包括：开展可行性分析，做好风险应对预案；从制度和工作机制上规避财务风险，依法规范运行财务管理；推进产品特色化开发，以质取胜，提高竞争力；开展多种经营和配套经营，推进标准化和统一化服务，增强市场营销能力；建立公平合理的利益分配机制，明确成员权利和义务，确保乡村旅游合作社规范运行；加大人员培训力度，加大对乡村旅游合作社发展带头人的培育，加强对乡村旅游合作社成员合作意识、经营能力、服务和水平等培训；注重组织形式创新，与其他类型合作社开展跨类型、跨区域合作，打造乡村旅游产业链，增强经营实力和抵抗风险能力。可以说，能否成功地应对风险决定了乡村旅游合作社的命运（图 5–1）。

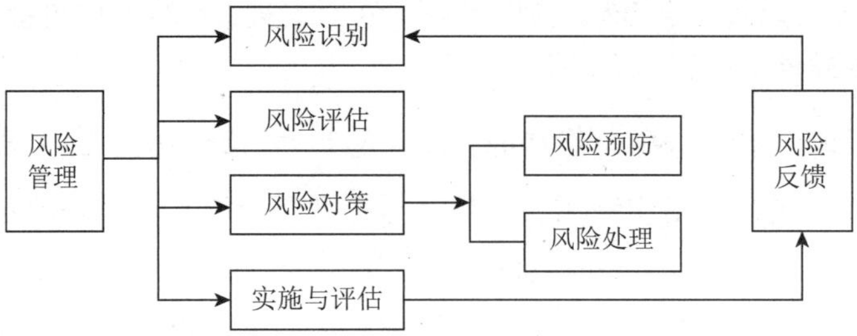

图 5–1　乡村旅游合作社风险管理流程

资料来源：银元 . 乡村旅游合作社发展与建设研究［M］. 北京：国家行政学院出版社，2017.

三、乡村旅游合作社指导管理

（一）主管和指导部门

乡村旅游合作社的主管和指导部门主要包括县级政府、县级农业行政主管部门、登记管理部门、旅游业务指导部门。此外，乡村旅游合作社涉及民族文化展示、民俗表演和展演、特色手工艺品销售等经营活动，还涉及文化、商务、民族事务等部门的业务指导。

（二）联合监管服务指导机制

乡村旅游合作社的设立登记、业务指导、行业管理职能职责分属不同部门，决定了乡村旅游合作社的指导、管理和服务，不能单独依靠某一部门或者单位来完成，需要按照部门指导、协同监管、联合惩戒的原则，整合和协调各有关部门，共同构建联合监管服务指导机构。一是卫生、食药监、商务、环保、国土、林业等其他有关部门以及组织按照各自职责做好乡村旅游合作社的指导、扶贫和服务工作；二是乡村旅游合作社管理服务涉及的农业、旅游、工商、商务、林业等有关部门，应建立乡村旅游合作社的联合监管机制；三是整合各部门相关政策，构建支持乡村旅游合作社发展的政策体系。

（三）培育途径

对于乡村旅游合作社的培育，应坚持分类指导，在充分了解各区域旅游现状的基础上，从实际出发，有针对性地引导、培育、发展乡村旅游合作社。

（1）对已有乡村旅游合作社的地区，积极稳妥地推动向法人社转型，引导农民参与市场竞争。鼓励并引导具有意愿、具备条件的各类乡村旅游协会、乡村旅游经营联户等，按照《农民专业合作社法》要求，成立乡村旅游合作社，在乡村旅游接待进行统一协调的基础上分散经营。

（2）对旅游资源丰富、产业发展基础条件好的地区，如景区周边、农家乐、森林人家、民俗聚集地、农民新村等，鼓励农村集体经济组织创办乡村旅游合作社，鼓励并引导有实力的农家乐经营户、乡村旅游带头人、能人等领办乡村旅游合作社。

（3）对于大中城市、景区、自然生态区周边和民族地区，培育提供休闲观光、创意农业、农事体验、科普教育、乡村度假、森林康养产品和服务的乡村旅游合作社。

（4）对于农民市场意识不强和乡村旅游合作组织不发达的地区，发挥典型示范带动作用，加强政策引导和激励，引导农民以空置房屋、土地经营权、林权等出资入股建立乡村旅游合作社。

（5）鼓励正式登记的种植、养殖、销售、服务等各类型的农民专业合作社，注入“旅游 +”的理念，拓展旅游业务范围。

（四）旅游综合业务指导

各级旅游、农业、林业等部门应加强联合，共享和交流各自掌握的有关乡村旅游合作社基础数据和统计数据，积极联系、协调工商、国土、建设、卫生、文化、人社等有关部门加大对乡村旅游合作社的综合业务指导，引导乡村旅游合作社特色化发展、推进乡村旅游合作社标准化和统一化服务、增强乡村旅游合作社的市场营销能力、做好乡村旅游合作社业务培训、推进乡村旅游合作社品牌化建设以及鼓励乡村旅游合作社参与旅游扶贫。

第五节　乡村民宿的发展

乡村民宿作为休闲体验式旅游的一环，它的发展对乡村的经济和文化都产生积极的影响。乡村民宿与本地旅游业相结合，对乡村产业结构的调整起到了推动作用；乡村民宿利用村内闲置房，不仅实现了闲置资源的再利用，还增加了村民收入；乡村民宿的发展必定带动对本地文化的挖掘，对保护与延续乡村文化皆有益处。

一、乡村民宿概述

世界范围内，民宿随着观光旅游业的发展而兴起，在欧美发达国家已有相当久远的历史。民宿起源于第二次世界大战后的英国，其英文名称为“Bed & Breakfast”（即提供住宿及早餐之意），之后发展为当地的乡村民宿。在亚洲，日本民宿是代表。民宿一词源于日本的民办旅店，是当时的日本政府为摆脱泡沫经济所引起的度假旅游危机而开发农渔山村，批准个人经营的一种都市居民以家庭为单位寄居于农家民宅的新型度假方式。日本及中国台湾地区民宿产业经过近几十年的发展，也逐渐形成规模，并由此形成了特色鲜明的民宿旅游文化，成为地区及国家旅游产业非常重要的发展方式。我国大陆的民宿起步较晚，但发展迅猛，浙江、丽江、拉萨、阳朔、成都等地的乡村民宿数量增长较快，品质也较高。我国大陆民宿的范围较广，种类很多。如以莫干山为代表的洋家乐、以四川成都为代表的农家乐、以厦门鼓浪屿为代表的家庭旅馆、少数民族地区的特色民居旅馆等。

调查显示，2017 年，我国民宿消费规模达 200 亿元。而 2018 年乡村民宿订单量已经超过 2017 年全年的 300%，累计接待近 200 万房客，为乡村房东创收超过 5 亿元。乡村民宿入住的平均间夜为 2.8 天，比总平均间夜要高出 60% 左右。出游人数多在 2~5 人，多以情侣、亲子、家庭为单位出游。预计到 2020 年，我国乡村民宿消费将达 363 亿元，年均增长 16%，远高于同期国内旅游消费年均 8% 的预计增速。①

截至 2018 年，我国大陆民宿总数达 42658 家，11 省市民宿数量在 1000 家以上。我国各省市民宿数量前十名分别为：云南、浙江、北京、四川、山东、福建、河北、广东、广西、湖南。其中云南以 6466 家民宿的数量位居全国第一名（表 5–2）。

表 5–2　中国各省、直辖市、自治区民宿数量排行榜（不包括香港、澳门和台湾）

排名	省份	民宿数量	排名	省份	民宿数量
1	云南	6466	17	山西	593
2	浙江	5669	18	上海	588
3	北京	3587	19	贵州	531
4	四川	3361	20	重庆	443
5	山东	2829	21	辽宁	428
6	福建	2767	22	天津	427
7	河北	2298	23	黑龙江	370
8	广东	2009	24	青海	358
9	广西	1778	25	河南	292
10	湖南	1615	26	甘肃	282
11	江西	1103	27	内蒙古	277
12	江苏	996	28	湖北	186
13	安徽	900	29	吉林	137
14	海南	852	30	新疆	42
15	西藏	761	31	宁夏	32
16	陕西	681			

资料来源：中商产业研究院

① 田力 . 乡村民宿与乡村旅游协同发展的路径研究［J］. 智库时代，2019（4）：30–31.

当前国内学者对乡村民宿定义引用最多的民宿概念即台湾的《民宿管理办法》（2002）中对“民宿”的定义：指利用自用住宅空闲房间，结合当地人文、自然景观、生态、环境资源及农林渔牧生产活动，以家庭副业方式经营，提供旅客乡野生活之住宿处所。该办法还依据地段及经营特色对其经营规模进行了严格控制。通常以客房数5间以下，且客房总楼地板面积150平方米以下为原则。但位于原住民保留地、经农业主管机关核发经营许可登记证之休闲农场、经农业主管机关划定之休闲农业区、观光地区、偏远地区及离岛地区之特色民宿，得以客房数15间以下，且客房总楼地板面积200平方米以下之规模经营。该定义强调民宿载体是自用住宅空闲房间，经营性质为家庭副业方式，经营体制更独立、更自由，民宿风格更加多样化。

大陆地区对乡村民宿的定义更加宽泛，如李德梅等认为，民宿是私人将其一部分居室出租给游客，以副业方式经营的住宿设施，游客不仅能与主人进行某种程度的交流，更能感受当地的风土人情。这种宽泛的定义使得一些学者研究民宿的相关问题时，将农家乐、客栈、青年旅馆也纳入民宿的范围中来，如张延、代慧茹。李沛沛和单文君结合前人观点，将民宿定义为利用自用住宅空闲房间或者闲置的房屋，结合当地风土人情，以家庭副业方式经营，提供旅客乡野生活的一个有家和温暖感觉的住宿处所。该定义首先扩大了房屋的来源范围，但同时也限定了民宿的开办地点是乡野之中。赵菁从设计的角度，通过将民宿与传统酒店对比，较为清晰地介绍了民宿的概念，民宿通常是对现有建筑的再次设计，民宿通常会提供生活方式、农家菜、地域文化等体验，民宿本身可能会成为一种旅游吸引物等。

2017年8月21日，国家旅游局发布了《旅游民宿基本要求与评价》的行业标准，并于2017年10月1日起实施。行业标准对旅游民宿的定义为利用当地闲置资源，民宿主人参与接待，为游客提供体验当地自然、文化与生产生活方式的小型住宿设施。而且，民宿单幢建筑客房数量应不超过14间（套）。

二、乡村民宿的经营模式

乡村民宿主要经营模式分为家庭自主经营与租赁经营。

（一）家庭自主经营

民宿经营主体为产权拥有者的房东，分为主业经营与副业经营，自主经营拥有经营方式灵活，民宿主题特色个人化、独特化等优势。主业经营即村民将经营民宿作为主业，此类经营模式对民宿收益依赖较高，一旦遇到淡季，很容易造成经营问题；副业经营即业主对民宿经营的依赖较低，对旅游季节性产生的经济效益不稳定容错率高，是目前乡村民宿的主要经营方式。自主经营具有难以形成规模、对民宿所在地选址条件要求高等限制。这些限制会在一定程度上影响民宿的经济效益。

（二）租赁经营

租赁经营分为个体租赁与规模租赁。租赁经营是现在乡村精品民宿的主要经营方式，租赁经营与家庭自主经营的区别在于是否拥有房屋产权。与家庭自主经营相比，租赁经营因其成本增加所以在经济上更易受亏损影响。而在租赁经营中又有个体与规模经营之分，其区别在于民宿经营者是否雇用人员来进行民宿的管理。从狭义上讲，规模租赁经营的民宿在专业性与规模化上要大于个体租赁经营。

三、乡村民宿的集聚发展

乡村和民宿各取所需、通力合作，借力民宿发展，乡村建筑得到保护和复兴，通过发展与之相匹配的生态环保产业，形成了新的致富渠道。乡村民宿呈现集聚发展态势。

（一）乡村民宿集聚分布的特征

1. 乡村民宿集聚分布于经济较发达城市周边

城市发展带来的种种负面影响使得城市居民开始追求一种回归自然、享受乡土气息的生活状态。民宿为旅游者提供了独立的生活处所，旅游者可以享受地域性人文、自然景观，并可融入当地生活从事农林牧渔生产活动，因此民宿受到越来越多的城市居民的欢迎，尤其是城市中产阶级逐步成为民宿旅游市场的主体。

人们一般利用双休日或者节假日出游，距离是出游规划的第一影响要素，就近的民宿成为优先考虑的旅游目的地。受市场需求的驱动，民宿投资者或经营者更倾向于选择城市周边乡土气息浓厚的地区发展。经济发达城市拥有充足的客源，而雄厚的经济条件又保证了游客的消费能力，其周边地区自然成为民宿旅游发展的热区，形成了民宿集中分布在经济发达城市周边的空间分布格局。

2. 民宿集聚分布于旅游资源丰富地区周围

旅游是现代人的一种精神追求，时下的旅游多以观光旅游、度假旅游和娱乐旅游为主。民宿要与当地特色的历史人文景观、自然生态景观以及生活生产活动结合起来，才更具有吸引力。因此，民宿在空间布局上往往更加靠近本地开发成熟的优秀景区。通过对长三角地区民宿和景区进行叠置分析，二者在空间分布上彼此靠近，民宿周边有景区，景区周边有民宿。民宿高度集聚区域内都有知名度较高的全国性优秀景区。以长三角地域民宿和 3A 级景区为例，以景区点位为中心分别建立了 5 千米、10 千米和 20 千米的缓冲区，坐落在 5 千米缓冲区内的民宿占比 71.15%；坐落在 5~10 千米缓冲区内的民宿占比 17.52%；坐落在 10~20 千米范围内的民宿占比只有 10.19%。

可见，大多数民宿分布在距离景区较近的 5 千米范围内，在远离景区的区域内民宿数量急剧下降。景区周边来往游客众多，对住宿的需求量大；而民宿在提供住宿的同时，还能提供享受本地乡土文化、特色美食等机会，成为众多旅游者的首选。因此，民宿投资和经营者往往选择靠近旅游资源的位置。

3. 民宿集聚分布于交通主干道附近

旅游是旅行与游览的综合，旅游活动的异地性使交通条件成为旅游的必要环节和基础。在旅游过程中，长途交通（航空、铁路）将客源地和目的地连接起来，而市内（短途）交通将旅游活动中的各个景点以及食、住、行、娱、购的各个环节串联起来。民宿旅游也不例外，需要便捷的交通条件将景点与民宿串联起来。

旅行社一般将食宿、景点等要素通过旅游线路及车辆换乘有机地衔接起来，这种情况下游客的行进路线固定、游客自由到达的范围相对有限。近年来，自驾游成为旅游出行的主要方式。中国旅游研究院与中国电信联合进行的乡村旅游调研显示，近七成的游客选择自驾的方式到乡村旅游。自驾游客可以自由选择出行线路、自由决定停车食宿地点，这一定程度上扩大了游客的活动范围。

因此，交通条件便捷的区域也成为民宿分布的集中区域。以长三角地区为例，以交通主干道为中心线分别建立了 1 千米、3 千米和 5 千米的交通缓冲区，坐落在 1 千米缓冲区内的民宿占比 32.74%；坐落在 1~3 千米缓冲区内的民宿占比 39.10%；坐落在 3~5 千米范围内的占比 13.72%。在 3 千米范围内民宿分布居多，5 千米范围内的民宿占比总共达到了 85.56%。可见，交通主干道附近也逐渐成为民宿集聚的重点区域。

（二）乡村民宿集聚分布的动力机制分析

1. 外部动力机制

（1）政府主导政策驱动。民宿产业的发展与乡村旅游蓬勃发展的大背景息息相关，从中央到地方各级政府都高度重视乡村旅游发展，也重视民宿这种新业态的打造。民宿产业集聚受到各地方政府政策的推动。2015 年 11 月 25 日，国务院办公厅《关于加速发展生活性服务业消费结构升级的指导意见》推动民宿产业加速发展；2016 年 1 月 27 日，中共中央、国务院《关于落实发展新理念加快农业现代化实现全面小康目标的若干意见》提出大力发展休闲农业和乡村旅游，有规划地开发休闲农庄、乡村酒店、特色民宿、自驾露营、户外运动等乡村休闲度假产品。2016 年 3 月 2 日，由国家发展改革委等 10 个部门制定的《关于促进绿色消费的指导意见》提出支持发展共享经济，鼓励个人闲置资源有效利用，有序发展网络预约拼车、自有车辆租赁、民宿出租、旧物交换利用等。2017 年 7 月 11 日，国家发展改革委等 13 个委办局又发布了《促进乡村旅游发展提质升级行动方案（2017 年）》，推动形成体系完善、布局合理、品质优良、百花齐放的乡村旅游发展格局。各省市根据自身区域特点也制定了相关的奖励扶持政策，这些政策极大地推动和促进了区域民宿产业发展。

（2）旅游消费升级驱动。近年来，我国居民消费处于商品消费向服务消费转变的上升期，居民用于服务性消费的支出大幅增加，而商品消费增长相对缓慢。2014~2016 年，城镇居民用于医疗、教育、娱乐、旅游、交通等服务性消费的支出占比由 35.7% 上升到 41%。中产阶级规模扩大叠加需求升级，距离城市 2~3 个小时车程、200 千米范围内、性价比优势突出的特色民宿产业备受推崇。随着“90 后”“00 后”等成为市场主体，多样化、个性化体验等新需求不断扩大，原有的标准化住宿产品已经不能满足他们的需求，而个性化、体验性强的民宿产品更迎合他们的喜好。

（3）民宿投资资本驱动。目前民宿投资除了为了情怀、追求小而美不追求投资回报的民宿主之外，主要有三类：第一类是电商平台投资民宿产业，比如携程旅游网、去哪儿网、途家网、同程旅游网等。除成立民宿客栈频道外，还直接从事民宿投资运营，如同程旅游完成对花间堂的战略投资，成为花间堂第二大机构股东；途家网旗下的途远公司直接参与贵州美丽乡村精品民宿建设等。第二类是国有大型企业进军民宿领域，比如首旅集团、浙江旅游集团、国奥集团等。首旅集团成立首旅寒舍酒店管理有限公司，已经在全国布局 60 余个古村落民宿产业；浙江省旅游局与浙江省旅游集团及相关公司设立 100 亿元旅游基金，高等级客栈和精品民宿项目都是主要投向。第三类是房地产企业转型进入民宿产业，如新华联集团、银泰集团、金融街等。新华联集团在安徽芜湖开发了鸠兹古镇项目，有上万平方米的用地建设客栈、民宿和精品酒店。这些公司发展民宿产业，追求规模化增长，又有相应的品牌体系和运营标准、建造标准以及经营平台等支撑，因此极大地推动了民宿产业的发展和集聚。另外，民宿投资的主体多元化、投资形式多样化，推动民宿投资持续火热。

2. 内部动力机制

（1）民宿集聚形成市场竞争优势。民宿集聚区内部企业之间存在着竞争合作关系。民宿单体规模较小，客房一般在 3~15 间，很难实现大的旅游接待量。在集聚区内，具有一定数量的民宿后，可以实现接待能力的规模性递增。单个民宿通过自身品牌招揽客源的能力很弱；通过外部规模效应，可以形成整个民宿集聚区在旅游市场上的区域品牌，扩大影响力。区域品牌效应将直接给每个民宿经营者带来收益的增加。单个民宿的生命周期可能不长，会存在优胜劣汰的风险，但是整个民宿集聚区形成品牌后，品牌效应相对持久，将会带动区域内民宿企业的联动发展，打造出市场竞争优势，形成乡村旅游发展的合力。2016 年成立的宿联中国，专门致力于打造民宿集聚区，降低单个民宿运营成本。2015 年 8 月，浙江嘉兴久栖酒店管理有限公司成立，凭借之前多年的经营积累，在国内民宿行业占领一席之地，创下久栖客栈品牌。此外，知名的品牌还有童话客栈、宛若故里、阳光纳里等。可见，民宿品牌形成后有利于提升关注度、迅速占领市场，提高核心竞争力。

（2）民宿集聚可以降低交易成本。民宿集聚区可以为游客提供多样性的住宿体验产品，具有客源共享的规模经济效应，降低了单个民宿与游客的交易成本和交易风险。同时，由于聚集了大量同类型的民宿企业，吸引了布料清洗、房屋清洁、广告策划等供应链上下游厂商和机构、相关专业人才在当地聚集。民宿集聚区内分工专业化、信息交流与传播顺畅、劳动力资源共享，降低了民宿的建设成本和经营成本。同时，产业链上的相关供应商、中间商更容易获得市场机遇，减少搜寻商业信息所需的时间和金钱成本。同时产业集聚会促进人力资源的专业化发展，提高人力资源效率，节约人力资源成本。整个区域内交易成本的降低可极大地增加区域民宿的综合竞争力。

虽然通过集聚式的发展可以给民宿产业带来很多发展优势，增加民宿经营者的收入，但是由于旅游产业的特殊性，民宿业又正处于高速发展期，大量的、快速的集聚会造成当地旅游接待能力过剩，游客预期体验下降，也会导致很多经营者不能获得预期收益。

四、乡村民宿的发展要点

（一）乡村民宿的本质

乡村民宿市场发展良莠不齐，从上千元一晚的精品民宿到几十元一晚的低端民宿，都在非标准住宿这个市场上共生发展。企业资金、社会资本、个人投资都流向乡村民宿产业，资本想在乡村民宿领域继续缔造投资传奇，每个民宿似乎都承载着一个不同目的的乡村梦。然而民宿骨子里的基因应该是什么，民宿的本质到底是什么，发展民宿的初心又是什么。无论何时何地，发展民宿，在强调住宿功能提升的同时，都要“民”字当头，以民为本。

1.“民房”

乡村民宿的核心载体应该是农民自有的或者闲置的房屋。乡村民宿的魅力在于在地乡村文化，民居为载体，乡村为背景，乡村休闲旅游度假为功能，共同构建起民宿的发展要素。乡村文化传达的重要表现形式就是乡土建筑，有形的房屋建筑承载着无形的文化精神。民宿的发展要盘活乡村房屋存量资源，让更多传统民居建筑得以保护活化。如果丢掉了“民房”这个核心要素，以大量地产开发商开发的楼盘来做民宿，民宿的表现形式就会变得苍白无力。

2.“民主”

这里是指民宿主人。民宿与酒店的最大区别莫过于主人文化。民宿都有着浓郁的主人文化，很多是作为家庭副业经营，是主人生活方式的表达。在中国大陆的民宿主人就很不一样。根据浩华管理顾问公司发布的《精品民宿调研报告》，现今中国民宿投资者有 70% 是利益导向性，30% 是情怀型的投资者，情怀型投资者的百分比随着民宿行业的迅速扩张会日益下降。一些优质的民宿品牌开始得到资本的青睐，有温度的民宿主人文化似乎正在被追求投资利益的商业文化所替代，高品质、标准化的客房装修却缺失主人文化，民宿似乎更像是精品酒店。

3.“民心”

民宿的经营者很多都是城市人、外乡人，发展理念不同、沟通方式不同、契约观念不同，使得民宿经营过程中协调与当地农民的关系、营造整体社区氛围尤为重要。在一个乡村中，独善其身、不入乡随俗，只经营好自己的民宿是不现实的。因此，乡村民宿的发展要赢得民心，需要民宿经营者与当地农民共同认识乡村的生态文明及生活方式，共同参与社区营造，共同盘活乡村旅游整体发展。

4.“民生”

乡村振兴不仅是经济的振兴，更是社会的振兴、文化的振兴。乡村民宿是乡村振兴的助推器和乡村旅游产业升级的突破口。很多地方在发展旅游的过程中盲目开发，对于乡村原住民整村搬离，导致乡土文化缺失，或者只考虑外来游客的需要，忽视了本地农民的诉求，致使目的地后续发展乏力。民宿的发展要关注民生问题，切实考虑农民的利益，改善农民的生活条件，提升农民的发展观念，通过一批城里人经营民宿的示范作用，带动更多的农民全方位参与到民宿发展中，帮助村民脱贫致富，吸引更多的新农人返乡，反哺乡村。

乡村民宿的发展相对于旅游目的地的整体开发而言，具有投资规模小、建设周期短、分散性强、船小好掉头的特点，更加容易惠民、富民，凝聚民心，增强农民生产生活的幸福感。乡村民宿的发展要始终不忘“民”的初心，回归“民”的本质，莫让民宿发展变了味、走了样。

（二）乡村民宿发展思路

1. 要强化保护思维

民宿的根基在乡村，乡村固有资源正日益遭受自然和人为的破坏，对资源的保护和维护是政府部门、乡村旅游开发者、民宿建设者必须引起高度重视的问题。要进行充分考察与调研，有效地控制产业规模发展过快，避免民宿过度发展对乡村文化进行二次破坏。

2. 要建立场景思维

场景化建设要以市场需求为导向、以消费者偏好为基础，在遵循保护原有建筑风貌和村落风貌的基础上，融入原住民生活，还原再现乡土乡情。清空原住民式的开发是短视的发展模式。修复为场景服务的建筑，让建筑成为有故事的活建筑。

3. 要树立品质思维

民宿集聚区的创新不一定要做高大上的大体量奢华民宿，也可以考虑因地制宜、注重细节的小而美、小而精的精品民宿群。民宿是非标准化、拥有美妙自然的场地空间，可以大胆创新，深挖文化内涵，树立乡村建筑新典范，开拓乡村发展新模式。

4. 要善用互联网思维

以乡村为平台、民宿建筑为依托，通过众筹、众创、众享等互联网方式吸引更多乡村创客进入，将更多的民宿经营者带到乡村，带动人气，给民宿集聚区带来更多的生机活力，从而达到乡村振兴的目的。

第六节 乡村旅游的扶贫路径

乡村旅游扶贫自 2016 年纳入国民经济发展计划以来，已经被实践证明为脱贫的有效手段，旅游扶贫以其收益广泛、带动性强、高关联度以及可持续发展性受到越来越多的关注。2015 年，国务院扶贫办将旅游扶贫列为我国十大精准扶贫工程之一。作为一个主要的产业扶贫形式，乡村旅游扶贫无论在解决就业或是进行地区产业模式调节方面都具有不可替代的作用，乡村旅游扶贫不仅可以解决经济问题，还可以改善当地的人口就业状况与社会状况。不同的贫困地区具备的资源禀赋、开发条件与政策背景等都存在差异，如何利用科学的方法有效地进行扶贫项目选择、旅游战略选择以及整体的帮扶管理是整个乡村旅游扶贫实现的核心问题。

一、乡村旅游扶贫的意义

精准扶贫政策是解决我国当前乡村贫困问题的有效手段，是对世界反贫困理论的发展和创新，是新时期扶贫开发的重大战略转型政策。乡村旅游精准扶贫通过发展乡村旅游对扶贫对象进行精准帮扶，是精准扶贫理论在旅游扶贫中的具体运用。对于广大农村贫困地区结合地方实际发展乡村旅游精准扶贫，能促进农村社会经济转型，为推动贫困农村发展经济进行脱贫提供新思路和新手段。实践证明，乡村旅游精准扶贫是带动农村贫困人口脱贫致富的重要途径，对于调整农业结构、发展农村经济、增加农民收入具有巨大的带动作用。

二、乡村旅游扶贫项目的选择

（一）乡村旅游扶贫项目选择的可行性分析

乡村旅游扶贫项目选择是整个旅游扶贫过程能否实现的关键，主要内容涉及选择合适范围与合理结构的贫困地区，并根据其资源情况进行方向的选择。这既是有效开展乡村旅游扶贫工作的前提，也是提高旅游扶贫效率的需要。

乡村旅游扶贫项目选择的可行性分析因素主要体现在旅游资源分析、贫困人口受益分析、政策可行性分析与市场效益分析等方面。

在旅游资源分析中，资源的禀赋，包括容量和质量是分析的重点因素。无论是人文旅游资源或是自然旅游资源，其禀赋决定了未来的开发潜力。除此之外，旅游资源还应考虑周边的区域可利用性，最大限度地利用大环境进行项目的拓展。贫困人口受益分析中，主要考虑项目开发对产业链的拉动性与劳动力解决的问题，对劳动力解决的深度和广度进行预估，评估其所涉及的贫困地区实际受益情况。政策可行性分析中，主要考虑其所存在的政策大环境，包括政府财政支持、政府开发政策以及政府的贫困扶持策略等。市场效益分析中，主要考虑开发对象的市场化可能性与开发效益、未来的收益与开发成本、开发商的项目开发收益等。

进行旅游扶贫项目选择的可行性分析，目的在于对项目进行前期的估量与市场准备，是实现旅游扶贫路径不可缺少的环节。旅游扶贫在经济目的、社会目的与环境目的方面具有自己的特殊性，进行相应针对性地筛选可以避免出现旅游飞地的现象，从开发伊始就将开发对象的利益考虑进去，并且在资源方面，通过可行性分析，避免出现产品雷同与市场脱节的情况。

（二）乡村旅游扶贫项目的目标选择

具体到扶贫项目的目标选择，内容涉及贫困地的旅游资源和人口脱贫两个方面。

资源选择方面，扶贫旅游开发涉及相关旅游资源与其他相关社会资源。旅游开发项自要具备一定的科学性与高效性，注重规划与开发，充分利用当地的各种资源，充实旅游业态、完善旅游产业链、积极遵守与利用各项政策要求，选择资源禀赋和周边交通等基础设施条件相对比较好，旅游潜力大的乡村，充分发挥当地的旅游竞争优势。同时，也要注重旅游地的其他公共设施和社会资源的保护与开发，最终达到环境效益、社会效益与经济效益的统一。

人口脱贫选择方面，需要考虑贫困问题产生的根源以及贫困人口的脱贫方式，贫困问题产生的根源主要包括经济与心理两个方面。在经济方面，作为贫困地区，本身就存在产业落后与结构不合理的问题，无论是产品生产、收入水平或是就业方面都不尽合理；在心理方面，贫困地区的居民与周边地区居民之间存在一定的落差，这种不平衡会进一步导致贫困的恶化与社会矛盾的激化。因此要实现脱贫，必须从这两个方面入手。

在目标选择的具体工作中，主要参考以下三种项目，第一，村组织村干部力量较强、有创业致富带头人的贫困村；第二，围绕成熟景区和成熟线路集中的贫困村，能与现有旅游资源和市场资源连成一体的地区作为优先选择目标；第三，综合考虑中央及地方政府编制的旅游扶贫规划，选择可行的乡村旅游扶贫项目。

三、乡村旅游扶贫的战略选择

要实现乡村旅游扶贫，需要制定适宜的战略，包括计划的制订、开发过程中实施的手段以及方式方法，通过相应的手段，对旅游开发提供策略与计划的支持，多快好省地拉动旅游业发展，吸引更多的旅游消费者，改善当地的产业机构，最终实现环境效益、社会效益与经济效益的提升。目前，有关乡村旅游扶贫战略主要有两种观点，一种是以贫困人口利益为主的 PPT（Pro poor Tourism Strategy）模式，一种是可持续发展与反贫困并重的 ST–EP（Sustainable Tourism as An Effective Tool for Eliminating Poverty）模式。

同样作为旅游扶贫战略，从 PPT 战略到 ST–EP 经历了一个过程，PPT 战略作为第一个提出来的旅游扶贫战略，首次将反贫困问题和旅游结合起来，也考虑了当地参与度与经济发展的问题，具有一定的创新性。但近年来，随着 ST–EP 战略的提出，PPT 战略正慢慢被替代，前者除了经济性之外，更提出了可持续理论的应用与分配公平度的问题，尤其在战略开发过程中，PPT 战略更多依赖的是政府，而 ST–EP 战略则将重点放在合作上，目前很多国际发展机构，例如亚洲发展银行、世界旅游组织以及世界银行等，都逐步参与到旅游扶贫项目中，从资金、技术以及管理方面提供相应的支持，但就开发成熟度而言，PPT 发展战略的成熟度较高，ST–EP 战略依旧在发展过程中，具有较大潜力。

四、乡村旅游扶贫的参与方

实现乡村旅游扶贫的最终目标，完善整体实现路径除了在前期的旅游扶贫项目选择与战略制定之外，更要注重实施过程中的管理工作，有效的执行是整个旅游扶贫活动实现的重要保障，具体到实施过程，主要重视的问题包括政府职能的有效发挥、社区的参与程度以及对社会资本的有效利用。

（一）完善政府的职能是乡村旅游扶贫实现的宏观保证

在整个项目实施的过程中，政府应当明确自身定位，为项目的开展提供支持，主要在政策与投资环境方面进行相应的配备。政策准备方面，从扶贫项目的申报、项目的审核以及项目的验收三个环节做好有效控制，还应在法律上以及相应的体制上做好准备，更好地使各项资源得到充分利用，通过合理的合作与管理机制，促成整个贫困地区的脱贫；在投资环境方面，政府要做好自身与其他投资主体的管理工作，从财政、税收以及金融等方面入手，给予财政支持与税收优惠，另外还应当重视招商投资平台的打造，善于利用社会的其他优势，如资金与技术，不断为扶贫旅游的发展提供宏观政策的协助。

（二）社区的参与程度是乡村旅游扶贫实现的重要保障

社区参与主要体现在社区服务与改善社区环境方面。参与内容主要包括当地旅游发展的决策、参与企业的经营方式、参与社区的可持续性以及参与主体的利益分配。要实现社区参与，一方面，社区民众参与度的有效性需要更公平有效的背景，在整体自治体系中，政府做好放权工作，完善基层的民主自治，让地方可以有力地给予社区参与以体系支持；另一方面，社区民众参与度更需要民间组织的完善，旅游扶贫的最终目标是要实现贫困地区与贫困户摆脱贫困，实现最终参与公平与分配公平，民间组织有效性是主要保障。

五、乡村旅游扶贫开发产业链

乡村扶贫旅游产业链的目标是达到社会效益、经济效益与环境效益的统一。要以贫困户的具体脱贫情况与当地旅游经济发展两个标准做考量，在不影响当地可持续发展的基础上，对乡村扶贫旅游产业链进行扩展与延伸。乡村旅游的开发产业链主要包括旅游资源规划开发、旅游产品生产、旅游商品销售与旅游产品消费（图 5–2）。

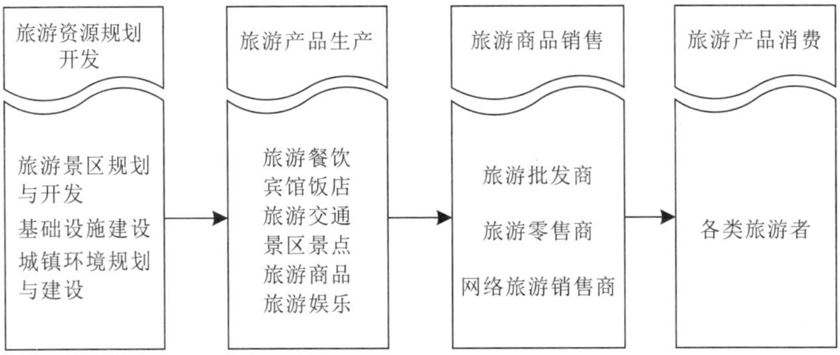

图 5–2　乡村旅游核心产业链

资料来源：梁留科 . 乡村旅游扶贫理论与实践［M］. 科学出版社，2017.

另外，由于旅游产业的关联性较强，基于不同相关性与关联性，其延伸的相关产业较多，具有较宽泛的产业链。乡村扶贫旅游产业是基于旅游产业与扶贫旅游需求两个部分形成的特殊产业链，在旅游产业链的基础上有一定的特点，既要注重产业链的经济效益，又要注重贫困问题的解决与生态环境的保护。在产业链的经济效益方面，保证贫困人口的价值分配。在产业链的延伸环节，要注重当地的旅游漏损现象。乡村扶贫旅游产业链除了价值创造，更注重的是其对当地经济的拉动作用与贫困人口的收益提升。

扶贫旅游产业链也具有一定的开发模式，依据一定的开发原理，进行产业链的开发，主要根据产业链的相关度分为纵向扩展、横向扩展与外延扩展三种开发模式（见图 5–3）。

纵向扩展模式是根据旅游产业链的内容，从旅游产业的上游企业和下游企业入手进行产业链的拓展，通过增加上下游产业链的长度，使资源整合能力与节约成本能力也不断增强。扶贫旅游产业链的纵向拓展与其他旅游产业链的纵向拓展有一定的区别，前者更加注重当地经济的扶持与拉动。在产业链整合过程中，明确开发是以当地经济的振兴、当地贫困人口的脱贫为目标，在兼顾旅游经济效益的基础上也要注重扶贫旅游产业链各个节点企业的利益分配问题，细化旅游产业链的各个节点部门，尽可能使开发留在当地。通过前向一体化，增加当地特色产品的比重，尤其是当地居民生产制作的内容，既可以增加旅游产品特色，也解决了当地经济融合的问题；通过后向一体化，解决目前扶贫旅游产业链缺失的内容，弥补市场需求的不足，整合现有资源，减少交易成本，提升整个旅游地居民的就业素质与收入。

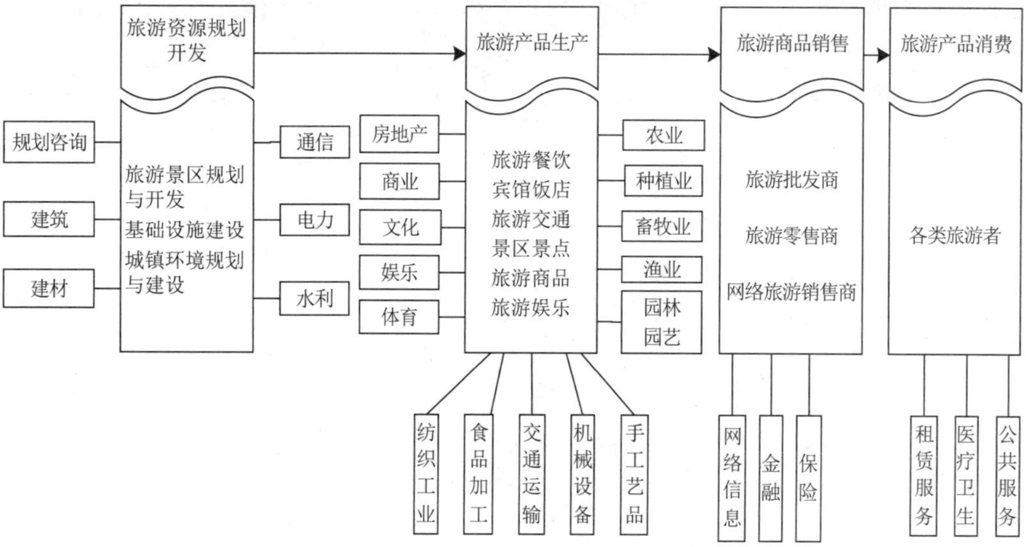

图 5-3　旅游相关产业链

资料来源：梁留科．乡村旅游扶贫理论与实践［M］．科学出版社，2017.

横向拓展是指通过并购、兼并与合作的方式，对其他企业进行吸引合并，建立有效的产业集聚体，扩大旅游影响力与整体效益。扶贫旅游近几年的开发以观光旅游为主，其开发深度较浅、经济拉动性较弱，无论是旅游吸引物的单一性还是旅游核心企业之间的合作都比较弱，缺乏内部的完整性和竞争力。

外延拓展模式是指旅游产业链的拓展不仅仅局限在内部领域。旅游扶贫发展到一定阶段，与其他产业和其他地区之间也存在一定的合作关系。从产业链的各个方面融入其他产业，例如前期的开发策划与融资管理，需要财税以及其他金融机构的进入，中期产业链运营中对农业、工业、生态甚至体育的产品融入，后期基于大数据的整体分析、运营策略等。通过这些跨行业、跨地区的合作，充分增加自身实力，并利用这种延伸拓展提升工作人员的就业素质与贫困户的收入，最终达到多赢。

拓展产业链，增强竞争优势，已经越来越成为扶贫旅游经济开发的重要部分，不仅包括内部的一体化，未来的旅游业发展更在外部拓展的方面提出了新的要求，只有不断地打造并且优化产业链，促成整体的协同竞争，才有可能在未来的竞争中拥有更广泛的竞争力①。

① 梁留科．乡村旅游扶贫理论与实践［M］．科学出版社，2017：111-114.

六、精准扶贫视角下乡村旅游发展的新思路

由于受到上述矛盾的制约，乡村旅游精准扶贫逐步进入“瓶颈”期，要想在乡村振兴战略中担当重任，需要立足精准定位，进行全面的激活，才能走出困境、焕发生机。

（一）以融合理念推进城乡一体化发展

作为乡村振兴重要依托的旅游精准扶贫需要大量的人才，包括谙熟国家政策、懂旅游规划实施的精英、普通知识分子和精通农村产业的农民等。如果贫困乡村能在公共服务设施、医疗、教育、社会保障等方面缩小与城市的差距，必然会聚集人才，形成乡村旅游脱贫的骨干力量。尽管目前我国仍处在人口由乡村向城市集中的阶段，但随着国家对贫困乡村的高度关注，今后人口回归农村的现象将会成为必然，只有秉持城乡融合发展理念，城乡一体化才会真正实现。

（二）以品牌意识打造特色旅游资源

每一个适合旅游开发的贫困村都有着独特的旅游资源，包括拥有非常独特的自然风景；或是地理位置非常优越，毗邻著名旅游景区；或是拥有别具一格的乡味，如民俗风情、传统技艺等；或是本身没有天然的特色旅游资源，但通过聚集产业生产出独特的旅游商品而闻名。从精准扶贫的视角来看，在制订旅游规划的过程中，一要准确定位，盘活沉睡资产，打造招牌产品；二要能借题发挥，以特色资源带动新型业态；三要立足优势，善于创新，运用“互联网＋乡村旅游＋社会扶贫”模式，驱动乡村旅游经济提质提速发展。

（三）以精准思维进行识别、帮扶和监测

精准思维指反对大而化之、笼而统之，强调具体和准确，是一种求真务实的思维方式，在扶贫攻坚阶段，迫切需要的是把这样的精准思维落到实处。首先，识别对象要精准。到 2020 年，我国计划通过发展旅游业使 1200 万人口精准脱贫，这一任务艰巨而崇高。那么这 17% 适合旅游脱贫的贫困人口分布在哪些乡村？这就需要进行扶贫摸底，在具备条件的建档贫困村，全面搞清楚每一个家庭户的人口结构、收入状况、致贫原因等，以解决粗放扶贫开发中存在的底数不清、情况不明、指向不准、针对性不强等问题，这是精准扶贫的重要前提。其次，扶贫措施要精准。每一个家庭的贫困原因不尽相同，在实施乡村旅游精准扶贫的过程中，一定要将“漫灌”转向“滴灌”的精细模式。如有的家庭需要培育其乡村旅游发展的参与意识，有的家庭适合给予现代种植、养殖、休闲农庄、电子商务等技术和创意帮扶，有的家庭适合提供就业岗位，

总之，无论是“景区带村”“能人带户”，还是“企业＋农户”“合作社＋农户”等新模式，适合的才是精准的，乡村旅游精准脱贫阶段最忌讳的就是“一刀切”和“一窝蜂”。只有措施精准，才能最终让每一户贫困家庭成功脱贫，这是进行乡村旅游精准扶贫的核心要义。最后，扶贫效果监测要精准。有了精准的对象识别和帮扶措施，那么，每一个贫困村、贫困户通过参与乡村旅游到底受益多少？当事人技能有何长进？对国家和地方政府还有哪些诉求？开发政策还需要怎样完善？这些都需要做好精准调查和跟踪监测，以便进一步精确施策，这是决定乡村旅游精准扶贫能否成功及可持续的关键保证。

（四）以协调战略处理乡村旅游精准扶贫过程中的开发与保护

在进行贫困乡村全民小康建设的过程中，切不可一味追求经济效益而忽略了生态发展，协调发展才能科学处理扶贫过程中的开发与保护。首先，在扶贫开发时，要重视不可再生的物质文化资源，切不可为了发展旅游业而仅重视修建崭新的旅游接待设施，无视那些迫切需要优先修缮的古民居建筑、古栈道、古桥、古亭等文化遗产。无论是企业还是地方政府在制订旅游扶贫开发规划时，应当引导当地干部和村民科学开发、利用、提升原有的自然景观，合理借助现有的设施及自然和文化资源吸引游客。其次，必须尊重贫困地区祖祖辈辈继承下来的民俗文化，如婚丧嫁娶习俗，尤其是少数民族地区独特的饮食、服饰、宗教、节日文化等，这些农业生产、农家生活、农村风貌等乡土文化都是乡村旅游扶贫建设赖以生存和发展的宝贵财富，正是这些完全有别于城市快餐式生活的乡村文化基因，才最能迎合现代人对于美好生活的审美需求，才能支撑起中国人强大的文化自信。在进行旅游扶贫开发时，绝不能仅仅着眼于眼前的物质脱贫，而粗暴地忽视甚至抛弃这些历史悠久的非物质文化资源，使美丽乡村成为记忆中的故园。最后，旅游扶贫开发进程中对休闲农业和景区的打造，不能一味追求视觉美而无视地方农业的综合发展以及生态环境的可持续发展。地方政府应充分利用政策支持，对扶贫产业进行详细规划。例如，可以设法将农业景观化、景观农业化和农业设施化、设施农业化，使乡村旅游开发和农业生产都实现资源节约、效益最大化，真正做到将旅游开发与退耕还林、水利、畜牧养殖、循环经济建设等有机融合。

（五）以联动机制促进外部多元扶贫与内部自我脱贫的互动

中国多年的粗放扶贫实践证明，仅靠给钱给物的单向扶贫，成效并不理想，甚至衍生出基层腐败、争当贫困村等不良现象，更不能充分发挥贫困村民的主观能动性。在进行旅游扶贫时，应该充分尊重唯物辩证法关于事物发展的内、外因客观规律，即事物的内部矛盾（内因）是事物自身运动的源泉和动力，是事物发展的根本原因，外部矛盾（外因）是事物发展、变化第二位的原因，外因通过内因而起作用。

构建外部多元扶贫与内部自我脱贫的互动机制是遵循唯物辩证法的科学原理和方法论。一方面，乡村旅游精准扶贫外部力量多元化是指政府部门应当制定、实施刚性政策，为乡村旅游扶贫提供外力支撑，包括：

第一，破解人才制约机制，如引进第一书记、大学生村干部或高校教授、技术工程师、海归人才等加入乡村旅游建设。

第二，强化资金帮扶，从国家到省市级政府都应对扶贫村建设加大财政专项扶持力度，地方政府也可以通过招商努力吸引资金。

第三，振兴地方组织，充分发挥党员干部的示范引领作用和战斗堡垒作用，打造优秀、坚强的村委会和基层党组织，培育文明的乡风、良好的家风和淳朴的民风，提高乡村文明程度。

第四，完善监督管理力度，营造良好氛围，具体可以从强化对乡村旅游扶贫村建设的业绩管理、对规划编制实施和资金使用的监督管理、对乡村旅游经营户或企业的规范化质量监督管理等方面着手。

另一方面，发挥村民的主观能动性，激发其自我脱贫的意识。

2018 年 3 月 8 日，全国两会期间，习近平总书记参加山东代表团审议时强调：要把维护广大农民的根本利益、促进广大农民共同富裕作为出发点和落脚点，要充分调动广大农民的积极性、主动性、创造性，把对美好生活的向往化为推动乡村振兴的动力。

村民是乡村旅游扶贫村建设的主体，他们除了以流转土地承包权参与乡村旅游开发经营，还可以根据自身条件，通过知识和技能培训，深度参与和监督乡村旅游开发经营决策、实施的全过程，从而成长为有文化、懂技术、会经营的新型职业农民。总之，乡村旅游精准扶贫建设是一个系统工程，需要政府、旅游企业、村两委、合作社等外部力量的支持与引导，更需要坚持以人为本，广泛发动群众积极参与家园建设，以此构建起外部多元扶贫与内部自我脱贫协调联动的互动机制，共同力推贫困乡村脱贫。①

① 张莉，邵俭福.精准扶贫视角下发展乡村旅游的意义、困境及路径探究［J］.农业经济，2019(3)：30–32.

Part 6

第六章　乡村旅游规划

第一节　乡村旅游规划编制方法

一、乡村旅游规划的概念及理论基础

（一）乡村旅游规划的概念

乡村旅游规划，是旅游规划的一种，强调对乡村旅游资源的科学开发与保护，是对乡村旅游开发进行战略与行动整合设计的手段。其主要任务是明确乡村旅游在当地国民经济和社会发展中及当地旅游业中的地位与作用，提出乡村旅游发展目标，对乡村旅游的空间进行优化布局，对产业要素进行优化配置，安排乡村旅游开发重点项目，开发独具当地特色的乡村旅游产品，提高社区在乡村旅游发展中的参与度，从而促进乡村旅游业的健康、可持续发展。

（二）乡村旅游规划的理论基础①

1. 系统生态理论

系统生态学是以生态关系为主要研究对象，以系统生态理论为指导。所有具有生态学结构和功能的组织单元称为生态元，将能为目标系统储存、提供或运输物质、能量、信息。与目标系统生存发展演替密切相关的系统称为生态库，是主体生态系统存在的基础，并为其提供多种服务，人们称之为生态服务功能。

---

① 刘杰，刘玉芝，郑艳霞，等. 景观生态理念下的乡村旅游规划设计［M］. 北京：经济科学出版社，2018.

以生态理论为指导，要求整合乡村聚居环境自然生态、农业与工业生产、建筑生活三大系统并协调各系统之间的关系，从自然和社会两方面去创造天人合一、情景交融、舒适优美、卫生便利的人类活动的最优环境。

2. 可持续发展理论

可持续发展与环境问题是未来乡村旅游发展的核心，而可持续发展的本质是本地化，即开发的目的主要是满足本地社区发展的需要，建设本地产品供应链，鼓励地方工艺品生产，保证收益最大程度保留在本地，确保开发力度在环境和社会的承载力之内。乡村旅游目前基本属于大众旅游，个别旅游者欠缺生态环境保护意识，今后必须建立可持续发展的理念，进行乡村生态规划设计与开发。

3. 产业融合理论

产业融合是伴随着信息技术与互联网技术的变革与扩散而产生的，它是指两种产业或多个产业合成一体，逐步成为新的产业，显示出新的产业属性。促使旅游产业发生融合变化的内在动力在于旅游产业系统的强关联性以及追求效益最大化的冲动性，其外在驱动力则由市场需求的推力、竞争合作的压力、技术创新的拉力和规制放松的助力构成。在乡村旅游规划中要看到产业融合的必要性，贯彻产业融合理论和农业多功能特征，发挥旅游业的带动效应，把农业、手工业、制造业、服务业有机联合起来，创造出新的产业。

4. 利益相关者理论

利益相关者理论是指企业的经营管理者为综合平衡各个利益相关者的利益要求而进行的管理活动。该理论认为任何一个公司的发展都离不开各利益相关者的投入或参与，企业追求的是利益相关者的整体利益，而不仅仅是某些主体的利益。该理论在旅游规划与目的地的管理中强调权利和义务的均等以及公众参与程度的加强。

乡村旅游应在多规合一理念的指导下，贯彻相关理论基础，对城乡总体发展布局、乡村产业、土地利用、乡村景观等进行统一的规划，使乡村旅游纳入区域发展的大格局。①

二、乡村旅游规划的技术路线

乡村旅游规划技术路线是研究或进行该规划实践所遵循的规划程序、规划任务、规划技术与方法、规划标准以及确定乡村旅游资源保护与开发规划内容体系的指导思

① 林峰. 乡村旅游振兴战略规划与实施［M］. 北京：中国农业出版社，2018：279.

想、原则与依据，其流程包括规划准备阶段、调查分析阶段、确定总体规划思路阶段、具体规划阶段、实施阶段五个阶段。①

（一）规划准备和启动

规划的准备和启动工作主要包括：明确规划的基本范畴；明确规划的价值取向；明确规划的制订者和执行者；确定规划的参与者，组织规划工作组；设计公众参与的工作框架；建立规划过程的协调保障机制。这些是启动乡村旅游规划应该具备的基本条件。由于规划受到当地社会经济发展水平、政府部门结构、行政级别等因素的影响，特定地方的规划可以跨越其中某些工作。

（二）调查分析

这一阶段的主要工作包括乡村旅游的总体现状分析即乡村旅游资源普查与评价分析、客源市场分析、乡村旅游发展 SWOT 分析，在以上三个方面科学分析的基础上，对当地发展乡村旅游进行全面的综合考察，找出发展乡村旅游的优势和机遇，并摸清存在的方式和面临的威胁。

（三）确定思路和目标

这一阶段的主要工作是通过对以上乡村旅游发展的背景和现状进行整体的联系性剖析，结合乡村的历史、社会、经济、文化、生态实情，在宏观上确定乡村旅游发展的方向定位，并在此基础上，确定未来乡村旅游的具体发展目标、产业重点和项目特色。乡村旅游资源规划的目标应重点考虑以下几个问题：目标制订的原则、乡村旅游资源保护与利用的总体目标、乡村旅游资源保护目标、乡村旅游资源持续利用目标、保护与利用目标的具体指标、公众参与对目标的权衡及目标的确定与修正。

（四）规划方案与行动

制订规划阶段是乡村旅游规划工作的主体部分，是构建乡村旅游规划内容体系的核心，主要工作就是根据前三个阶段调查和分析得到的结果，并依据发展乡村旅游的总体思路，提出乡村旅游发展的具体措施，将规划转入行动方案阶段。这个阶段需要明确：技术路线、具体的行动方案、实施项目、行动主体、保障行动方案顺利实施的制度和机制性措施。需要注意的是，在制订详细的规划内容时，必须考虑规划区域的乡村社区建设和社区居民的切身利益。

① 干永福，刘峰．乡村旅游概论［M］．北京：中国旅游出版社，2017：140–141.

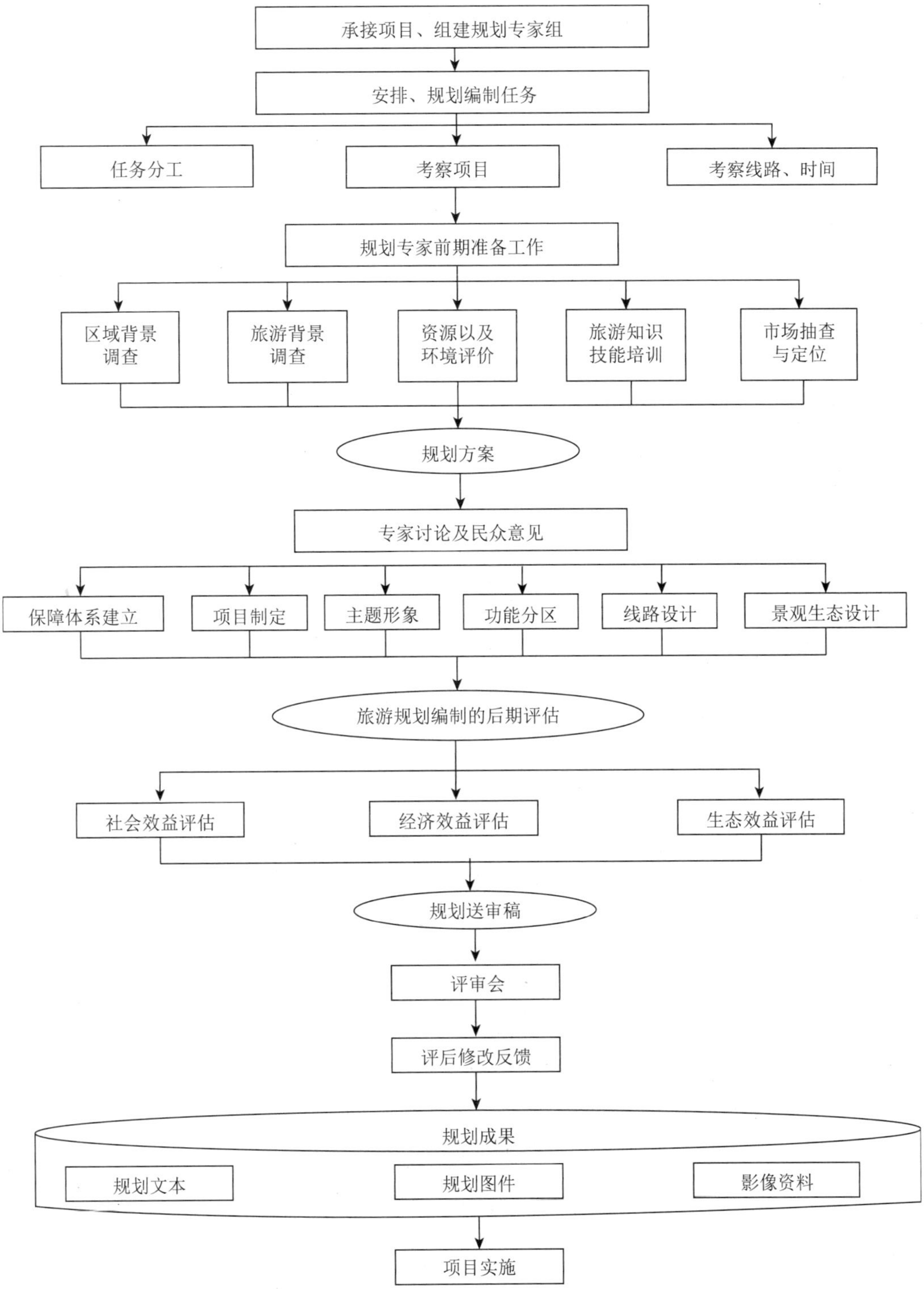

图 6–1　旅游规划路线技术图

资料来源：刘杰，刘玉芝，郑艳霞，等．景观生态理念下的乡村旅游规划设计［M］．北京：经济科学出版社，2018：83.

（五）规划的实施与监督

乡村旅游资源保护与开发规划作为指导乡村旅游保护公众的中长期计划和行动纲领，要依据乡村旅游规划的具体内容，并结合乡村地区实际发展情况，切实做好乡村旅游规划的具体实施工作，要经历编制—评鉴—行动方案—实施—评估反馈五大过程。规划编制与鉴定工作完成，需要通过对规划的实施和监督，及时发现问题并采取相应措施，进而不断提高规划的可操作性和解决问题的针对性，强化规划的生命力和应用性。

三、乡村旅游规划的图件及制作方法[①]

（一）乡村旅游规划的图件概述

1. 乡村旅游规划图件的概念

乡村旅游规划图件是以普通地图为基础，根据规划者的规划设计思想，将旅游三大要素即旅游主体（旅游者的活动），旅游客体（旅游资源的分布）及主体、客体间的纽带（旅游产业要素）以及旅游地旅游业发展的历史与现状、旅游经济要素的时空分布、旅游规划建设等规划要素准确标绘在地图之上的一种特殊图件。它是表达旅游规划成果的主要形式，并以其丰富的信息载负、独特的地图语言、准确的数学基础和直观而生动的表现手法发挥着不可替代的重要作用，成为规划设计过程中不可缺少的关键资料。

2. 乡村旅游规划图件的类型

乡村旅游规划图件的种类众多，按照图片内容分类最常见的主要有区位分析图、资源分布图、交通规划图、项目规划布局图、游线组织规划图、绿化规划图、基础设施规划图。按照比例尺分类有数字比例尺、图示比例尺和文字比例尺三种表示方式。按照绘图方式分类可分为手工绘制和计算机辅助绘制两种。按照承载媒介分类可分为纸质平面图、电子平面图、三维模拟平面图、动态更新规划图等。

（二）乡村旅游规划的图件技术要求

《旅游规划通则》按规划层次将旅游区规划分为总体规划、控制性规划、修建性规划三个层次，并对这三个不同深度的旅游规划图件的技术要求做了解释和说明。

1. 旅游区总体规划

旅游区在开发、建设之前，原则上应当编制总体规划，这是一种在旅游资源调查

① 刘杰，刘玉芝，郑艳霞，等．景观生态理念下的乡村旅游规划设计［M］．北京：经济科学出版社，2018.

评价的基础上，根据国家的方针政策和国民经济发展的需要，综合分析旅游区资源特点和社会经济技术条件，提出旅游区发展战略；确定旅游区的性质；制订保护和开发利用风景名胜区资源的措施；确定旅游区的接待容量和游览活动的组织管理措施；对风景区的总体布局、绿化、交通、水电、旅游服务设施进行统筹安排、全面规划；进行总体投资预算和效益分析；进行环境经济及社会影响评价分析。旅游区总体规划是与旅游部门规划相对而言，它具有全局战略性，对景区各景点及具体建筑项目不做详细规划。

旅游区总体规划的任务是分析旅游区客源市场、确定旅游区的主题形象，划定旅游区的用地范围及空间布局，安排旅游区基础建设内容，提出开发措施。因此，规划图件要求以大尺度和宏观框架为主。其成果要求主要包括：规划文本、图件，包括旅游区区位图、综合现状图、旅游市场分析图、旅游资源评价图、总体规划图、道路交通规划图、功能分区图等其他专业规划图、近期建设规划图等；附件，包括规划说明和其他基础资料等及图纸比例，可根据功能需要来确定。

2. 旅游区控制性规划

在旅游区总体规划的指导下，为了近期建设的需要，可编制旅游区控制性规划，是以总体规划或分区规划为依据，确定建设地区的土地使用性质、使用强度等控制指标、道路和工程管线控制性位置以及空间环境控制的规划，并指导修建详细性等用地功能控制要求。其任务是以总体规划为依据，详细规定区内建设用地的各项控制指标和其他规划管理要求，为区内一切开发建设活动提供指导。

旅游区控制性规划大致包含以下内容：详细划定所规划范围内各类不同性质用地的界线；规定各类用地内适建、不适建或者有条件地允许建设的建筑类型；规划分地块，规定建筑高度、建筑密度、容积率、绿地率等控制指标，并根据各类用地的性质增加其他必要的控制指标；规定交通入口方位、停车泊位、建筑后退后线、建筑间距等要求；提出对各地块的建筑体量、尺度、色彩、风格等要求；确定各级道路的红线位置、控制点坐标和标高。其成果要求包括：规划文本、图件，包括旅游区综合现状图、各地块的控制性详细规划图、各项工程管线规划图等；附件，包括规划说明及基础材料。控制性详细规划图纸比例一般为 1∶1000~1∶2000。

3. 旅游区修建性规划

修建性规划是在总体规划和控制性规划基础上，进一步深化和细化，用以指导各项建筑和工程设施的设计和施工。其主要内容包括：综合现状与建设条件分析、用地布局、景观系统规划设计、道路交通系统规划设计、绿地系统规划设计、旅游服务设施及附属设施系统规划设计、工程管线系统规划设计、竖向规划设计、环境保护和环境卫生系统规划设计。主要的成果要求包括：规划设计说明书、图件，包括综合现状图、修建性详细规划总图、道路及绿地系统规划设计图、工程管网综合规划设计图、鸟瞰或透视等效果图等。图纸比例一般为 1∶500~1∶2000。

旅游区可根据实际需要，编制项目开发规划、旅游线路规划和旅游地建设规划、旅游营销规划、旅游区保护规划等功能性专项规划。

（三）乡村旅游规划的图件制作方法

1. 旅游规划图件基本要素

旅游总体规划图件的内容体系主要由底图要素、数学要素、图则要素、专题要素和地图符号要素五部分组成。

（1）底图要素。旅游规划图件的底图要素是编制旅游规划图的地理基础，即旅游依托的底图，主要包括水系、地貌、土质、植被、居民点、交通线、地物（规划区内地表的自然或人文景观）、辅助内容（即需要对地图进行文字或图片说明的内容）九类要素。

（2）数学要素。地理坐标：用纬度、经度表示地点位置的球面坐标；投影：指图形的影子投到一个面或一条线上；地图定向：确定地图上图形的地理方向，分为一般定向法、经纬定向法、指向标定向法。

（3）图则要素。旅游规划图件的图则要素是旅游规划图件作为规划所必须具备的统一表达方式，主要有图名、图框、图例、比例尺、风玫瑰（对规划区常年或者季节风向的表示）、规划期限、规划日期、规划单位及其资质图片编号（对规划图件的编制者以及资质审核）八类要素。

（4）专题要素。旅游规划图件的专题要素是编制旅游规划专题图时必须表现于规划图之上的要素。除了景区的食、住、行、游、购、娱六大要素外，还应涵盖景区内的景观、基础设施等内容。具体而言，旅游规划的专题要素包括：旅游客体、旅游主体、旅游服务设施、景观视线和基础设施。

（5）地图符号要素。地图符号是表示地图内容的基本手段，它由形状不同、大小不一、色彩有别的图形和文字组成，包括地图符号图形、地图符号色彩、地图符号注记。

总体而言，一张旅游规划图件 = 底图要素 + 数学要素 + 图则要素 + 专题要素 + 地图符号要素（应该注意，并非所有上述要素都要包含于规划图中，地图的要素应根据规划专题和比例尺的需要进行选择）。

2. 旅游规划图件计算机辅助设计的流程

旅游规划系列图件根据地图的不同类型，以常规制图手段为主要形式编制平面规划图，同时，辅之以具有较高艺术性的直观性较强的立体效果图。从操作过程来看，规划图绘制的计算机辅助设计的流程可以分解为以下步骤。

（1）拟定规划图件。拟定规划图件是在旅游规划图件设计之初做的准备工作，主要是根据规划区域的范围和层次制订图件大纲或图件编制计划书。

（2）地理底图选择与加工。一般要根据规划区域的范围和层次，选择相应的比例尺地形图为地理底图。随着规划区域层次的提高，比例尺应逐渐变小。就市县级旅游发展规划而言，地理地图比例尺以 1∶250000、1∶50000 和 1∶100000 为宜，该比例尺地形图是我国大比例尺基本系列的普通底图，是经济建设、国防建设的专业用图。而目前对地图矢量数字化的方式有很多种，常用的有数字化仪数字化和屏幕数字化。

（3）规划图件要素的编制。规划地图完成后，就可以根据规划的需要制作总体规划图和专题规划图。规划图件制作应首先分析图件中需要表现的要素，然后根据图片要素的类型确定图幅系列的主题，并将规划要素依据相应的图例，以不同的符号、色彩填在地理底图上，制作规划图例。最后将其按照一定的规则分层表现在规划地图上制作成为各种专题规划图。

（4）规划图件的修饰和装饰。地图修饰和装饰具有艺术加工和对地图内容进一步说明的双重功能，是专题地图编制中不可缺少的一项内容，旅游规划系列图也不例外。通常将制作好的规划图件导出到专业的图片编辑处理软件进行美化和渲染。整饰内容包括图名、图例、矢标、编制单位、图廓要素。

（5）图件输出。规划图件在经过美化和修饰后，就可以将其输出。输出设备主要有绘图仪和打印机。绘图仪是用于打印输出幅面较大的图形信息的专用仪器，而打印机只能打印幅面较窄、尺寸不大的图件。在使用时应根据需要来选择合适的输出设备（见图 6–2）。

3. 图件制作方法

当前可供选择的制图软件有很多，最常用的有利用 ArcGIS、AutoCAD、Photoshop、Mapinfo、MapGIS、GeoStar、CoreLDRAW 以及 3dMAX 等计算机辅助设计软件。根据绘图类型及数据来源的不同可以分为以下两类。

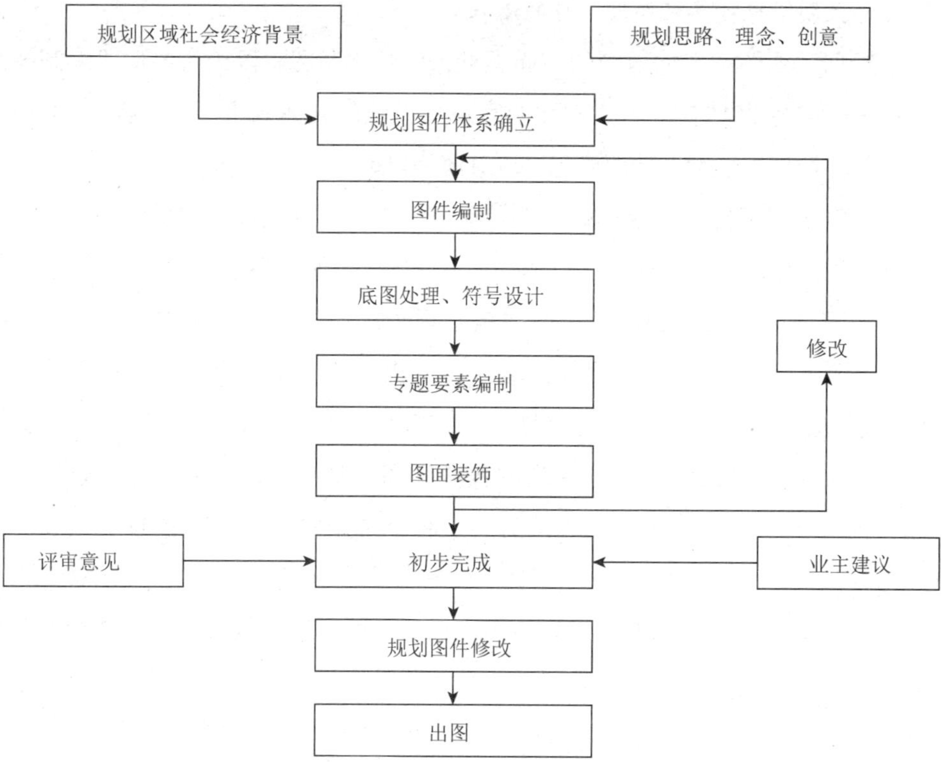

图 6-2　旅游规划图件编制流程图

（资料来源：尹攀登．旅游总体规划平面制图规范化研究［D］．福建师范大学，2012.）

（1）地理信息系统软件制图。在绘制区位分析图时要体现旅游开发地所处的地理位置、旅游市场区位、交通区位等位置要素。规划图以区域地图为底图，并包含行政界线、主要城市、交通线、旅游区范围等，如果上述要素都要重新绘制比较麻烦，而使用地理信息系统制图软件进行绘制，可以自动显示行政区、道路、水域名称。

绘制旅游市场分析图可以直接使用地理信息系统制图软件的缓冲区分析功能对旅游景区（点）的旅游市场进行形象直观的展示；绘制旅游资源分布图与土地利用现状图时可以直接使用遥感影像作为底图，遥感影像的地理坐标可以与现场勘测使用 GPS 采集的坐标信息进行直接匹配，避免操作的不当。

（2）矢量绘图 + 后期渲染。单一的软件往往无法达到最佳的制图效果，因此除了少数图件外，大多数图件还是使用矢量绘图并进行后期渲染，二者功能互补，在规划图件制作的不同阶段使用可以绘制出规范精美的规划图件。首先使用 CAD 绘制矢量文件，然后导入 PS 进行后期渲染。

第二节 乡村旅游区空间规划

一、乡村旅游区空间规划技术

（一）乡村旅游区空间规划技术类型

乡村旅游区空间规划是指相关主管部门在综合评价旅游区域的发展潜能及对各种空间要素的依赖性等基础上，对旅游优先开发地域、旅游生产要素配置、旅游接待网络等进行的策划或规划。乡村旅游区规划的技术类型与一般旅游区规划相同，《旅游规划通则》按规划层次将旅游区规划分为总体规划、控制性规划、修建性规划三个层次，并对这三个不同深度的旅游规划技术要求做了解释和说明。

（二）乡村旅游区空间规划程序

旅游区空间规划布局一般是按以下程序进行的。①

1. 原始资料的调查和分析

主要是对旅游区的现状、接待能力、旅游地宾馆星级、配套设施状况、客源市场规模与层次级别、旅游区的社会经济承载力、自然环境条件的调查和分析。

2. 拟定布局原则

根据原始资料的调查和分析，确定旅游地性质、级别、旅游规模，拟定空间布局、功能分区和总体艺术构图的基本原则。

3. 提出各种总体布局方案

每个方案都是规划师依据自己对乡村自然景观、文化景观和产业活动特征等的认识，结合宏观发展环境，提出的竞争的土地利用方案，是众多方案中的一个，但规划方案不是唯一的。每一个方案既有自己的核心理念，也有其他多目标考虑。

4. 对每个布局方案的各个系统进行分析研究和比较

在众多方案中，每一个都有自己独立的考虑，而且，每一个方案在处理乡村旅游共同的和核心的内容应当具有一致性，它是对规划对象研究后高度凝练的结论。同时，乡村旅游区规划在空间上又表现出多样性和灵活性。主要包括旅游区形态、发展方向、扩张的可能性；交通、通信、供电、供水、医疗保健、保安等基础设施的配置；旅馆、

① 王云才，郭焕成，徐辉林．乡村旅游规划原理与方法［M］．北京：科学出版社，2006：133-138.

餐厅、商场、健身房、游泳池、网球场的格局，公园绿地系统的布局；行政管理、职员宿舍的位置选择等的分析、比较。

5. 对各个方案进行社会、经济、技术的分析与比较

规划方案要进行投资可行性论证、社区影响的论证和规划方案的环境影响评价等分析研究，是乡村旅游规划可行性研究的内容，它虽然不是旅游区空间规划的核心内容，但社会、经济、环境论证确实是乡村旅游区规划成功与否的关键，起到一票否决的决定作用。

6. 选择出相对合理的推荐方案

通过对多个方案在乡村旅游区规划本身特征和方案可行性论证的比较，在众多方案中选择出兼顾多目标的优化方案作为最终方案。

7. 根据规划技术要求绘制一系列图纸

这些图纸包括现状图、分析图、资源调查与评价图、规划总图、结构图、分区图、功能图、产品策划图、市场分析图、游线图、交通图、水电基础设施规划图、服务设施规划图、环境容量图、土地利用图、环境保护图等。

二、乡村旅游区空间规划功能布局

（一）规划要素配置原则

乡村旅游景区空间规划是为了保护、开发、利用和经营管理旅游景区，使其发挥多种功能和作用进行的各项旅游要素统筹和具体安排。一个功能完整的乡村旅游标准要包括硬件的规划，如区位、设施及旅游活动，也包括软件规划，如旅游服务接待、旅游价格、组织接待等，主要体现在以下几个方面：①良好的区位组合；②丰富多彩的娱乐活动；③有组织的乡村旅游活动；④舒适、干净的住宿条件；⑤可口卫生的菜肴餐饮食品；⑥全方位的优质服务和对于不同社会层次的游客提供不同的服务（如 VIP 服务）；⑦价格和价值优势；⑧友好的气氛。[①]

1. 因地制宜原则

乡村旅游功能布局应充分考虑不同区域的资源环境承载能力、现有开发密度和发展潜力，在保证空间连贯性的基础上遵循相对集中性理念，尽可能将相似资源划入同一个分区，统一定位、综合开发。按照资源特点、地形地貌及综合特征、使用功能及开发现状等因素，合理地开发旅游配套设施、旅游项目的空间布局。在景点建筑物建

① 王云才，郭焕成，徐辉林．乡村旅游规划原理与方法［M］．北京：科学出版社，2006：133-138.

设与布局上，因势利导，根据已有风貌营造整体氛围，突出民风、民俗、民情。①

2. 游客满意原则

旅游区的一切经营活动都要建立在旅游者满意的基础上，从而获得最佳的经营效益。方便旅游区活动原则，就是要求在进行总体规划布局时，要以方便游客活动为出发点，旅游总体规划布局和功能分区中的旅游服务区、游览区、观光区都应尽可能为游客提供便利，提高旅游产品质量，使游客感到舒心。

3. 主题文化突出原则

突出当地主题文化是旅游区总体布局的重要原则。主题文化是一个旅游景区吸引游客的关键因素，因此在对旅游区进行规划时，要通过总体布局把旅游景观、旅游吸引物，从内涵到环境与当地文化艺术结合完美地表现出来。它要求在规划中要充分考虑各分区之间的差异性，通过景观设计、项目安排、旅游产品打造等来塑造、凸显每一个功能区的旅游功能和主题特色，并围绕旅游发展主题充分整合利用富有特色的农业景观、原汁原味的生产生活方式和文化习俗等乡村旅游资源，各分区之间的旅游功能也要相互补充，围绕旅游区总体定位与发展方向进行互补开发，丰富旅游区的功能类型，从而烘托整个乡村旅游区的整体主题，让旅游者在食、住、行、游、购、娱的旅游经历中品味当地主题文化的风采和神韵。

4. 效益最大化原则

乡村旅游功能布局应充分考虑经济效益、社会效益、生态效益、社区居民致富等关系。通过乡村旅游区域范围内不同空间地域单元组合，注重维护生态平衡，保护景区内特殊的环境、保证旅游景区的游客接待量控制在环境承载力范围之内，保护景区内特有的人文旅游环境和真实旅游氛围，实现可持续发展，并通过为游客的游览、观赏、娱乐、休闲、购物等方面提供服务，促进区内农业、园艺业、旅游商品加工业等发展，提高旅游区社区居民在乡村旅游业中的就业率和经济收入，实现协调统一，取得多种综合效益。

5. 保育先行和继承性原则

保育先行是指旅游区开发建设的一切活动，要以不影响文物保护为前提，在具体要求上做到文物本体得到保护、文物所处的生态环境得到保护、文物所处的环境意境也要得到保护。而继承性则是强调其对文脉的继承，主要体现在两个方面：一方面，旅游景区的空间布局应以一定的自然资源条件为基础；另一方面，旅游景区空间布局

① 陈秋华，纪金雄．乡村旅游规划理论与实践［M］．北京：中国旅游出版社，2014：103.

的特色化原则要求景区各分区的景观和项目设计应与该区域的功能和形象保持高度一致。

（二）乡村旅游区空间布局模式分析

乡村旅游区空间布局是通过对土地及其负载的旅游资源、旅游设施分区划片，对景区进行背景分析，确定次一级旅游区域的名称、发展主题、形象定位、旅游功能、突破方向、规划设计、项目选址，从而将旅游六要素的未来不同规划时段的状态落实到合适的区域，并将空间部署形态进行可视化表达。空间布局模式一般依旅游地的主题而定，即这个旅游地要突出表现景区特色，但同时受当地地形条件的限制。

1. 常见旅游景区空间布局模式

（1）同心圆空间布局模式。多见于国家公园，由内到外分为核心保护区、缓冲区和开放区。核心区是绝对保护的地带，只允许原生景观的存在，除了少数科研需要外，禁止人工建筑和任何旅游活动的开展。活动区往往远离核心区，是开展旅游活动的主要地带，景区游程的安排、旅游服务的提供都位于活动区之内。缓冲区是核心区与活动区之间的过渡地带，是旅游活动受到控制的地域，它的作用在于使旅游活动得以缓冲，从而不影响到核心保护区。

（2）组团式布局模式。组团式布局模式一般用于镇域或县域以上的区域乡村旅游规划，即旅游规划区域范围内各距离较远的片区根据自身拥有的乡村旅游资源情况形成独立的乡村旅游团组，各乡村旅游团组均有比较完整的旅游吸引物、旅游配套设施、旅游基础设施等。[①]

（3）链式布局模式。多见于主要旅游资源和服务设施沿干线分布的乡村旅游区，该布局模式通常以交通道路、河流、峡谷等干线为轴线，根据资源分布情况、地域特点等将轴线两侧旅游资源、服务设施按旅游功能划分为若干个具体分区，形成一轴多区的空间布局模式。

（4）环核心吸引物布局模式。多见于对一般资源保护要求不高的景区依托乡村旅游地自然景观中的核心景观，酒店、餐馆、商店等旅游服务设施环绕其布局，设施与核心吸引物之间用道路相连，形成圆环。主要是依托湖泊规划的环湖内聚式旅游区，往往以水域风光和水上运动为核心，或是依托矿泉、海滩，也可以是滑雪山地，布局重点主要是娱乐，之后是住宿，把包括疗养温泉、滑雪斜道网等设施布局在自然吸引物上或环绕其四周，其他设施及辅助服务都围绕这一中心而布局。

---

① 陈秋华，纪金雄．乡村旅游规划理论与实践［M］．北京：中国旅游出版社，2014：108.

（5）环旅馆布局模式。缺乏明显的核心自然景点的旅游区，通过此种布局使得豪华旅馆成为核心，布局重点是旅馆的建筑风格和综合服务设施体系，为了增强吸引力，还应布局较多的景观和花草。

（6）野营地式布局模式。适用于景点分散、当地条件又不适宜兴建大型旅馆的旅游区，是对整个旅游区适当的亚区划分为基础，兼顾功能互补性，重点对亚区的旅游服务设施进行布局。野营地居住设施有小木屋、帐篷和帐篷式小木屋三种基本形式。往往可发展具有民族特色的设施，如蒙古包、藏式小木屋、瓜棚式小木屋等。

2. 不同地域类型景区空间布局模式

（1）海滨旅游区空间布局模式。该模式主要体现在旅游接待和游乐设施的空间布局以及其与海岸线的位置关系上。一般以滨海旅游资源为基础，采用的是递进式的布局模式，从海上到陆地依次递进，通过环境改造、项目设计和景观营造形成旅游区。

（2）草原旅游区空间布局模式。草原旅游景区是一种旅游吸引物较为分散、分布密度较低、分区差异小的旅游景区类型，一半情况下旅游景区的地质条件不允许修建大规模的旅游接待设施。

（3）山地旅游区空间布局模式。山地旅游景区是指那些位于山地，景区地形起伏较大，空间布局受地形影响较大的景区。主要分为三种布局模式：

①分叉式山岳景区布局模式。该类型的布局模式将主要的旅游景点作为核心置于山顶，其他的旅游吸引物则因为地形的关系而只与主要的旅游吸引物产生单面联系，景区内的旅游接待设施则分布于这些旅游吸引物之间。

②环式山岳景区布局模式。该类布局模式中各旅游吸引物通过环状线路相互串联，旅游接待设施分布于其间。

③综合式山岳景区布局模式。该布局模式综合了分叉式和环状式分布的特点，在空间上旅游吸引物之间通过交通网络的建设而形成网状的分布。

（三）乡村旅游功能区

乡村旅游功能分区是在乡村地区范围内，以区域的现状格局即地形、土壤、植被等条件为基础，根据其本身的特点和适合开展的活动进行适当的功能分区。由于地理环境等因素的不同，乡村旅游区的规划也不尽相同。一般来说，绝大部分的乡村旅游区都分为旅游综合服务区、农业生产区、观景游览区、体验区、休闲游乐区和度假区六个功能区类型。[①]

1. 旅游综合服务区

旅游综合服务区为游客接待服务中心和交通集散中心，是旅游基础设施与配套设施集中的区域。一方面为游客提供各种热情而周到的服务；另一方面也是乡村旅游区形象的集中展示地。

2. 农业生产区

农业生产区是用来生产乡村旅游区域范围内特色农副产品的功能区域，主要提供旅游所需的土特产品、特色旅游商品等。但有时会作为科普教育、学习考察的展示区，供游客参观、学习生产制作过程。

3. 观景游览区

观景游览区主要依托功能区范围内的自然景观、农业景观或特有的民俗文化景观，提供如农田花海观光、梯田观光、生态农业养殖观光、自然遗迹观光、名山大川观光、古民居观光等观光类旅游活动，让游客获得视觉上及精神上的享受和满足。

4. 体验区

体验区是乡村旅游区实现主体功能的重要区域，依托区域内独具乡村特色的旅游资源如耕田、庄园等，打造参与性强的乡村旅游体验项目，满足游客参与农事活动、体验乡村生活、感受浓浓的乡村气息的需求。该区域旅游项目设施建设具有明显的乡村特色与主题。

5. 休闲游乐区

休闲游乐区主要依托乡村旅游区各项自然与人文旅游资源，通过适当加工包装提供各种休闲娱乐旅游体验，通常作为乡村旅游区主体功区的补充，其项目设置具有多样性的特点，能满足各阶层游客的不同休闲娱乐需求。

6. 度假区

度假区主要以休闲度假功能为主，通常设置在自然景观优美、生态环境良好的区域，围绕特定的乡村主题，通过配套食宿设施、游娱设施的打造，为游客提供高档次的旅游度假服务。

除以上几种乡村旅游功能区基本类型外，乡村旅游区会因资源类型、规模、地形特点的不同而划分为类型各异的旅游功能区，以满足乡村旅游者丰富多样的旅游需求。

---

① 陈秋华，纪金雄．乡村旅游规划理论与实践［M］．北京：中国旅游出版社，2014：109–110.

第三节 村庄整治与风貌保护规划

一、村庄整治规划的任务和原则

（一）村庄整治规划的任务

村庄整治规划是指导和规范某地村庄村民点的旧设施和旧面貌的修建性详细规划，是结合村庄的资源环境，为促进乡村生态景观与人居环境协调、保护乡村地域和文化特色，推动农村的社会、经济和生态持续协调发展而对现有村庄各要素进行整体规划与设计的综合部署与具体安排，是村庄建设与管理的依据。当村庄规模较大、需整治项目较多、情况较复杂时，应对村庄的环境景观资源利用、环境景观类型特点、空间结构与功能布局、产业结构及经济状况、生产与社会活动、居民环境及生活要求等重点问题进行深入的调查和研究，编制村庄整治的专项规划。

（二）村庄整治规划的原则

1. 结合政策，科学规划

村庄整治规划应充分考虑国家政策和地方政府相关政策，衔接土地利用规划、城镇体系规划、镇总体规划及村庄布点规划等，结合村庄近、远期发展目标，科学制订，避免盲目大拆大建，在整治过程中充分利用原有用地，尽量不占用耕地和林地，根据需要为农民生产生活配置作业场地、公共设施和活动场地，促进村庄各项功能的合理集聚。

2. 征求民意，尊重农民

村庄整治规划必须充分发挥村民的参与作用，在整治规划过程中必须充分吸取广大村民的意见，尊重农民意愿、保护农民权益。明确农民的主体地位，规划方案必须通过村民会议或村民代表大会决议，严禁一切侵害农民权益的行为，并形成村民规约，建立长效的管理维护制度。

3. 因地制宜，符合实际

一切从村庄实际出发，结合当地的自然环境、地形地貌，因地制宜地进行村庄整治。避免超越当地农村发展实际，盲目照搬照抄城镇规划模式，模仿不同地理环境村庄的整治规划，而应探索出一条合适当地村庄整治发展的模式。

4. 保护生态、体现乡味

民俗文化是乡村景观旅游的重要“软件”之一，是乡村千年历史文化的积淀。村庄整治要突出乡土特色，保留原有村落格局，保护古建民居，展现民俗风情，弘扬传统文化。对具有历史文化价值和研究意义的物质和非物质文化要素，如古建筑、古树、民风民俗、传统工艺等，要传承和弘扬，体现乡土气息。

5. 精心布局，凸显特色

村落整体布局应结合地形地貌、山形水系等自然环境条件，延续传统肌理及空间格局，采用多样化的组织方式，处理好山形、水体、道路、建筑的关系，对村落进行精心布局，避免单调模式。并充分依托区位和资源优势，强化主导产业，鼓励发展特色、精品农业，倡导“一村一品”“一村一特色”。

6. 远近结合，循序渐进

根据村庄当下发展情况，结合村民实际的生产生活需要，合理制订不同时期的整治项目和目标。因地制宜，完善村庄公共服务设施体系，优先解决农民目前最关心的问题，如给水、污水处理、垃圾处理等问题，并结合村庄经济可承受能力，循序渐进地进行项目整治，通过整治乱搭乱建、提升美化绿化等措施，逐步改善村庄生产生活条件和人居环境。

二、村庄整治规划程序及成果要求

（一）现状调查与分析

了解规划对象的自然环境包括地质地貌、气候条件、水文情况和动植物资源等；社会经济条件包括行政规划、人口构成、经济结构、文化教育条件等；历史文化包括历史沿革、民俗风情、地域文化、历史文化遗产等；村庄建设情况包括土地利用、空间布局、交通组织、公共服务和基础设施、建筑景观情况等，并对其做出综合分析与评价。

（二）编制规划设计内容

一般由乡、镇人民政府组织，委托有资质和实力的规划设计单位来编制。按项目阶段、范围和具体要求，规划可分为总体规划、详细规划、专项规划、工程设计四个层次。①明确规划目的、意义、指导思想、原则、范围、期限、目标和主要任务，主要是为后续规划工作的开展提供依据，为解决重点、难点问题寻找到正确的方向。②优化规划总体布局，确定村庄土地利用、产业布局、总体空间布局、功能分区、道路交通、综合管网、公共服务设施、村庄风貌整治规划等，从宏观的角度对村庄环境景观进行把控，重点理顺村庄总体功能布局与环境整治的关系。③完成专项规划设计，主要包括建筑整治规划、道路交通整治规划、市政工程整治规划、河流保护与整治规划、历史文化保护与利用规划、绿地景观整治规划等，重点处理好环境景观与其他专项设计的关系，解决、协调其中的矛盾和问题，优化功能配套。④工程设计，包括建筑、道路广场、市政及相关基础设施、河流水域、历史文化景观、生态保护及绿地景观等整治工程设计，经济技术指标和投资估算，从微观层面控制设计效果，对项目实施起最直接的指导作用。[①]

（三）规划成果要求

村庄整治规划成果应满足易懂、易用的基本要求，具有前瞻性和可实施性，能切实指导村庄整治工作，具体形式内容应该结合当地环境特点，并应在整治工作过程中按实际需要进行补充和调整。规划基本要求为“五图二书三表”，主要包括说明书、表格、图纸等（图 6–3）。

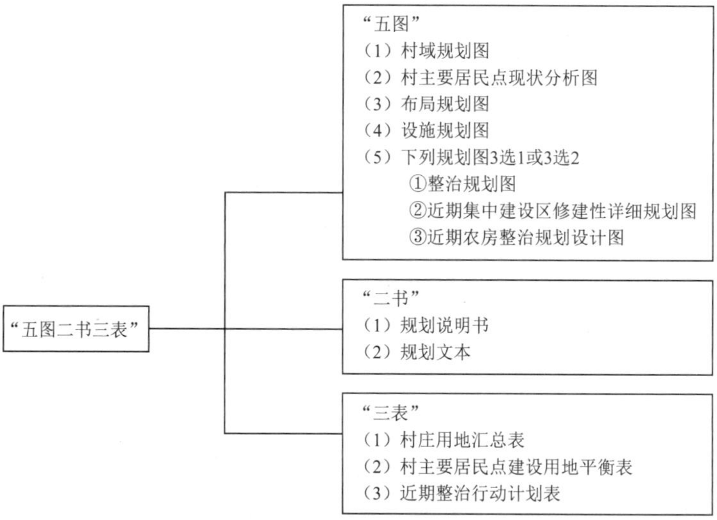

图 6–3 “五图二书三表”

资料来源：骆中钊 . 新农村风貌营造［M］. 北京：中国电力出版社，2018：59.

（四）提交成果及审批

经过研究讨论，对最终明确的规划设计进行优化完善，编制出成果，按《城乡规划法》要求，村庄规划在报送审批前，应当经村民会议或者村民代表会议讨论同意，报上一级人民政府审批。经审批后的规划具有法律效力，应严格执行，不得随意改

① 金兆森 . 农村规划与村庄整治［M］. 北京：中国建筑工业出版社，2010.

变。[①]

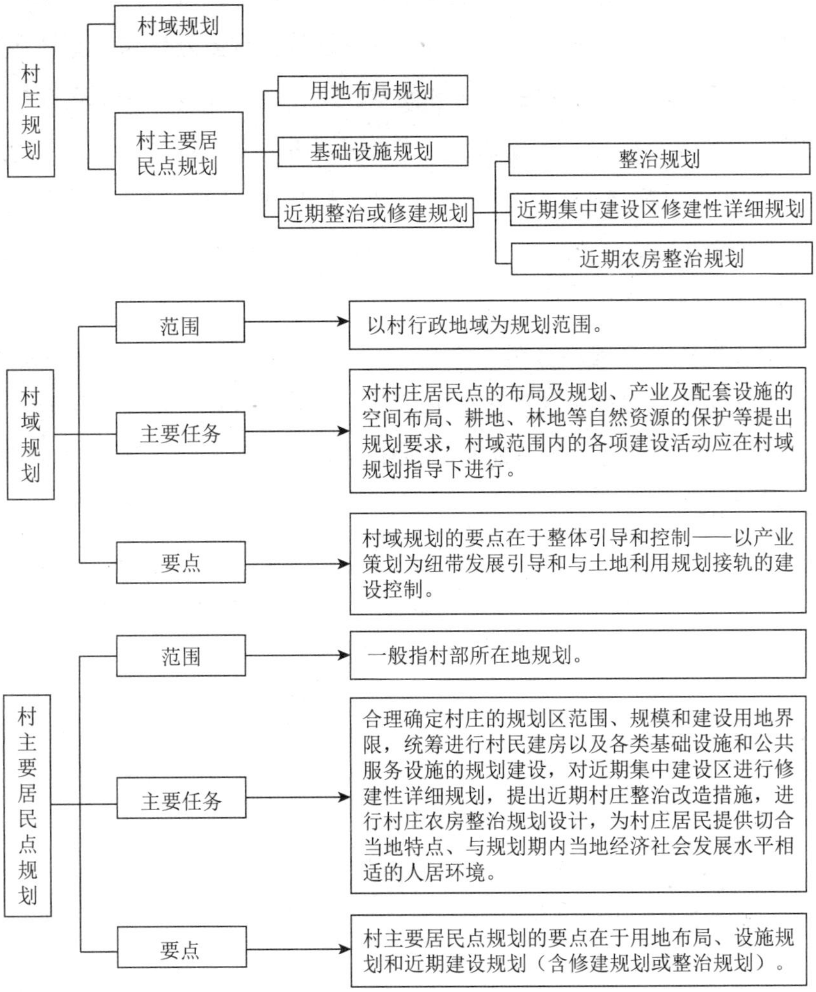

图 6–4　村庄规划编制框架示意图

资料来源：骆中钊 . 新农村风貌营造［M］. 北京：中国电力出版社，2018：59.

三、村庄风貌的保护

村庄整治中的风貌保护，是对村庄聚落在历史的变迁中，大量历史遗产已遭破坏，未能进行较完整的古村落保护，应对尚存的局部的历史遗产和历史文化进行挽救性的保护，并做好保护规划。[②]

① 黄雯婷 . 韶山市美丽乡村环境景观整治规划策略与实践［D］. 中南林业科技大学，2018.

② 骆中钊 . 新农村风貌营造［M］. 北京：中国电力出版社，2018：53–85.

（一）调查走访，做好遗存保护

每个村落和村庄无论其历史如何久远，都有着自身形成和发展的过程，在这历史进程中各个时期都有其历史遗存，在村庄整治中，要特别重视对各种遗存进行深入细致的调查分析和研究，凡能保存继续使用的建筑物，必须根据其安全质量和使用特点，认真研究，采取修缮、加固和整修等措施，严加保护。对古树名木严禁砍伐，并采取有效的保护措施，其他反映村庄风貌的广场、水流、古街巷也应严加保护。

（二）加强重点规划，传承历史文化

对于村庄中有代表性的重要节点、古建筑和以古树名木为主的休闲广场应在保护中进行重点规划设计，使其历史文化风貌得到保留和延伸。浙江省三门县亭旁镇的下叶村，在保护叶家祠堂和古街巷的同时，组织以原有村民交往的休闲空间为主的“十”字形绿化补充，既留住了历史文化，又加强了绿化系统的组织，使其展现出时代的精神。

（三）协调新旧建筑，形成地方面貌

在村庄的整治中，努力吸取传统民居的精华，创造适应现代生活需要、具有地方风貌的住宅设计，并以此作为基本风貌。对已建的新建筑进行修缮和改造，使其新旧融为一体，形成各具特色的地方风貌。

（四）优化环境建设，融入自然环境

村庄的每一个聚落在历史上都遵循着我国传统建筑文化进行选址和营造，在适应小农经济条件下，形成依山傍水、独具特色的生态环境和田园风光。在村庄的整治和风貌保护规划设计中，必须弘扬这种融于自然环境的设计理念，使村庄与自然环境更好地融为一体。

四、村庄整治规划的主要内容

村庄整治规划的范围包括村庄建设用地范围内的所有公共用地环境空间及影响公共环境风貌或功能的建（构）筑物，如街巷建筑环境空间、公共场所、园林景观、历史文化遗产等。①

（一）建筑风貌整治

保护历史建筑，整治旧房，统一住房格调，体现乡村风貌和地域特色，做到人畜分离、墙无残壁，形成比较好的整体建筑风貌，实现聚落稳定、有序、持续发展。新

---

① 骆中钊 . 新农村风貌营造［M］. 北京：中国电力出版社，2018：53–85.

建住房要结合实施“造福工程”，引导集中建设“三统一体”（统一规划、统一设计、统一配套、特色明显）的村镇住宅小区；符合规划要求的零星建房。

1. 建筑整治原则

体现村庄乡土韵味，注重与环境的协调；强调地域文化的保留与传承；因地制宜，鼓励就地取材；技术与经济相结合，采用适用且易实施的技术手段。

2. 一般性建筑整治及提升性建筑整治

（1）一般性建筑整治。一般性建筑整治措施具有广泛适应性，可根据建筑的历史价值、建筑品质、与环境的关系、结构安全性等，采用不同的方法（表 6–1）。

表 6–1　建筑品质现状整治表

建筑品质	整治措施
具有较高历史价值的建筑	重点保护，进行合理适当的清洁与修复，保留建筑原始结构与风貌。
具有一定历史价值或品质较好的新建筑	对外部进行必要清理、修复，大体上保留建筑原貌。
整体品质一般的建筑	基本维持现状、局部适当调整，修饰更新。
整体品质较低，完成度不高的建筑	外部需大面积整修，局部进行必要建筑处理，适当增加装饰构件。
整体品质差、无保留价值的建筑	结合村庄规划进行拆除。

（2）提升性建筑整治。在一般性建筑整治的基础上，针对特色村庄、近城中村的重点区域以及村庄重点公共建筑等可采取相应的提升性建筑整治，制订特定建筑或建筑局部的相应整治方案，提升村庄风貌，使其具有示范意义。

①根据建筑所处村庄总体改造目标要求，对影响村庄整体风貌但具有特殊作用的建筑物或公共建筑，可采取屋面平改坡、立面整体整治等方法提升建筑风貌。

②各地独特的地理与历史环境积淀着深厚的建筑文化传统，造就了众多具有浓烈地域特色的传统村落，依据其相应的地域性对建筑色彩、屋顶、细部统筹，制订特定的村庄整治方案。

（二）绿化风貌整治

1. 绿化整治原则

尽可能保留现有绿化，以保护村庄历史文化风貌与环境；新增绿化鼓励采用可移动绿化、乡土树种形式；根据景点的功能地位和气氛不同，有针对性地补充多样化的绿化形式，构建树在林中、路在花中、房在树中、人在景中的绿色田园风光。

2. 绿化风貌整治措施

表 6-2 绿化风貌整治措施

植物景观类型	绿化主题	绿化整治策略	植物种类
道路绿化	乡间野趣	行道树种采用景观独特、具有明显地域特征的乡土树种，生长稳定、适应性强、抗病虫害的乔木；地被采用野生多年生花卉与野草类植物，突出乡村的原生态与乐趣。	村庄绿化应重点突出乡村地方特色，有别于城市公园绿化，绿化品种应选用季相鲜明、乡土气息浓郁的适生作物和植物，既方便养护，又能产生经济效益。
主题游乐绿化	繁花似锦	加强景观营造，重视大花、多花、乔灌木的运用，强调种植形式多样化，与用地性质和景点主题紧密结合，营造多绿的绿化空间。	
农居绿化	精巧别致	小巧别致的农家小院景观，植物种类丰富多样，以常绿、开花、飘香植物为主，强调别致与细心的农村生活味道。	
田园体验绿化	蔬果飘香	广泛种植各类蔬菜、水果和农作物，加强配套设施建设，增强游客趣味性和科普性体验感。	

（资料来源：黄雯婷．韶山市美丽乡村环境景观整治规划策略与实践［D］．中南林业科技大学，2018.）

（三）配套设施整治

合理配套公共管理、公共消防、日常便民、医疗保健、文化教育安全饮水等设施，完善村内路网建设，包括硬化、平整、改良、提升现有村道，加强各村、各户之间的道路连接，满足村民基本公共服务需求。

1. 道路风貌整治

村庄道路及交通安全设施整治要因地制宜，结合当地的实际条件和经济发展状况，充分利用现有条件和设施，从便利生产、方便生活的需要出发，凡是能用的和经济改造整治后能用的都应继续使用，并在原有的基础上得到改善。

（1）外部交通规划。

①提高道路通达水平。进村道路既要保证村民出入方便，又要满足生产需求，还应考虑未来小汽车增多的趋势。对宽度不满足会车要求的进村道路可根据实际情况设置会车段，选择较开阔地段将道路向侧局部拓宽。

②完善城乡客运网络。围绕基本实现城乡客运一体化的目标。加快城乡客运基础设施建设，完善城乡客运网络，方便村民生产、生活，促进农村地区的繁荣。

（2）内部交通规划。

①线形自然。村庄道路走向应顺应地形，尽量做到不推山、不填塘、不砍树。以现有道路为基础，顺应现有村庄格局和建筑肌理，延续村庄乡土气息，传承传统文化

脉络。

②宽度适宜。根据村庄的不同规模和集聚程度，选择相应的道路等级与宽度。规模较大的村庄可按照干路、支路、巷路进行布置，规模过大的村庄干路可适当拓宽，旅游型村庄应满足旅游车辆的通行和停放。

③断面合理。村庄道路从横断面上可以划分为路面、路肩、边沟三个部分。路面主要是满足道路的通行畅通的需要。路肩和边沟则满足保护道路路面的需要，道路后退红线则满足建筑物与路面形成一个安全缓冲区的需要。道路路肩在实际使用中主要用来保护路基、种植树木和花草、铺装成为人行道。道路边沟在实际使用中要用来排放雨水、保护路基。

④桥梁安全美观。村庄内部桥梁在功能上有别于农村公路桥梁，其建设标准低于公路桥梁的技术标准，按照受力方式，桥梁应结构简单、外形平直。桥梁的建设与维护，除了应满足设计规范，还应遵循经济合理、结构安全、造型美观的原则。可通过加固基础、新铺桥面、增加护栏等措施，对桥梁进行维护、改造。重视古桥的保护，特别是历史悠久的古桥，是村庄乡土特色中不可忽略的重要部分。廊桥造型优美、结构严谨，既可保护桥梁，又可供人休憩、交流、聚会等。

（3）设置停车场地。

①集中停车。充分利用村庄零散空地，结合村庄人口和主要道路，开辟集中停车场，使动态交通与静态交通相适应，同时减少机动车辆进入村庄内部后对村民生活的干扰。有旅游功能的村庄应根据旅游线路设置旅游车辆集中停放场地。

②路边停靠。在不能影响道路通行的情况下，沿村庄道路，选择合适位置设置路边停车位。路边停靠不应影响道路通行，遵循简易生态和节约用地原则。

③地面铺装生态。村庄交通流量较大的道路宜采用硬质材料路面，一般情况下使用水泥路面，也可采用沥青、块石、混凝土砖等材质路面。还应根据地区的资源特点，优先考虑用合适的天然材料，如卵石、石板、废旧砖、砂石路面等，既体现乡土性和生态性，也有利于雨水的渗透，节省造价。具有历史文化传统的村庄道路宜采用传统建筑材料，保护和修复现状中富有特色的石板路、青砖路等传统街巷道。

2. 公共服务设施整治

规划建设信息完善、节约型的标识、休憩、照明等设施系统，各类设施小品的样式风格应与村庄环境、建筑协调，信息内容简明扼要，材料应以木质或石材为主，倡导废物循环利用、资源节约型设计。

（1）公共活动场地。公共活动场地宜设置在村庄居民活动最频繁的区域，一般位于村庄的中心或交通比较便利的位置，宜靠近村委会、文化站及祠堂等公共活动集中的地段，根据自然环境特点，选择村庄内水体周边、村口、坡地等宽阔位置设置。公共活动场地应以改造利用村内现有闲置建设用地为主要整治方式，严禁以侵占农田、毁林填塘等方式大面积新建公共活动场地；建设规模应适中，不宜过大；建设内容应紧扣村民生活需求，不可求大求洋。

（2）学校。小学、幼儿园应合理布置在村庄中心的位置，方便学生上下学，学校建筑应注意结构安全，规模适度，功能实用，配置相应的活动场地，与村庄整体建筑风景相协调，并进行适度的绿化与美化。

（3）卫生所。通过标准化村卫生所建设、仪器配置和系统的培训，改善农村医疗机构服务条件，进一步规范和完善基层卫生服务体系。卫生所所在位置应方便村民就医，并配置一定的床位、医药设备和医务人员。

（4）标志系统。完善标志系统实施，在村口设置入口指示牌，村庄内主要道路交叉口处设置路标指示牌、文化宣传栏和旅游导视牌等。指示牌材质以木质或石材为主，造型体现乡土气息，色彩与村庄的建筑、景观相协调。倡导废物利用、节能环保设计。

（5）给水设施。优先实施区域供水。邻近城镇的村庄，应优先实行城乡供水一体化。实施区域供水，城镇供水工程服务范围覆盖周边村庄，管网供水到户。在城镇供水工程服务范围之外的村庄，有条件的村庄倡导建设村联片的集中式供水工程并做到保障农村饮水安全，加强水源地保护。

（6）照明系统。照明系统包括建筑照明、绿化照明、道路照明、广告照明、店招照明及点面照明。照明灯具与村庄整体风格相协调，可与护栏、隔离墩、指示牌、景观小品、植物等一体化设计，丰富形式。

（7）公厕。结合村庄公共设施布局，合理配建公共厕所。每个主要居民点至少设置一处，特大型村庄（3000 人以上）宜设置两处以上。公厕建设标准应达到或超过三类水冲式标准。

3. 安全与防灾设施

村庄整治应综合考虑火灾、洪灾、震灾、风灾、地质灾害、雪灾和冻融灾害等的影响，贯彻预防为主，防、抗、避、救相结合的方针，综合整治、平灾结合，保障村庄可持续发展和村民生命财产安全。主要包括保障村庄重要设施和建筑安全、合理设置应急避难场所、完善安全与防灾措施、生活用能设备四个方面的内容。

（四）环境卫生整治

1. 垃圾收集与处理

（1）整治生活垃圾。建立生活垃圾收集—清运配套设施。提倡直接清运，尽量减少垃圾落地，防止蚊蝇滋生，带来二次污染。

（2）整治禽畜粪便。逐步减少村内散户养殖，鼓励建设生态养殖场和养殖小区，通过发展沼气、生产有机肥和无害化畜禽粪便还田等综合利用方式，形成生态养殖—沼气—有机肥料—种植的循环经济模式。

（3）整治农业垃圾。农业生产过程中产生的固体废弃物，主要来自植物种植业、农用塑料残膜等，应提倡秸秆综合利用，如采用可降解的树脂衣膜，堆腐还田、饲料化、溜气发酵等方式。

（4）整治河道、建筑垃圾。定期对河道、渠道等水上垃圾打捞清淤，保证水系的行洪安全。居民自建房产生的建筑渣土，应定点堆放，不应影响道路通行及村庄景观。

2. 整治排水设施

理清沟渠功能，弄清各类排水沟渠的功能，整治排水沟（管）渠及河流水系，建设一套污水收集管网并完善污水处理设施：城镇周边和邻近城镇污水管网的村庄应优先选择接入城镇污水处理系统统一处理；居住相对集中的村庄，应选择建设小型污水处理设施，相对集中处理；地形地貌复杂、居住分散、污水不易集中收集的村庄，可采用相对分散的处理方式处理生活污水。污水处理设施的处理工艺应经济有效、简便易行、资源节约、工艺可靠，为避免污水处理产生的污泥对环境产生二次污染，还应对污泥进行合理处置，利用农村优势将其农业利用和林业利用。

（五）管理机制整治

结合村规民约的制定，建立健全农村社区（村庄）环境综合整治长效管理机制，配足规划建设执法和设施维护养护管理人员，落实长效管理经费，巩固规划整治建设成果。

1. 管理方面

（1）加强宣传动员。要加强宣传、全面动员，让群众感受到村庄整治变化与获得的好处。进一步提升村庄管理水平，最大限度地尊重群众意愿，最大限度地扩大社会参与面，使工作深入人心、氛围浓厚、获群众理解。

（2）制定村规民约。引导制定农民群众普遍接受和遵守的村规民约。实行“门前三包”（包卫生、包绿化、包治安）责任制，细化垃圾处理、污水排放、公园绿地、公共设施等长效管理办法，以制度规范行为。

2. 人员方面

（1）村民成为主体。尊重和突出农民的主体地位，让农民担当村庄整治的决策主体、实施主体、受益主体，动员广大农民亲自参与到村庄环境的改善过程中，投工投劳自觉维护环境卫生。

（2）组建管护队伍。组建设施维护、渠道管护、绿化养护、垃圾收运、公厕保洁等队伍，规划配足卫生执法人员，实现事事有人管、事事有人抓，保持干净整洁的村容村貌。

（3）注重长效管理。加强日常监控，定时间、定路段、定人员、包责任、强督查，做到行有序、管理到位、群众满意。建立健全管护项目和管护队伍的专项管理制度，要尽可能明确要求量化标准指标，使村庄环境管理逐步走上规范化、制度化、长效化轨道，确保环境整治有成效、不反弹。

3. 经费方面

（1）落实经费来源。采取政府投入为重点和“一事议”的筹集资金办法，最大限度减轻群众负担，保障运转经费采用多种投融资渠道，动员和组织各行各业、社会各界尽其所能为村庄整治提供支持和服务，形成全社会支持、关爱、服务村庄整治的浓厚氛围。

（2）厉行节俭节约。坚持有机改造、绿色改造，不大拆大建、大挖大变，能省则省、能简则简、能用则用，做到人尽其才、财尽其力、物尽其用。

（3）强调实用利民。注重配套设施的实用性，以群众所需、产业发展为出发点，加快完善各类配套设施。将环境整治与发展现代农业、乡村旅游等结合起来，将村庄环境整治与产业发展有效融合，促进农业增效、农民增收。

4. 监督方面

（1）建立管理机制。要建立“政府主导、农民主体、部门协调、社会参与”的工作机制。建立强有力的组织协调机构，将农办、国土、规划、建设、农业、交通、水利、卫生、林业等涉及村庄整治工作的相关部门整合起来，明确各部门责任分工，形成合力搞好服务。

（2）加强巡查督察。坚持治理、巩固并举，全面开展村庄环境整治巡查工作。在巡查中发现问题、责令限期整改。对整改不力的村庄，在新闻媒体上曝光，建立约谈制度。

（3）强化农宅监管。加快村庄规划编制，强化村民住房新建、扩建、改建的监管，加强村民参与监督制度，从源头制止抢建，乱建等行为，确保各项管理机制落实到位。

第四节　休闲农业园区规划

一、休闲农业园区的概念

休闲农业是指在农村范围内，利用农业自然环境、田园景观、农业生产、农业经营、农业设施、农耕文化、农家生活等资源，通过科学规划和开发设计，为游客提供观光、休闲、度假、体验、娱乐、健身等多项服务的经营形态。其发展、繁荣不仅推动农村产业的多功能化，有利于新型产业发展，还能促进乡村景观整治，推动乡村风貌塑造，全面增加农民收入，改善农村环境，提高生活质量。休闲农业的逐步开展，最为直接的结果就是在城市近郊建立起来的绿色地带式农业园区，供人们游憩。

二、休闲农业园区规划设计内容

休闲农业园区设计成果包括项目建议书、可行性研究报告、总体规划、详细规划设计。不同的规划成果功能不同，具有不同的规划设计内容。①

（一）项目建议书

项目建议书（又称立项申请）是项目建设筹建单位或项目法人提出的园区建设项目的建议文件，是对拟建园区提出的总体设想。园区项目建议书是项目发展周期的初始阶段相关政府部门选择项目的依据，也是可行性研究的依据。

休闲农业园区项目建议书的主要内容应包括：总论；项目提出的和条件；项目建设方案，拟建规模和建设地点的初步设想；投资估算，资金筹措及还贷方案设想；项目的进度安排；经济效果和社会效益的初步估计，包括初步的财务评价和经济评价；环境影响的初步评价，包括治理“三废”措施、生态环境影响的分析；结论；附件。

（二）可行性研究报告

休闲农业园区可行性研究报告是园区建设投资之前，从经济、技术、生产、供销到社会各种环境、法律等各种因素进行具体调查、研究、分析，确定有利和不利的因素、项目是否可行，估计成功率大小、经济效益和社会效果程度，向决策者和主管机关审批的上报文件。

---

① 李光跃．休闲农业与乡村旅游概论［M］．成都：四川科学技术出版社，2014：92–95.

可行性研究报告须由有资格的设计单位或工程咨询公司编制，主要内容应包括：项目总论；项目背景；市场预测与分析；项目地点的选址；项目规划建设宗旨与目标；项目总体方案设计；项目总投资估算与资金筹措；项目的组织与管理；项目效益评价；可行性研究结论与建议；附件。大型园区规划建设需单独做环境影响评价。

（三）总体规划

休闲农业园区总体规划是确定休闲农业园区的性质、范围、总体布局功能分区、总体定位、产品发展方向和设施布置，规定农业保护地区和控制建设地区，提出园区发展目标原则以及规划实施措施。休闲农业园区总体规划在内容上包括：分析休闲农业园区的基本特征，提出园区内资源评价报告；确定休闲农业园区规划依据指导思想、规划原则、园区性质与发展目标，划定园区范围；确定休闲农业园区的功能分区结构、布局等基本框架，提出园区环境容量和游人容量、预测游人规模；制订休闲农业园区的农业资源保护、培育规划；制订休闲农业园区的旅游产品和市场营销规划；制订休闲农业园区的游憩景点与游览线路规划；制订休闲农业园区的旅游服务设施和基础设施规划；制订休闲农业园区的土地利用协调规划；提出休闲农业园区的规划实施措施和分期建设规划。园区总体规划的文件和图纸可根据园区规模、功能需要和现实可能确定。

（四）详细规划

在园区总体规划的基础上，对园区重点发展地段上的土地使用性质、开发利用强度、环境景观要求、保护和控制要求、旅游服务设施和基础设施建设等做出控制规定。详细规划分为控制性详细规划和修建性详细规划。

控制性详细规划内容应包括：确定园区规划用地的范围、性质、界线及周围关系；分析园区规划用地的现状特点，确定规划原则和布局；确定园区规划用地的分区、分区用地性质和用途、分区用地范围，明确其发展要求；规定各分区景观要素与环境要求、建筑风格、建筑高度与容积率、建筑功能、主要植物树种搭配比例等控制指标；确定园区内的道路交通与设施布局、道路红线和断面、出入口位置、停车场规模；确定园区内各项工程管线的走向、管径及其设施用地的控制指标；制订园区相应的土地使用与建设管理规定。

修建性详细规划是以总体规划、控制性详细规划为依据，制订用以指导各项建筑和工程设施的设计和施工的规划设计。在内容上包括：建设条件分析及综合技术经济论证；做出建筑、道路和种植区等的空间布局和景观规划设计、布置总平面图；道路交通规划设计；种植区系统规划设计；工程管线规划设计；竖向规划设计；估算工程量、总造价，分析投资效益。

三、休闲农业园区规划功能布局

根据休闲农业园区综合发展需要，结合地域特点，应因地制宜，设置不同功能区。功能分区要尽量保持乡村风貌、农业生产环境、行政界线的完整性，合理组织各种功能系统，既要突出各功能区特点，又要使各功能区相互配合、协调发展，构成一个有机整体。[①]

（一）入口区

入口区是用于游客方便入园的用地，游人在此换乘园内的游览车入园。大型休闲农业园区一般规划建设 2~3 个入口。主入口区包括入口大门、入口停车场、服务建筑、导游牌、假山水池等。入口广场一般建成石块嵌草铺地的生态型广场，加强绿化效果。

（二）服务接待区

服务接待区用于相对集中建设住宿、餐饮、购物、娱乐、医疗等接待服务项目及其配套设施。入园后首先到达服务接待区，作为园内的过渡空间，游人将在此做短暂停留，做好入园的准备。此区可规划建设办公楼、游客服务中心、果品文化展示室、停车场等。

（三）科普展示区

科普展示区是为儿童及青少年设计的活动用地，以科学知识教育与趣味活动相结合，具备科普教育、电化教育、住宿等功能。休闲农业园科普展示区可广泛收集、整理、保存、介绍园区内农作物的品种、栽培历史、文化知识，结合青少年的活动特点，以科学知识教育与趣味活动相结合，进行知识充电和娱乐健身。

（四）特色品种展示区

本区是各种不同的、具有当地特色的农业品种展示区，为观赏性较强的品种提供展示空间。区内对各种不同的果品栽培架式、不同的材料加以形式上的改造，形成形式多样、观赏性较强的园林景观。

（五）精品展示区

精品展示区即精品农业种植区，可满足高端层次观光采摘者的要求。精品展示区在展示精品农业的同时，还可结合传统的园林艺术设计手法和盆景艺术制作方法，利用廊架、篱架、棚架等不同架式的排列组合来分割、组织景观空间。

① 吕明伟，任国柱，刘芳．美丽乡村：休闲农业规划设计［M］．北京：中国建筑工业出版社，2015：60~67.

（六）种植采摘区

种植采摘区的面积最大，是休闲农业园的基本用地。种植采摘区可以分为不同果品的采摘区，在景观营造上应保留农田景观格局，在不破坏农业景观的基础上规划建设适当的园林小品和游憩采摘道路。在此，人们通过认养果树的方式，选择性地参与农业生产的施肥、剪枝、疏花、疏果、套袋、采摘等各项技术劳作。种植体验区除了栽培果品以外，还栽培各种蔬菜、瓜果、浆果类植物，增加采摘的多样性和趣味性。

（七）引种区

引进和驯化国内外优良的农作物品种，建立优良农产品品种引进、选育和繁育体系。引进国内外不同成熟期（早熟、晚熟、极晚熟）和不同颜色优质农产品，对抗性强的品种进行适应性、抗性等方面的观测，选育适合当地生长的优良品种进行繁育。

（八）休闲度假区

主要用于观光休闲者较长时间的观光采摘、休闲度假之用地。休闲农业园在合理的园区土地利用控制下可适当建设度假木屋、度假小别墅等住宿设施，延长游客在园区内停留的时间，增强休闲农业园的休闲度假功能。

（九）生产区

从事传统农业生产的区域，在园区其他功能区农产品供给量不能满足游客时可开放，生产区在景观建设管理方面比其他分区粗放。

（十）设施栽培区

进行农作物设施栽培的区域，北方地区的休闲采摘园多设有设施栽培区，目的是通过果品的周年设施栽培，让游客在果品的非正常成熟季节采摘到新鲜的农产品。

四、休闲农业园区规划

休闲农业园区规划建设应统筹规划，有计划地分期建设，为今后发展留有余地。

（一）交通规划①

（1）对外交通系统。对外交通是休闲农业园区与外部空间的连接道路，是园区的入口和门户，在规划时要遵循快捷性、生态性、景观性等原则。外部交通的好坏直接影响客源数量。

（2）对内交通系统。内部交通系统在规划时，除保证疏通功能外，还要考虑有良好的视觉观赏效果，因此，其规划主要是在顺应地形、地貌现状的基础上理顺道路关

① 李光跃．休闲农业与乡村旅游概论［M］．成都：四川科学技术出版社，2014：98-99.

系；控制合理的道路宽度，在保护生态环境的基础上满足游客通行；尽量利用已有的道路，以降低对环境的影响，减少开发成本。道路的形状、色彩、质感等都应与周围乡村景观相协调，突出乡土特色。

游憩小路在形状上应以自然区块为主，依地势高低起伏而规划，可根据情况不做铺装，展现乡村朴素的乡野气息，同时有利于雨水的自然渗漏，保护生态环境。在进行内部交通规划时还要考虑停车场的规划。

（二）景观设施

景观游览服务设施建设应与旅游观光规模和旅游观光需求相适应，高、中、低档相结合。其选设应有利于保护景观，方便旅游观光，为游客提供畅通、便捷、安全、舒适、经济的服务。休闲农业园区景观游览服务设施主要有园门、园路、园垣、园桥、园灯、园椅、公共厕所、饮水台与洗果池、凉亭与园舍、垃圾桶、绿廊、植物景观等。

（三）旅游服务设施

（1）餐饮设施。休闲农业园区餐饮服务点和布局，应按照游览路线和园区实际条件加以统筹安排，凡是不靠近风景区或民俗村的园区，均宜设置餐饮服务设施。餐饮建筑除供游人进餐外，造型应新颖、独特，与乡村自然环境相协调。餐饮建筑设计，应内外空间互相渗透，与园区景观相融合，并应符合现行《饮食建筑设计规范》的规定。餐饮建筑的体量和烟筒高度不应破坏原有景观和环境。

（2）住宿设施。休闲农业园区的住宿服务，应根据游客规模和需求，确定接待房间、床位数量及档次比例。根据休闲农业园区总体布局，确定建筑的位置、等级、风格、造型、高度、色彩、密度、面积等。住宿服务设施设计，应符合现行《旅馆建设设计规范》的规定。残疾人使用的建筑设施，应符合《方便残疾人使用的城市道路和建筑设计规范》的规定。①

（3）标识、解说设施。休闲农业园区规划布局中，应在各种不同观光区域的显著位置设置标志、解说牌等。标志、解说牌应起到改善游憩体验、增进游客安全、避免意外灾害、阐释科普知识、宣传经营政策理念的作用。解说系统设计都应该以人为本，充分考虑到公众和旅游者的需要，通过系统、生动、有效的解说设施与服务，提高旅游者的游览质量和园区服务与推销效果。解说标牌的制作要精美，使其成为园区一道独特的景观，材质选用木质及大理石材质，与园区的整体环境相协调。牌示解说系统包括引导指示标志、公共信息标志。引导指示标志包括全区导游图、标示牌、景点介

---

① 李光跃．休闲农业与乡村旅游概论［M］．成都：四川科学技术出版社，2014：92-111.

绍牌等。[1]

（四）旅游活动规划[2]

（1）遵循原则。①与景观特色协调、与规划目标一致的基础上，组织新、奇、特、优的游赏项目；权衡资源与环境的承受力，保护资源永续利用；②符合当地用地条件、经济状况及设施水平；③尊重当地文化习俗、生活方式和道德规范。

（2）主要活动项目类型。

表 6-3　休闲农业园区主要旅游项目类型

活动类别	活动项目
休闲娱乐	垂钓、划船、骑马、棋牌、歌舞等
观光活动	花果园、盆景园、农田、菜园、茶园、传统居民、庭院、山川、河流等
科普教育	植物生长习性介绍、农耕文化展示教育、农耕工具介绍、动植物识别等
特殊饮食	品尝乡土特色菜品、特色小吃、农家饭，野菜野味烹调、品茶、鲜果采食等
农事体验	农耕作业、农副产品加工、水产品加工、采茶、采摘等
康疗保健	植物疗养、日光浴、空气浴、森林浴等
民俗风情活动	农家节庆、农事文化节、舞龙舞狮、皮影戏、民间雕刻、民间绘画、泥塑、绣花、剪纸、陶艺等

资料来源：李光跃 . 休闲农业与乡村旅游概论［M］. 成都：四川科学技术出版社，2014：102.

（3）游客容量规划。根据环境承载能力规划游客容量，根据功能分区和面积大小确定接待能力，科学控制游客量。一旦出现人满为患的情况，则应果断采取措施，比如限量售票或设法将游客疏散到其他旅游点等。

（4）基础设施规划。这一规划主要指给水排灌工程规划。给水排水系统规划主要利用地势起伏的自然坡度和暗沟，将雨水排入附近的水体；一切人工给水排水系统均以埋设暗管为宜，避免破坏生态环境和园林景观；农产品加工厂和生活污水排放管道接入城市活水系统，不得排入园内地表或池中，以免污染环境。

---

① 吕明伟，任国柱，刘芳 . 美丽乡村：休闲农业规划设计［M］. 北京：中国建筑工业出版社，2015：68–69.
② 李光跃 . 休闲农业与乡村旅游概论［M］. 成都：四川科学技术出版社，2014：92–111.

Part 7

第七章　乡村旅游资源与环境保护

第一节　乡村旅游资源保护

乡村旅游资源是旅游业发展必不可少的依托基础和凭借条件，乡村旅游的发展很大程度上依赖于乡村旅游资源的状况，比其他任何行业都更依赖自然生态环境和人文环境的质量。其保护程度和开发利用状况直接制约着乡村旅游业的发展规模和水平。

一、乡村旅游资源开发的问题

乡村旅游资源在旅游规划中具有重要的地位，其珍稀性和独特性决定了该类规划是一个保护性导向的规划。此外，在旅游开发过程中，为追求经济效益，众多旅游资源遭到破坏，开发技术手段问题也导致乡村旅游资源在开发过程中面临着一系列问题。

（一）过度城市化，缺乏科学规划

由于初级开发乡村旅游资源的门槛并不是很高，因此很多乡村在没有科学规划的情况下就参与该领域的发展，以至于很多乡村旅游只是对原始的农业资源进行很少的修饰或改造后就开张运营，另有一些乡村，甚至什么都不改变就直接进入了“乡村旅游”的运营服务，这就导致乡村旅游在很多方面处于混乱状态，常常是一些简单的重复，而很少在充分调研和论证的基础上完成科学合理的乡村旅游专项规划。因此，目前我国乡村旅游的发展一般在资本投入上相对较少，在运用规模上也相对较小，管理水平较为业余，存在较多的低水平重复问题，此外，还存在非常明显的无序发展问题，特别是小尺度的乡村旅游发展逐渐暴露出急功近利的弊端，忽视市场、无视人性、不顾及长远的开发行为越来越多。产品存在雷同性，各乡村旅游地之间不敢联合，不能形成单点特色鲜明的“乡村旅游线”。而且各乡村旅游地为保障自身利益去争夺客源，内部分割现象日益凸显，导致市场无法做大。另外，由于资金缺乏，所以没有对旅游资源进行论证、规划和策划就匆忙上马，开发中只重规模，不讲质量，粗制滥造；只考虑当前，不顾长远，有的乡村旅游开发本身就是一种破坏。

多数乡村在开展乡村旅游时，不顾对环境造成的污染和破坏，过分依赖非自然的技术手段，大兴土木，人工痕迹过于明显，城市化倾向严重。不少民俗旅游地也多在民俗建筑上下功夫，对原有的民居进行夸张性的改造，使其成为建筑物展览，失去了鲜活、古朴的生活情趣，对乡村旅游的特色造成了极大的影响。农户家庭更是盲目花费大量成本改善硬件设施，大规模建造多层住宿楼房，房屋豪华装修，向豪华宾馆的客房装修看齐，反而让为了逃避“建筑森林”的城市环境而选择乡村的旅游者失望。①

（二）资源利用率低，管理存在问题

从地方的宏观层面上来说，由于乡村旅游发展时间较短，且基本上是自发性地增长，所以，其管理经营体制很不健全。而且从管理的角度来说，乡村旅游管理归属不明确，应该是城市一级的管理还是乡村管理，是旅游部门管理还是文物、建设、农业部门管理的问题未得到有效解决，因此许多地方形成了乡村旅游管理的“盲区”。规范机制几乎空白，除了上海、天津等少部分地区已经对全市范围内的农家乐进行规范，绝大多数地方还没有任何部门进行相应的规范，包括管理规范和技术规范。资源保护和环境保护执法渠道不畅、执法依据混乱。经营者经营无法可依，游客的权利无法得到保护，政府行政部门管理无章可循。管理机构不健全。乡村旅游是一种复合性的经济现象，不只属于现代农村区域发展，而且也关系到城镇化建设，此外，还会影响农业产业结构的升级发展和现代生态旅游的运营和保护等，因此，诸如多头管理问题等都容易出现在这一领域。从当前乡村旅游领域的管理来看，缺乏具有权威性的协调管理部门实施系统统一的管理，管理推诿或管理空白的现象有扩大的趋势。

从乡村旅游现阶段的内部运行管理来看，也存在一些新的问题。主要是很多之前并没有专业旅游开发和管理能力的民营力量开始以乡村旅游为新的开发对象，这些民营力量支持和保证乡村旅游健康运行和快速发展相关的专业知识和管理经验几乎空白，

① 雷晚蓉．乡村旅游资源开发研究［J］．旅游纵览（下半月），2018（10）：146-149.

一般也较少引入专业旅游管理人才，大多采用家族式管理，内部管理比较混乱。

（三）乡村旅游资源开发中存在资金“瓶颈”

由于乡村旅游远离城市化、工业化发展的经济主战场，因此，开发乡村旅游资源需要拓宽投融资渠道，加大资金投入，完善基础服务设施。然而在融资方面，乡村旅游资源的开发存在缺乏抵押物、贷款信用与担保不够、贷款门槛高且程序复杂、融资信息不对称等突出问题。此外，有些投资者在早期难以准确判定投资金额，很容易导致后期资源开发出现资金链断开、周转困难等问题。①

（四）自然因素导致乡村旅游资源保护难度大

由于自然因素的作用使部分乡村旅游资源遭受损害和破坏。一些重大的突发性自然灾害的发生，如旱灾、洪涝、台风、风暴潮、冻害、海啸、地震、火山、滑坡、泥石流、森林火灾等，往往会使受灾地区的旅游资源遭到重大破坏。这些重大突发性自然灾害发生在乡村地区的概率超过城镇地区，有的甚至对某个乡村地区是毁灭性的破坏，例如泥石流一般发生在半干旱山区或高原冰川，其中在西藏、四川西南部、甘肃等地的乡村地区极易发生雨水泥石流，一旦发生，可能冲毁乡村，破坏房屋、农作物、林木、耕地，对乡村旅游资源是毁灭性的冲击。某些动物例如鸟类和白蚁的破坏作用，往往会对乡村旅游资源的安全构成威胁，如“国家级历史文化名村”“首批中国传统村落”的傅村镇山头下村很多古建筑遭到白蚁的大面积侵蚀，部分古建筑甚至存在倒塌风险。而病虫害对农、林、牧业的影响也导致以此为基础的乡村旅游资源遭受破坏。这些不可控的自然因素加大了乡村旅游资源的保护难度。②

（五）乡村旅游资源开发的观念滞后

在传统观念中，人们认为只有风景和古迹才能发展旅游业，农村经济相对落后，乡村旅游资源的吸引力不够。因此，在思想意识上就对乡村旅游的发展进行了自我否定。且一些运营商思想落伍，想要单纯通过售票和周边产品赚取收入，导致乡村旅游运营难以维持。也有一些运营商投入了大量资金，但由于对乡村旅游自然资源的开发较少，人工建筑较多，降低了游客在旅游过程中的满意度。此外，乡村旅游资源的开发方缺乏开拓精神和创新意识，因此，有关部门必须转变思路，树立正确的旅游资源观，促进区域经济发展，使乡村优势资源得到有效利用。③

①③ 董钰赢．绥芬河乡村旅游资源开发问题研究［D］．吉林大学，2018.

② 干永福，等．乡村旅游概论［M］．北京：中国旅游出版社，2017：149.

二、乡村旅游资源保护

乡村旅游资源保护是伴随着乡村旅游资源开发而提出来的一项重要议题。它可以分为两部分：一部分是对乡村旅游资源本身的保护；另一部分是对其所在的自然生态系统和人文环境的保护，[①] 即我们要保护规划地的青山绿水、蓝天丽日、肥沃耕地以及维护生态平衡，要培育乡村文化氛围，保护乡村文化遗产。

（一）乡村旅游资源保护技术路线与行动方案

1. 乡村旅游资源保护与开发规划的技术路线

乡村旅游资源保护与开发规划的技术路线是指研究或进行该规划实践所遵循的规划程序、规划任务、规划技术与方法、规划标准以及确定乡村旅游资源保护与开发规划内容体系的指导思想、原则与依据。乡村旅游保护与开发规划的技术路线主要包括乡村旅游的普查与重点调查、乡村旅游信息系统与仿真系统的建立、乡村旅游分析评价、乡村旅游的演变与流程图、乡村旅游保护区域划分、乡村旅游保护与开发规划目标、规划技术体系与技术标准、总体方案和规划的评估与优化。[②] 首先要对乡村旅游资源进行调查与评价，能系统地查清调查区域内可供利用的乡村旅游资源状况。然后对乡村旅游保护区域进行划分，建立乡村旅游保护与开发规划的目标和技术标准，明确总体方案，最后对乡村旅游规划方案进行分析、评估与优化（见图 7–1）。

2. 乡村旅游资源保护行动方案

乡村旅游资源保护与开发规划的参与者包括政府管理人员（政府职能部门官员、农业技术官员、协调官员等）、专家人员（农学家，景观规划师，建筑师，规划师，农技师，历史、考古、艺术、地理学、生态学、旅游学、景观模拟、财务核算、旅游推广等方面的专家）、社区大众（不同年龄段居民代表、不同性别代表等）、独立机构（大学、研究所等学术机构、设计院、咨询机构、非政府组织等）、行业协会（景观规划师协会、中国风景园林学会、中国旅游协会等）、公司企业（旅游开发商、特殊旅游商品供应商、旅行社等）等。每一类参与者在规划行动中都有自己相对独立的工作任务，又相互协调，形成一个整体[③]（图 7–2）。

① 干永福，等．乡村旅游概论［M］．北京：中国旅游出版社，2017：148–149.

②③ 王云才，等．乡村旅游规划原理与方法［M］．北京：科学出版社，2006.

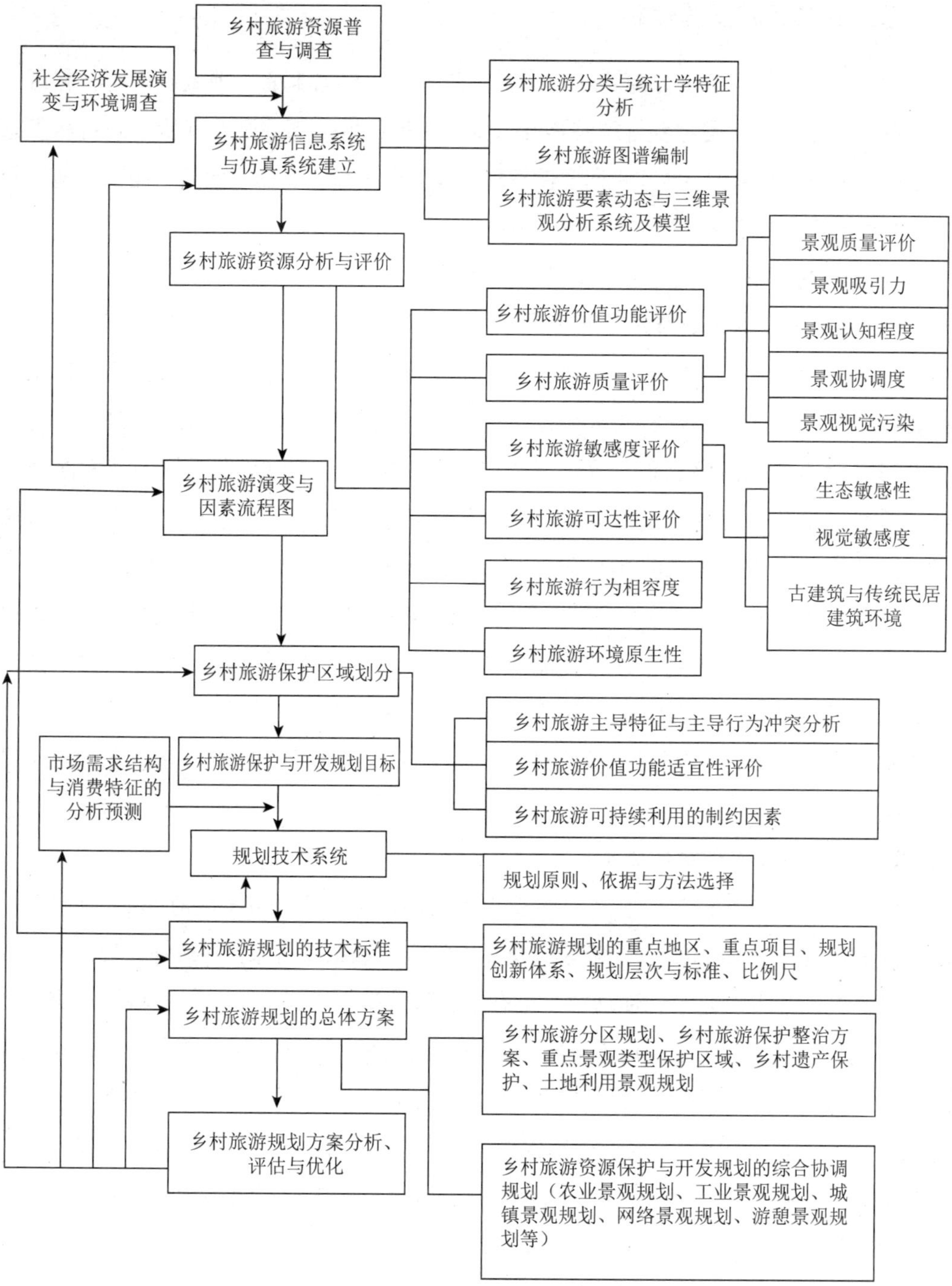

图 7–1　乡村旅游资源保护技术路线图

资料来源：王云才，等．乡村旅游规划原理与方法［M］．北京：科学出版社，2006.

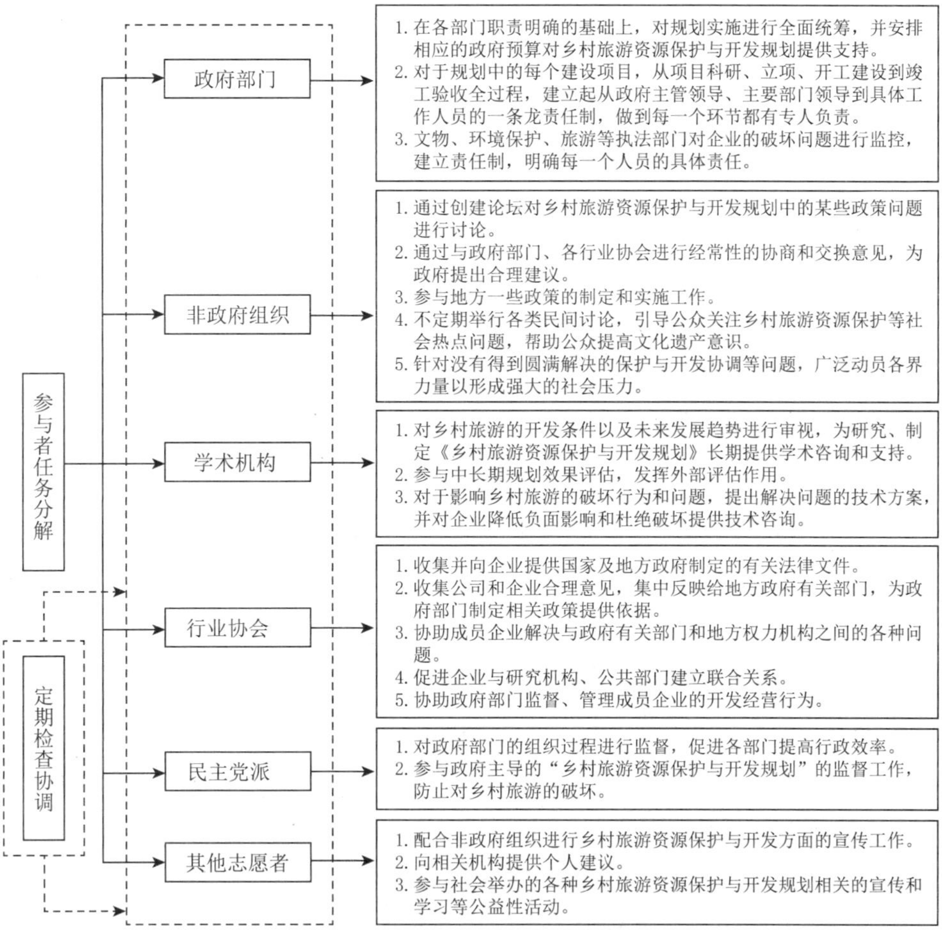

图 7–2　乡村旅游资源保护行动方案

资料来源：王云才，等 . 乡村旅游规划原理与方法［M］. 北京：科学出版社，2006.

（二）保护性开发

绝大多数的旅游资源都是不可再生的，在旅游活动中，一旦遭到破坏，就无法通过人工的方式再生。而旅游资源是旅游业发展的基础，失去了旅游资源，旅游业的发展就成了“无源之水、无本之木”。[①] 因此，为了使乡村旅游业可持续发展，必须对乡村旅游资源实行保护性开发。

1. 开发与保护的辩证关系——矛盾统一体

一定程度上，乡村旅游资源的开发既是一种保护，又是一种破坏。一方面，发展乡村旅游可以获取一定的经济效益，这有助于改善、美化当地的资源环境；另一方面，

① 陈秋华，等 . 乡村旅游规划理论与实践［M］. 北京：中国旅游出版社，2014：171.

旅游资源的开发也会带来一定的负面效应[①]（图 7–3）。

因此，乡村旅游资源的开发与保护既相互联系又相互矛盾，两者是辩证的矛盾统一体。这就要求我们在旅游资源开发中强化生态环境保护措施，确保在旅游资源开发中生态环境不被破坏，使其能够被永续利用，是实现我国可持续发展战略目标的长远要求。

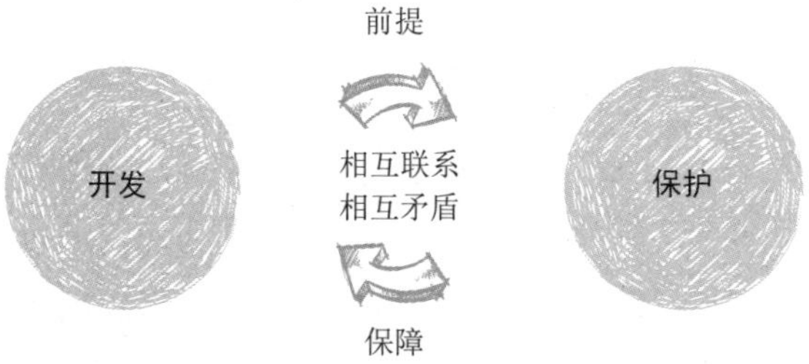

图 7–3　开发与保护的辩证关系图

（1）相互联系，相互依存。保护是开发的前提，开发应服从保护。由于旅游业是一个新兴的产业，目前普遍存在粗放型开发模式，或因管理不善，出现客流量超过其承载力等问题。旅游资源开发是以局部范围的破坏为前提的，一旦保护不力，资源破坏殆尽，旅游业将失去依存的条件和基础。要保证经济社会健康运行，就必须建立起两者的共生关系，以推动旅游资源的可持续利用和发展。[②]

开发本身就是对乡村旅游资源的一种积极保护。[③] 乡村旅游资源因合理开发而得的经济收益的一部分可以通过各种形式返回到乡村旅游社区，投入到乡村旅游基础设施建设与维修上。

按照旅游地和旅游产品生命周期理论，合理科学地开发乡村旅游资源，对乡村旅游资源加以管理，对旅游资源环境进行改善、美化以及增加其旅游吸引力，可以延长其生命周期。

（2）相互矛盾，相互制约。旅游资源开发与生态环境保护，两者既相互制约，又相互促进。开发和破坏在一定程度上是共生的。从某种程度上看，开发也是一种破坏。开发乡村旅游资源不可避免地造成一些破坏。乡村旅游资源的开发是以局部范围内旅游资源环境的破坏为前提的。开发乡村旅游社区管理体制上的不完善也极有可能产生

① 王昆欣，周国忠，郎富平等．乡村旅游与社区可持续发展研究——以浙江省为例［M］．北京：清华大学出版社，2008：172.

② 高璐，周全．环巢湖区域乡村旅游资源的开发与保护［J］．绿色科技，2017（21）：186–189.

③ 王昆欣，周国忠，郎富平等．乡村旅游与社区可持续发展研究——以浙江省为例［M］．北京：清华大学出版社，2008：172–175.

一定的破坏作用。乡村旅游在出售其旅游产品时容易受到外来异地文化的冲击，使其失去本色，从而异化，并开始追随和模仿城市，最终导致陷落。

过分强调保护一定程度上也会阻碍开发。在对乡村旅游资源过度强调保护的同时，也会忽视对其的有效开发，过量的保护而没有开发利用资源，就会使得这些旅游资源吸引力减弱，不能体现其所具有的内在价值，乡村旅游业也得不到很好的发展。

2. 保护性开发原则

（1）保护性开发就是要以完整读取历史信息实现可持续发展为前提，实现乡村旅游的历史真实性、风貌完整性和生活延续性，展示其自身的独特魅力。①

（2）规划应融入当地人生活，将乡土人的生活过程完整地保留在场地之中，使外在的游客在一个内在人的场所中体验浓郁的乡土文化。

（3）保护乡村旅游周边原生的景观环境自然条件，建筑与景观体现当地风格。

（4）尊重和理解地方精神，充分解读乡村旅游独特的文化底蕴和人文景观。

3. 总体思路

（1）复原和修复。一般不允许随意改变原有状况，如需进行必要的修缮，应严格按审查手续进行并要求在文物专家指导下按原样修复，做到“修旧如旧”。

（2）扩大保护与利用的空间范围。

（3）完善农业生产功能。改善农业生产，增加旅游的功能，是规避乡村旅游风险的重要保障。为了适应旅游开发的要求和条件。在乡村旅游规划许可的区域加强旅游接待功能。

（4）强化乡村整体人文生态系统特色。充分挖掘乡村旅游的历史、文化与艺术价值，在乡村旅游资源保护和开发中对乡村整体人文生态系统的表现，通常是通过乡村博物馆、传统生活生产方式以及场景的再现，将与乡村景观直接和间接相关的文物、艺术品、历史记载、人物、重大事件、重大场景生动地展现出来。

4. 对不同资源的保护规划方案

开展乡村旅游的地区一般都属于环境优越的地区，这些地区生态脆弱，一旦被破坏，恢复起来就会非常困难，尤其是生态环境、土壤和水体污染，其恢复需要很长的时间。不同类型的旅游资源由于其成因、属性的不同，在旅游资源保护规划中采取的措施也不同②（图 7–4）。

---

① 王云才，郭焕成，徐辉琳，等. 乡村旅游规划原理与方法［M］. 北京：科学出版社，2006：75–77.

② 陈秋华，纪金雄，等. 乡村旅游规划理论与实践［M］. 北京：中国旅游出版社，2014：171.

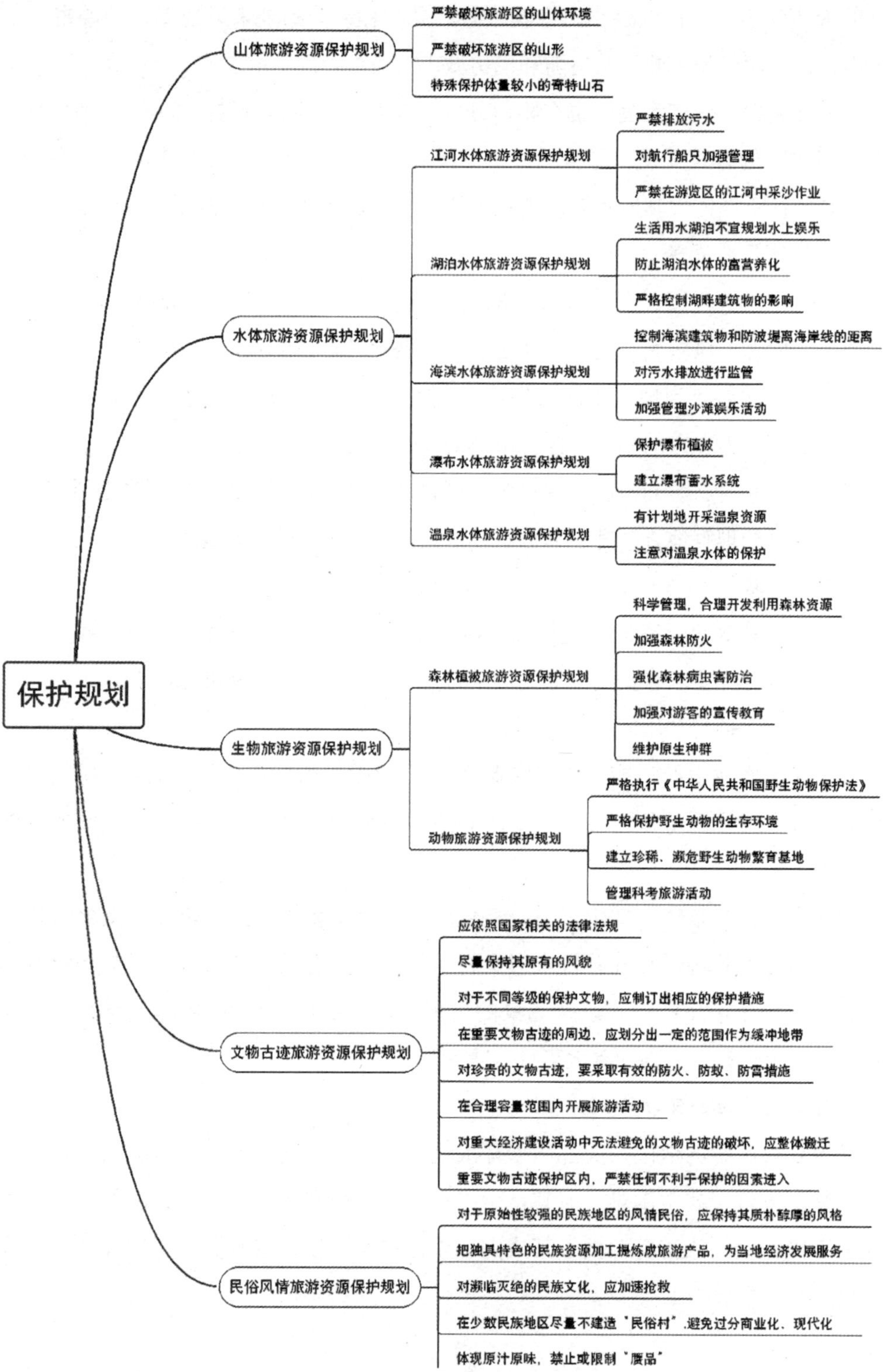

图 7–4　乡村旅游资源保护规划方案

资料来源：陈秋华，等．乡村旅游规划理论与实践［M］．北京：中国旅游出版社，2014：171–175.

第二节　乡村旅游环境保护

乡村旅游环境保护分为乡村文化保护和自然环境保护。自然环境的保护也可以看成是生态环境的保护，主要保护对象是规划地的青山绿水、蓝天丽日、肥沃耕地及维护生态平衡等大的生态环境；乡村文化的保护主要是对乡村文化氛围的培育和乡村遗产的保护。

一、乡村旅游环境破坏的原因

（一）人类旅游活动引起的环境破坏

1. 开发建设破坏

由旅游开发建设过程中的不合理操作造成破坏，表现为在开发时不考虑建筑的适宜性、造型的美观性、布局的合理性等，扼杀了乡村旅游景观的特色，破坏了其美学特征。①

2. 旅游服务破坏

主要是由旅游服务设施在向旅游者提供服务过程中造成的，包括大气污染、水体污染和固体废弃物污染等。

3. 旅游者破坏

由乡村旅游景区客流过大、管理不善引起，表现为旅游者数量超过乡村旅游区的容量；由旅游者素质低下导致，主要表现为旅游者直接破坏旅游景观资源；由旅游者的自然特征带来，如旅游者行走对地面的压力、呼吸时排放出的二氧化碳、身体分泌的汗渍和油渍等。

（二）人类非旅游活动引起的环境破坏

1. 背景环境污染

包括生产污染和生活污染。表现为大气污染、水体污染、土壤污染等。

2. 资源破坏

其他人类活动造成的乡村旅游资源破坏、资源枯竭等。

① 杨彦锋．旅游景区自然景观的保护与调控机制研究［D］．云南师范大学，2004.

3. 生态环境破坏

表现为植被破坏、土壤流失、土地沙化、水资源枯竭、生物多样性破坏等。

（三）自然因素变化引起的环境破坏

1. 自然因素正常变化

主要表现为自然风化、生物侵蚀等。其危害过程是长期的、缓慢的，很多情况下是不可逆转的。

2. 自然因素异常变化

主要表现为地面沉降、土地沙化、森林病虫害、大气突变等，危害往往是短期的、快速的、明显的。

3. 突发性自然灾害

包括地震、火山、暴雨、泥石流、森林火灾等，其破坏过程通常是突发的、瞬间的、不可预防的、带有强烈破坏性的。

二、乡村旅游环境面临的主要问题

生态环境的良性循环是发展乡村旅游的重要物质基础，然而由于游客的不断增多、景点规划的不合理、旅游设施的盲目增加、生活垃圾和固体废弃物的随意丢放，旅游区内的生态环境恶化问题日益凸显，旅游业发展与生态环境保护之间的矛盾也日趋尖锐，发展乡村旅游对环境产生的影响主要表现在：开发参与性旅游项目、交通工具、大量占用农用地、水体等方面与生态环境的不协调；节假期大量聚集的游客和交通工具对土地的踩压、对植被的损害以及生活垃圾、废弃物乱丢所产生的空气污染、水污染、固体废弃物污染、噪声污染、旅游活动污染等多种污染，发展乡村旅游带来生态环境破坏的问题日益受到了关注。[①]

（一）生活污水

在乡村旅游事业迅速发展的背景下，我国逐渐加强了对乡村旅游资源的开发及利用，生活用水显著增加，且污水处理系统缺乏完善性，导致大量的生活污水难以得到及时处理，进而流入自然河流中，对河流湖泊等水环境造成较大的破坏及污染，不仅影响游客旅游过程的体验，也威胁到我国乡村原生态旅游环境的可持续发展。[②]

（二）生活垃圾及旅游活动污染

由于乡村的基础设施建设比较落后，在垃圾处理方面存在一定局限性，无法及时

---

① 何玮．基于环境保护理念的乡村旅游可持续发展研究［J］．长春理工大学学报，2011，6（10）：57-58.
② 冀俊．乡村原生态旅游环境保护策略研究［J］．乡村科技，2018（30）：113-114.

对所有垃圾进行集中处理，整个过程存在严重的遗漏、滞后等现象，对乡村生态环境造成较大污染，给游客带来不良的旅游体验，给村民的生活带来更多安全隐患。在乡村旅游事业持续发展的背景下，游客及村民在各项活动中所产生的污染物逐渐增多，对乡村的垃圾处理系统造成较大压力，很容易出现不同程度的垃圾污染问题，严重影响到游客的旅游心情，威胁着村民的身体健康。同时，在游客参与旅游活动的时候，车辆对农作物和草地的碾轧，容易造成植物损伤、土壤板结等，给乡村原生态旅游环境的保护带来更多挑战。

（三）畜禽粪便污染

乡村的主要经济来源是土地种植、畜禽养殖。然而在乡村面积逐渐扩大的情况下，当地的水产品养殖规模和畜禽养殖规模不断扩大，数量显著增加，且大部分都没有采取有效方式进行圈养，导致畜禽粪便随处可见。在雨季，这些污染物随着雨水流向周边各处，容易出现刺鼻的异味，且招引大量的蚊虫鼠蚁，对乡村的生态环境造成严重污染，给乡村生态环境的修复及保护带来更大挑战。

（四）农作物秸秆处理不当带来的污染

在乡村经济的发展过程中，土地种植是村民获取经济收入的重要途径。但是乡村的基础设施建设不够完善，普遍都是将收割好的农作物和麦秸秆堆积在道路两旁，或是堆积到河流两岸，导致出现资源浪费情况。同时，许多村民都会将麦秸秆作为燃烧物使用，麦秸秆燃烧后产生的气体会造成较严重的空气污染问题，有些燃烧后的残留物直接被投入河流中，对河流湖泊造成较大污染，影响了乡村原生态旅游环境的整体质量，需要投入更多的环境修复及保护成本。

（五）社会环境污染

有些经营管理者在商业利益的驱动下，或盲目效仿，或商业包装过浓，或流于形式，丧失了当地文化的本土特色，影响地方民族文化的发展与传承。甚至扭曲了淳朴的民风民俗。[①]

（六）工农业生产活动影响

无计划、不合理的伐木、采石、抽水、放牧对乡村原始生态破坏严重。滥用化肥、农药、催熟剂、保鲜剂等造成土壤保水保肥能力下降、农产品质量下降。另外，农牧民受传统观念影响，注重眼前利益，不管长远发展，对环境污染和破坏的危害性认识不足；部分游客综合素质不高，随地乱扔垃圾、乱刻乱画等现象普遍，缺乏环境

① 郑颖莉 . 内蒙古发展乡村生态旅游环境保护问题探析［J］. 中国市场，2018（9）：73–74.

保护意识。

三、乡村旅游环境保护方法

发展乡村旅游，在注重旅游资源开发与增加经济效益的同时，将生态环境保护策略纳入整个规划过程，依据当地的实际情况和发展要求，进行科学考察，对于可能造成的污染要进行评估、预测，制订相应的环境保护措施。在乡村旅游业的运营期间，也应根据实际情况随时调整和完善保护措施，做好环境保护方面的长远规划工作，坚持科学发展观，将可持续发展理念纳入经营中，拒绝走先污染、后治理的老路。①

（一）制订合理的乡村旅游开发规划，做好环境影响评估

要开发和建设乡村旅游景区，就需要兼顾对资源与环境的保护，对新建项目要进行环境评估。评估的前提是政府部门制订合理的乡村旅游开发规划，将乡村旅游纳入有序的管理范围是改善乡村环境问题的基础。旅游开发取得成功的重要保障是开发前期的环境影响评价以及开发、经营过程中的环境监测，这种前期评价是预防资源和环境遭到破坏、旅游开发取得成功的重要保障措施。旅游总体规划中要包含环境保护内容，并应制订区域性旅游项目开发和环境保护规划，明确环境保护目标，在开发和经营过程中同步进行环境监测与评估。

（二）加强乡村原生态旅游环境保护，引入保护机制

生态旅游是具有强烈环境保护意识的一种旅游开发方式，乡村生态旅游作为生态旅游活动的一种具体形式，要在旅游活动的内容、接待服务的各个环节上体现环境保护的要求。为了更好地进行环境保护和管理，生态旅游景区可引入有关的机制和制度。

生态旅游的功能和特点之一是对环境的保护性，因此，要引入三个保护机制和制度：生态补偿机制、环境影响评价与环境审计制度、环境管理制度。

旅游生态补偿机制有完全市场化模式、市场与政府互动补偿模式、费用与效用结合模式。完全市场化模式是指对乡村居民进行引导，鼓励其参与乡村旅游相关的服务活动，增加居民收入，作为对当地居民的补偿。该模式也被称为社区参与补偿模式，实施起来具有一定的难度，尤其对乡村旅游区居民素质和能力等要求较高。市场与政府互动补偿模式是将市场化机制和政府调控相结合，用市场机制弥补政府在资金和效率上的不足。该模式认为政府设置的生态补偿资金应对当地经济发展有积极的带动作

---

① 何玮．基于环境保护理念的乡村旅游可持续发展研究［J］．长春理工大学学报，2011，6（10）：57-58.

用，而不能完全拨给乡村居民，强调补偿基金的多元化用途。费用与效用相结合的补偿模式对生态系统的持续发展和乡村居民的利益维护具有积极作用，将费用补偿与效用补偿结合，运用实物、技术、奖励等方式对效用补偿进行细分，结合费用补偿见效快、直接的优势，更有利于完善山地旅游区生态补偿机制。

环境影响评价与环境审计是指客观地获取审计证据并予以评价，以判断一个组织的环境管理体系是否符合该组织所规定的环境管理体系审计标准的一个系统化、文件化的验证过程，包括将这一过程呈报管理者。从定义可以看出，环境管理体系审计是一个系统化、文件化和客观的验证过程。系统化是指审计是有计划、有组织并遵循一定程序的；文件化是环境管理体系的基本要求；客观体现在审计要以客观事实为依据，以审计准则为准绳，不能凭主观臆断。

乡村旅游环境管理制度对环境行为的持续改善做出承诺，它是可以帮助乡村生态旅游实现和系统地控制环境行为水准的一种工具。建立乡村旅游区的环境管理体系可以实现生态旅游的生态保护功能，节约资源，减少污染，从而实现我国旅游业的可持续发展[①]（图 7–5）。

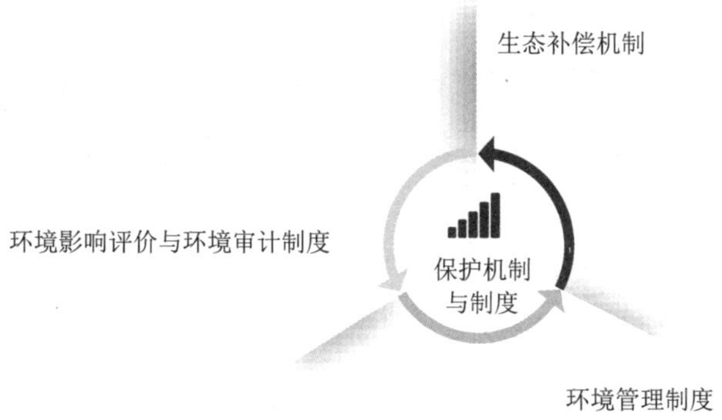

图 7–5 乡村原生态旅游环境保护机制与制度

（资料来源：李惠娟 . 环境管理体系在生态旅游中的应用［D］. 天津财经大学，2003.）

（三）研究环境容量，预测生态环境承载力

生态环境系统的平衡与否直接影响乡村旅游的质量。每一个旅游区域都有自身的生态环境容量，容量的大小决定旅游承载力的大小。对于任何一个旅游目的地来说，要实现其可持续发展，就要使旅游业的开发规模和旅游接待者、来访者的数量都控制

① 李惠娟 . 环境管理体系在生态旅游中的应用［D］. 天津财经大学，2003.

在既能使旅游活动长期可持续地开展，又不会给目的地生态环境造成严重或不可逆恶化的水平之内。从这个意义上说，依据生态环境承载力强化对旅游发展的管理也便成为实现旅游可持续发展的核心。所以乡村旅游的管理者应结合本旅游目的地自身的特点测算出该地区的旅游承载力，以达到科学管理的目的。生态环境在一定程度上都有自我修复的能力，但过多过频繁的人为活动会阻碍这种能力的发挥，于是就有专家提出了轮休制度。它原指在农业上某一个耕种时期内不种植农作物，使土地空闲以恢复地力。

我国拥有丰富的乡村旅游资源，但目前乡村旅游产品形式单一且同质程度高，采用平铺式的开发利用只能造成资源的巨大浪费。将轮休制度应用于乡村旅游可以弱化、屏蔽这一缺陷。发展乡村旅游的地区多是生态环境脆弱区，在被开发利用的同时需要适时适度的休养来恢复植被、保持生物多样性，进而全面提升景点生态环境指数，对短期生态旅游环境饱和或超载的生态旅游区应充分重视旅游淡季的休养生息和环境补给，实现生态、旅游可持续发展。①

（四）完善乡村旅游环保监管配套制度

在我国现有旅游与环保法律体系基础上，制定乡村旅游环境保护针对性较强的法律制度。一方面应加强乡村旅游管理制度建设，如建立标准体系、完善旅游规划管理等；另一方面应加强农村环保制度建设，制定实施细则及空缺领域法律法规，如《农村环境保护法》《农村生活污染防治法》《旅游环境保护法》《旅游资源法》《土壤污染防治法》等。

各级地方政府应积极制定地方法规，就各地不同的发展态势，实施有效的地方调控机制。地方政府在涉及乡村旅游规划审批、环境卫生、资源利用等方面，应考虑制定乡村旅游标准体系、乡村环境保护条例、乡村自然与人文遗产资源保护条例、乡村废弃物处理办法、乡村旅游景区市场退出办法等地方法规，对国家相关法律形成有力补充，以保障监督制度的系统性与可行性②（图 7-6）。

乡村旅游地区的环境保护需要公众参与监管，参与者包括当地居民、行业经营者、资源所有权人及使用权人等一切与当地环境有切身利益的人群。目前河北、山西、沈阳、昆明等省市已经相继出台相应地方法规，对公众参与的范围、形式、内容、程序等方面做出了详细规定。

---

① 陆仁艳，孙厚超．浅论乡村旅游中的生态环境保护［J］．商场现代化，2008（12）：260–261.

② 戴丽霞．乡村旅游环境保护法律监督制度探讨——以海南为例［J］．农业经济，2017（9）：38–40.

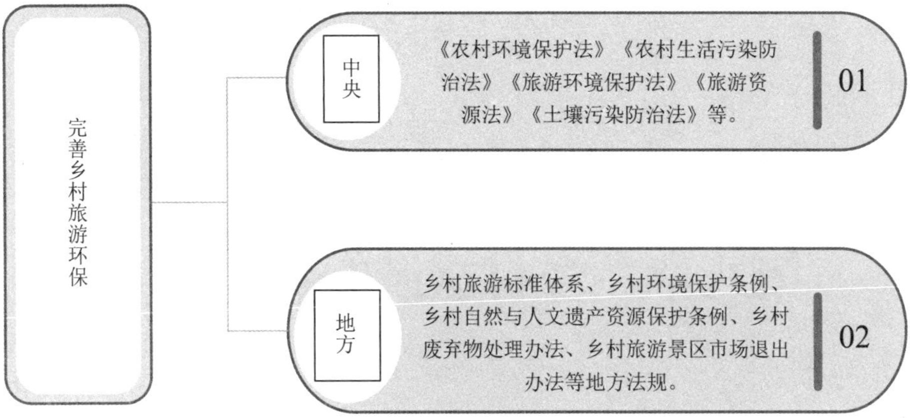

图 7–6　乡村旅游环保监督立法图

资料来源：朱宏杰. 广西乡村旅游与生态环境保护协同发展之法律视角探索——新农村建设背景下［J］. 法制与社会，2017（18）：215–216.

（五）完善乡村旅游生态环境补偿机制

乡村旅游开发者应缴纳生态补偿保证金才能取得开发许可权。对完成生态补偿任务的，政府即将保证金用于治理乡村生态环境污染等问题。针对同一地区不同种类、同一种类不同地区、同一种类不同级别的资源分别制订补偿标准，使补偿标准合理化，并相对统一，并进一步明确补偿的主体、客体及方式，在促进资源合理利用的同时，降低管理难度，提高管理效率。

（六）加强人员培训，提高人员素质

通过各种渠道培训以农民为主体的，既能从事一般农事耕作又能为乡村生态旅游管理服务的“两栖型”人员，提高乡村生态旅游服务人员的素质，使乡村生态旅游适应市场的需求，更好地为旅游服务，以良好的口碑扩大影响，吸引更多的游客，形成良性循环。培训内容包括服务质量、卫生要求、旅游接待服务的技术技能、职业道德以及地方风情和异域文化、旅游法规、环境保护等行业知识。对乡村旅游景点的管理层人员，要引用乡村旅游发达地区的先进理念和营销技能、管理方法对其进行培训，组织他们去乡村旅游发达地区实地学习；对服务人员，政府牵头专门组织培训，对乡村旅游基本知识进行培训，从而提升其专业技能和服务水平。

Part 8

第八章　乡村旅游的保障要素

在当前国内扩大内需的形势下，乡村旅游成为我国农业经济发展新业态的重要力量，其可持续发展需要一系列保障要素来保持。本章对我国乡村旅游的管理体制保障、政策制度保障和资金保障进行剖析，探索通过建立健全乡村旅游管理体制，落实各项政策制度，拓宽投融资渠道等来保障乡村旅游的发展。

第一节　乡村旅游管理体制保障

乡村旅游活动不仅涉及游客的旅行和游览活动，还涉及乡村旅游行业的服务活动、乡村旅游企业的经营活动和整个乡村旅游经济运行等。这些活动的有效进行离不开健全完善的管理体制保障。建设乡村旅游产业的高效管理体制，能够有效地释放乡村旅游对乡村经济、社会、环境等各方面的带动作用，对真正实现社会主义新农村建设有着重大意义。

乡村旅游管理体制是指国家对乡村旅游企业或相关部门进行规范、引导与协调的方式，其管理主体主要包括政府部门、行业协会和村集体组织。[①]

一、政府管理体制

中央乡村旅游管理部门和地方乡村旅游管理部门是我国主管乡村旅游的两大政府部门。中央乡村旅游管理部门是原国家旅游局，其主要职能是运用法律、经济和行政

① 干永福．刘锋．乡村旅游概论［M］．北京：中国旅游出版社，2017：280–288.

手段，控制、指挥、监督和管理乡村旅游经济活动及其组织者，保障落实国家关于乡村旅游业发展的方针、政策、战略及规划。

地方乡村旅游管理部门是各省、自治区、地（市）、县区的旅游委（局）或旅游业主管机构，其主要职能是运用法律、经济和行政手段，对本地区乡村旅游经济活动及其组织者进行控制、指挥、监督和管理，保证本地区乡村旅游业的健康发展。

乡村旅游工作是一项系统工程，离不开政府层面的多部门协作管理，以及农业、林业、水利、发改委、财政、工商、公安和法院等部门协作共管，从而实现政府横向部门和纵向层级的无缝衔接。纵横有序、层级明晰、运行高效的乡村旅游体制将有利于营造优良的乡村旅游发展环境，为乡村旅游持续、健康的发展提供体制保障。因此，政府管理体制的构建应注重构造管理体系网络，横向多方联动，构建顶层体制保障；纵向延伸，通过四级管理体系提升管理效能。

（一）横向联动多部门协作

多部门沟通协作的行政管理机制是乡村旅游管理的重要保障，有助于在顶层设计、统筹推进、联合执法、跨界协作等方面优化行政管理机制。在具体操作中，需要由各地方政府领导带头，强化组织领导，推进旅游部门与农业、林业、水利、发改委、财政、规划、公安和工商等多部门在乡村旅游建设方面的横向协作管理，各司其职，通力协作，整合配套相关政策和资金，合力推进乡村旅游发展，强化行政管理效能。

通过梳理总结，各相关部门可以通过以下方式配合乡村旅游的管理工作，如旅游部门牵头编制地方乡村旅游发展规划，合理编排乡村旅游景区（点）线路，增强市场营销宣传力度，加强旅游服务设施建设和旅游从业人员培训。

住房城乡建设和规划部门有序推进旅游村镇建设和规划，加强对旅游特色村庄建设和规划的指导，加大对旅游特色村庄基础设施和公共服务设施的建设投入。

国土、林业部门切实帮助解决乡村旅游项目用地问题。农业水利部门将乡村旅游纳入新农村建设和现代农业水利发展的整体布局，对特色旅游村镇发展休闲农业、生态农业、观光农业进行指导和扶持。

国家发展改革委、财政部门将特色旅游村镇的基础设施建设、重点旅游项目开发纳入年度国民经济和社会发展规划并进行统筹安排。

各类银行、银监、证监、保监部门加大对乡村旅游发展信贷的支持力度，适度降低乡村旅游企业贷款准入门槛。农办、工商、公安和法院等部门加大对星级农家乐的扶持培育力度，会同相关部门制订并推广与乡村旅游相关的合同示范文本。

交通部门支持重点休闲农业与乡村旅游景区（点）相关乡镇、村的农村公路建设。

环保部门加强对乡村旅游区（点）及周边生态景观的环境保护和治理。扶贫部门将具有旅游开发潜力的贫困村纳入旅游扶贫特色产业发展规划中，集中各类扶贫资金给予重点扶持。

其他部门要根据各自的职能，积极支持乡村旅游发展。

（二）纵向建立多层级体系

纵向多层级的乡村旅游管理体制容易被忽略，但乡村旅游发展离不开各个层级的相互配合和高效的衔接管理。乡村旅游发展得较好的区域（如浙江省湖州市）均设有自上而下的多层级管理机制。

因此，发展乡村旅游，要设立多层级的乡村旅游管理机制。国家、省市要推动市、县（区）、重点乡镇（街道）和村（社区）设立乡村旅游管理机构，完善乡村旅游管理队伍建设，做到专人专岗。在任务分配上，纵向分级能够有效推进乡村旅游建设和管理工作，要逐级细化分解乡村旅游发展任务，强化层级负责制。做好乡村旅游的领导工作，建立乡村旅游发展协调机制，重点乡镇（街道）、村（社区）要配套一名副职领导分管乡村旅游工作，切实做好乡村旅游组织、协调、推进等各项工作。各级管理机构负责向社会公布各级旅游部门的权利事项和责任事项，并明确乡村旅游管理的事前、事中、事后监管制度。

总之，横纵联合的政府管理网络是保证乡村旅游管理工作有效落实的体制保障。浙江省湖州市的乡村旅游政府体制在全国具有示范性，湖州市成立了旅游发展领导小组和乡村旅游提升发展领导小组，专门设立了乡村旅游事业发展中心、乡村旅游协会。各县区均设立了独立的乡村旅游管理办公室、乡村旅游协会。在乡镇设有专门的乡镇旅游办公室、管理工作站、农家乐服务中心等。各个乡村均设有村农家乐工作服务点、农家乐合作社等管理服务部门。2014 年，湖州市形成了市、县、乡镇和村的四级乡村旅游管理网络，有效地促进了旅游管理效能的提升，助推湖州市成为“中国乡村旅游第一市”。

二、行业协会组织

乡村旅游行业协会组织是政府和企业之间的市场中介组织，是乡村旅游行业利益的代表。不同于国家政府部门，乡村旅游行业协会根植于基层，贴近乡村实际，在标准制订、监督评估等方面比政府组织具有更大的优势。其主要职能是协助政府管理乡村旅游市场，保护乡村旅游业的合法权益，推动形成乡村旅游行业自律机制。

国际乡村旅游协会组织十分活跃，在乡村旅游发展中发挥着不容忽视的作用。20

世纪 50 年代以来，各国纷纷成立相关旅游协会，如法国农会，罗马尼亚的乡村、生态和文化旅游协会和爱尔兰的农舍度假协会等。经过半个世纪的发展，这些国家已形成相对成熟的协会体系，极大地促进了本国乡村旅游的规范化建设和发展。

然而与国外的乡村旅游协会组织相比，我国的国家级乡村旅游协会组织数量较少，而且大多依托旅游协会组织而存在，如中国旅游协会下设休闲农业与乡村旅游分会等。可喜的是，我国部分地区也开始重视行业协会在乡村旅游发展中的作用，地方乡村旅游协会百花齐放。浙江省湖州市长兴县水口乡乡村旅游协会已成为中国乡村旅游行业自律组织的典范和标杆。但从总体上来说，国内乡村旅游协会的发展才刚刚起步，发挥的作用也很有限。大多数地区的乡村旅游协会的职责定位为协助旅游行政管理部门对乡村旅游地区的旅游资源和旅游市场进行开发利用，并没有很好地发挥其标准制订、监督评估等方面的作用。

因此，乡村旅游协会应在出台标准规范、搭建合作平台、加强宣传推广和协助旅游监管等方面发挥独特优势，推动我国乡村旅游健康发展。

（一）出台行业标准规范

乡村旅游行业协会具有贴近旅游市场以及行业动态的优势，在探索制订与乡村旅游相关的技术标准、开展乡村旅游企业评级活动、实现对乡村旅游行业的标准化引导等方面具有突出贡献。例如，法国农会常设委员会（APCA）于 1988 年设立了农业及旅游接待服务处，并结合法国农业经营者工会联盟、国家青年农民中心和法国农会与互助联盟等专门农业组织，建立了名为“欢迎莅临农场”的组织网络。APCA 与农业及旅游接待处为了加强对乡村旅游业质量的管理，制订了严格的乡村旅游管理条例。游客住宿、餐饮场所必须取得印有“欢迎莅临农场”标志的资格证书，同时确保具有特色的乡村旅游活动，比如严格规定不得贩卖和采购其他农场的农产品、农场的建筑必须符合当地特色、必须使用当地特色的餐具等。①

（二）搭建多方合作平台

乡村旅游协会要在加强交流、扩大宣传等方面发挥重要作用，搭建乡村旅游合作交流平台，定期组织各类论坛、会议、业务技术交流活动等，促进乡村旅游行业内的资源合理配置、渠道共享、沟通合作，从而提升乡村旅游行业的整体效益。例如，美国于 1992 年建立了一个非营利性的组织———国家乡村旅游基金（NRTF）。该基金成立至今，已经在鼓励乡村旅游的可持续发展、提高联邦旅游和休闲场所的知名度、提

① 何婉．法美两国乡村旅游的发展及对我国的启示［J］．中共杭州市委党校学报，2006，1（2）：84–87.

供网络信息服务、执行州旅游合作计划、推广国际旅游项目、开发全美森林服务项目等方面发挥了非常积极的作用。除此之外，美国的各种农业协会组织也发挥了积极的作用，这些农业协会主要为试图发展乡村旅游的民众提供信息咨询、项目指导，同时还提供其他地方的成功经验介绍等。美国的社区会通过举办乡村旅游巡回展览、专题研讨会，向农牧业生产者提供乡村旅游知识培训，并鼓励所有农牧业生产者加盟协会和组织等。正是这些大量的与乡村旅游业相关的、根植于基层、贴近居民的行业协会，其快捷有效的服务有力地促进了美国乡村旅游的发展。①

（三）提升整体宣传效益

乡村旅游行业协会还可利用灵活多样的宣传推介渠道，树立行业品牌形象，扩大乡村旅游业在社会全产业体系中的影响力，提升企业发展效益。例如，西班牙乡村旅游协会（ASETUR），超过60%的西班牙乡村旅游经营者都加入了该协会。该协会有一个内容非常丰富的网站，其中介绍了各个会员单位，游客可以直接在网站上预订。协会还组织各个会员单位，通过预订中心、报纸广告和互联网等手段进行统一的营销推广。国内的乡村旅游协会也有较好的实践案例，如广东省旅游协会结合地域特点，通过举办“南昆山生态旅游文化节”，进行文化旅游招商活动，扩大了南昆山的旅游知名度，帮助南昆山开展旅游扶贫，受到地方政府的热烈欢迎。

（四）加强监管维护权益

乡村旅游行业协会应成为政府、企业、游客之间的桥梁，在政府的引导下，一方面协助加强乡村旅游质量监管，维护行业秩序；另一方面乡村旅游协会应发挥主体优势，及时进行乡村旅游市场调研，为政府决策提供参考。此外，乡村旅游协会还可以打造乡村旅游业的“315”，有力维护旅游消费者的合法权益。如湖州市在发展乡村旅游的过程中，在政府主导下，注重发挥乡村旅游行业协会的作用，强化行业自律和完善监督管理。湖州市积极构建从市、县（区）、乡（镇）到农家乐集聚村“四位一体”的农家乐自律组织网络体系，有效地发挥各级农家乐自律组织的作用。目前，湖州全市所辖县区都建立了农家乐（乡村旅游）协会，如长兴县水口乡农家乐协会得到了全乡538名农家乐业主的加入，按照自然村划分为11个片区，在每个片区通过不记名投票的方法，选出片区理事长。理事长的工作职责主要为配合旅游主管部门工作，处理游客接待纠纷，一旦出现纠纷问题，理事长需第一时间到达现场进行控制并提出解决方案。湖州市全市共有农家乐乡村旅游服务中心（办公室）29个、村级农家乐工作站

① 李慧.美国发展乡村旅游的经验及其对中国的启示［J］.科技广场，2012（11）：197-204.

12 个，在宣传农家乐形象、推广农家乐经验、反映农家乐诉求、配合主管部门工作、加强行业自身建设等方面都发挥了积极作用。

我国乡村旅游发展要借鉴国际和我国湖州市的实践经验，鼓励各区、县以及行业成立各类乡村旅游协会，提高行业交流、合作和监督能力，探索以政府购买服务的方式，建立乡村旅游产业项目规划、实施、管理的第三方评估体系。加强对乡村旅游行业的内部监管，贯彻落实政策指引，维护旅游者合法权益，提升企业效益。

三、村集体自治

村集体自治是《中华人民共和国村民委员会组织法》所确立的一项基本的组织原则和社会管理原则，学术界一般认为，村集体自治是农村特定社区的全体村民，根据国家法律法规的授权，依照民主的方式建立自治机关，确定行为规范，办理本社区内的公共事务和公益事业的社会自治制度。村集体自治权的内容包括选举权、决策权、管理权和监督权四大民主权利，以及村民、村集体经济组织和村民自治组织依法享有的在集体经济活动中自主经营、自我服务、自负盈亏的经济权利。其与行业协会组织最大的不同在于村集体自治可以拥有实际经营权，对参与农户进行收入分配。

雨崩村社区的社区增权是村集体自治的典型案例。雨崩村社区村民参与乡村旅游发展主要方式有食宿接待、马匹租用、向导服务和环境卫生管理四种。随着旅游人数的不断增加，社区内家庭旅馆对旅游者的竞争日趋激烈，甚至出现了互相争抢游客的恶性竞争，在此背景下，由村主任牵头组织，并通过村民会议讨论，雨崩村社区制定了《旅游收入平均分配制度》，包括住宿经营、收入分配制度和马匹租用管理与分配制度等。此后，针对制度实施过程中暴露的问题和村民的反馈，不断对其进行修正和完善。雨崩村的乡村旅游发展由村民自发参与的市场经济自由竞争模式转变为社区集体参与的计划经济统一调度的社区自我主导模式。

从简单选举走向民主治理，需要创新乡村社区管理、完善村集体组织管理制度、落实民主监督制度意见以及规范民主决策制度。以土地承包、流转、租赁方案以及征用、占用补偿费使用、宅基地使用方案等方面为重点，真正做到村民的事情村民定，村民的事情村民管，村民的事情村民监督，形成村集体民主自治，焕发乡村社区的活力。

（一）创新乡村社区管理

与传统行政村和现代城市社区相比，农村是指在农业生产方式的基础上，生活在一定地区的农村居民所形成的社会生活社区。农村社区是一个比自然村落、社队村组体制更具有弹性的制度平台。新型农村社区既不是村庄翻新，也不是简单的人口聚居，而是为了加快缩小城乡差距，在农村营造一种新的社会生活形态，让农民享受到跟城里居民相同的公共服务，过上像城里居民那样生活的同时，又不远离土地。

随着时代的发展，农村社区的范围和概念不断更新。除了农民组成的社区外，农民和外国人组成的社区，以及一些外国人组成的社区，比如一些具有文化感和主题性的文创村落，由于大量外地创客的进驻，带动了当地旅游休闲产业的发展。这种农村社区需要处理好外来居民与村民的关系，增强社区凝聚力，与当地村民形成互动发展的农村社区，充分发挥外来居民的先进观念，促进村民的共同发展。

（二）完善村民组织管理制度

村集体自治组织体系主要由村民会议、村民代表会议、村委会、村民小组等组成。其中，村民会议和村民代表会议是村级事务管理系统中的权力机构，村委会、村委会下属的各专门委员会以及村民小组是常设工作机构。这两大类机构在村民自治体系中承担不同职能，发挥着不同的作用。一方面，村里的重要事项必须由村民会议或村民代表会议决定，村委会则负责执行落实。另一方面，村委会要向村民会议或者村民代表会议负责并报告工作，并接受村民会议或者村民代表会议的监督。为了防止强工作机构、弱权力机构的关系模式走向极端，充分发挥村民自治的作用，必须保持两者之间的协调与平衡。

（三）落实民主监督制度

要保障村民对村里重要事务的知情权、参与权、决策权和监督权。凡由支村两委议事会议议事、村民普遍关心的重大村务及处理结果，如村级财务、计划生育、宅基地安排与报批、用材林指标分配、救灾救济款物发放、城镇、农村低保对象的确定、项目承包、误工补贴等情况，要充分利用村务公开栏，按规定时间、规定形式、规定程序如实公开，接受全体村民的监督。通过大喇叭、广播站和微信等各类媒介，形成对不同类型村民的村务信息传递，提高村务公开的准确性和综合性，鼓励村民使用“微信问政”的方式发表对村务管理的意见、建议，提升民主监督的实时性和时效性，增强村民自治的现代感。

（四）规范民主决策制度

在我国村民自治的发展过程中，以乡镇行政权和基层党的领导权为代表的农村公权力往往过于强大，在缺乏约束和制约的情况下，权力不断膨胀和扩张，对民主决策进行不当干预，导致村民自治的空间不足。因此，有必要限制农村公权力，制定科学的民主决策制度，逐步消除其对村民民主决策的不当干预，真正放权于社会、还权于农村，以促进村民自治的实现。

第二节　乡村旅游政策制度保障

乡村旅游政策是国家和各级地方政府管理部门为了实现乡村旅游发展的目的，根据乡村旅游发展的社会经济条件和乡村旅游发展的具体情况所制订的一系列措施和办法。合理的乡村旅游政策应充分调动行业协会、企业、城乡居民群众等多元利益主体的力量，共同参与到旅游业的社会化管理之中，进一步强化行业自律、规范旅游市场秩序、优化旅游环境、提升行业整体形象，使乡村旅游发展从“小马拉大车”变成“群马拉大车”，构建政社互动的综合统筹管理格局。2016年中央一号文件《关于落实发展新理念加快农业现代化实现全面小康目标的若干意见》提出“将乡村旅游发展成农村新兴支柱产业”的指示，并出台了相应的支持政策。2018年中央一号文件《关于实施乡村振兴战略的意见》提出要实施休闲农业和乡村旅游精品工程，建设一批设施完备、功能多样的休闲观光园区、森林人家、康养基地、乡村民宿、特色小镇，研究出台了各项管理办法。

目前乡村旅游政策在土地、金融、扶贫等方面给予了高度关注，规范了农村土地流转，加大了乡村旅游金融扶持与信贷支持力度，加强了乡村旅游人才开发与管理体系建设，为乡村旅游的发展提供了强有力的支撑与保障。①

一、土地政策

乡村旅游是当前和未来旅游业发展的重点领域，也是旅游扶贫的关键。土地政策对乡村旅游的影响贯穿于乡村旅游发展的全过程和各个层面，乡村旅游发展也在一定程度上推动着农村区域土地政策的完善。在不突破用地红线的大前提下，通过积极推进乡村旅游用地改革、拓宽用地审批渠道、加大用地供应、促进土地集约高效利用等措施，将有效解决农村土地使用分散性和旅游经营集中性的矛盾，支持乡村旅游业的快速发展。

（一）改革乡村旅游用地制度

乡村旅游的发展会涉及大量的农村集体土地和少量国有土地。农村集体土地包括

① 张晶晶 . 乡村旅游学研究［M］. 北京：冶金工业出版社，2018：88–93.

农民集体所有的农用地、未利用地、宅基地、公益性公共设施用地和经营性用地，以及农民集体使用的“四荒地”和农民集体经济组织所有的“四荒地”等，加快农村集体土地流转的方式主要有七种：

一是土地互换，即农村集体经济组织内部的农户对各自土地的承包经营权进行交换；二是出租和转包、转让，即农民将其承包的土地经营权出租给大户、业主或企业法人等承租方；三是股份合作社，即农户以土地经营权为股份共同组建专业合作社，按照群众自愿、土地入股、集约经营、收益分红、利益保障的原则返租倒包给其他经营者；四是入股（“股田制”）或股份合作经营，即农户将承包土地经营权作价入股，建立股份公司，按公司治理方式经营；五是抵押土地给银行，即金融资本将土地作为存贷的主要标的，经营与土地有关的长期信用业务，最终让农业经营合作组织采用银行运作模式进行生产；六是土地托管，即农民缴纳管理费，将土地交由合作社管理，合作社经营农民土地，将收益交给农民；七是土地信托，即政府出资在县或乡镇设立农村土地承包经营权信托有限公司，接收农民名下的土地，企业再从政府的信托公司手中连片租赁土地，从事乡村旅游开发经营活动。

乡村旅游发展可用的少量国有土地包括城郊、林地等，应加快调整改进国有土地出让方式，调整方向有两种：一是结合技术标准，在土地出让之前明确功能布局，综合评定中标单位；二是在土地出让价格等方面，给予乡村旅游项目更优惠的政策扶持，在招商项目选择中给予乡村旅游项目更大空间。

此外，重点旅游市、县还应积极推广借鉴浙江、桂林等地的做法，选择重点旅游市、县、区进行改革试点建设。改革试点方向有：城乡建设用地增减挂钩试点，坡地村镇建设用地、点状供地、闲置宅基地整理结余的建设用地可用于休闲农业，乡村旅游项目中未改变农用地、未利用地用途和功能、未固化地面、未破坏耕作层的生态景观用地，可按实际地类管理，不办理农用地转用手续等。

（二）拓宽乡村旅游用地审批渠道

乡村旅游用地审批渠道并不是单一的，可以通过各级政府的灵活处理而得以拓宽。例如，在规划乡村旅游用地需求时，由乡村旅游领导小组出面与国土部门协调或报市政府，提前对乡村旅游用地予以审批；各区（县、市）国土资源部门每年拿出一定的乡村旅游用地指标，由旅游局根据乡村旅游规划、根据轻重缓急进行审批；对重大乡村旅游项目，积极纳入上级行政单位旅游重点项目，从上级行政单位申请用地审批；发展乡村旅游涉及建设永久性餐饮、住宿用地的，支持依法办理农用地转用等审批手续等。

（三）提高乡村旅游用地供应总量

乡村旅游的开发建设用地需求量大，乡村旅游用地供应总量不足需要采取政策措施来解决，以提高用地供应总量。主要包括以下三类措施：

1. 预留或增加用地指标

为旅游配套的公益性城镇基础设施建设用地按照划拨方式提供，编制和调整各地方城乡土地利用总体规划、城乡规划时，充分考虑休闲农业项目、乡村旅游项目、旅游公共设施的空间布局和建设用地要求，并给予指标倾斜。重点旅游市县每年安排切块用地指标不少于 10% 用于乡村旅游项目建设（如浙江省湖州市安吉县出台规定“每年安排切块用地指标不少于 15% 用于乡村旅游项目建设”）。

2. 加强荒地开发利用

海域、水域、滩涂区域要优先发展垂钓、渔家乐和养殖观光旅游，鼓励开发利用荒山、荒地、荒滩及石漠化、边远海岛等土地。

3. 协调重点项目用地

采取重点项目清单制度，将需要建设用地指标的重大乡村旅游项目纳入建设用地协调清单，与土地利用总体规划、土地利用年度计划进行对接与协调。尝试利用附属设施用地以及配套设施用地建设露营地、旅游服务设施等，加大旅游用地供给。

（四）促进乡村土地集约高效利用

节约集约利用土地是我国土地管理的一项最基本的规定，也是有效保障乡村旅游用地的一种方法。可从以下四大方面着手，确保乡村土地的高效集约利用。

1. 统筹规划建设

探索发展由村集体统一收购（租用）、统一管理闲置农房的模式，统一规划利用闲置农村宅基地，共享公共设施用地，减少重复建设与浪费，鼓励发展树屋、森林氧吧、帐篷营地、房车营地、亲子乐园等占地需求较小的旅游项目。

2. 专业开发运营

吸引专业公司开发、经营进入门槛相对高的乡村旅游项目，如精品民宿、度假农庄等，保障乡村土地的集约化利用。

3. 盘活存量用地

对于已批未建或建设缓慢的乡村旅游用地项目，要积极盘活，严格督促项目开发建设进度，执行建设用地逾期未建设即收回的机制，提高每一寸农村土地的利用效率。

4. 要争取一地多用

充分利用新农村建设、生态建设、农田保护整治机会，探索旅游一地多用方式，将乡村公共设施用地与旅游服务用地相结合，最大限度地节约、集约农村地区的土地资源。开发未利用地，引导乡村旅游企业参与土地整理，实现旅游发展、土地利用的双优化；在现有农村用地中植入旅游化、景观化理念，打造稻田艺术、花卉迷宫、特色村落等不占建设用地的乡村旅游项目。

二、金融政策

乡村旅游的发展离不开金融财税的支持，但长期以来农村金融滞后城市金融的非均衡局面却制约着乡村旅游的发展。2018 年中央一号文件提出了实施乡村振兴战略，必须解决钱从哪里来的问题。要健全投入保障制度，创新投融资机制，加快形成财政优先保障、金融重点倾斜、社会积极参与的多元投入格局，确保投入力度不断增强、总量持续增加。各地方应在争取财政资金支持、引导金融资本投资、加大信贷支持力度、落实税收优惠等方面强化落实，为乡村旅游发展提供坚实的金融保障基础。

（一）加强财政资金扶持

一是争取专项拨款，争取国家和省市加大财政资金扶持力度，设立乡村旅游发展专项资金，主要用于项目规划、形象推广、市场开拓、设施建设等。积极策划和筹备一批既符合国家、省市投资重点，又体现当地特色的乡村旅游项目，争取专项奖励与补助资金。二是统筹利用多类资金，包括国家和省市级支持服务业、中小企业、新农村建设、林业发展、环境保护、扶贫开发、文化遗产保护以及其他与旅游业相关的专项资金，打好政策组合拳，对符合条件的旅游项目予以倾斜。各类农业示范基地、水利风景区、森林公园、文化体育等建设资金要注重与重点乡村旅游项目建设融合使用。三是建立资金使用管理绩效评价机制，逐步将重点乡村旅游区的农村公路养护、环境整治、基础设施建设（水、电、宽带、停车场、厕所）等资金纳入地方财政预算，中央财政给予差异化奖补，推动各级政府实行资金使用管理绩效评价机制，完善预算编制管理，将绩效目标作为申报项目预算的前置性条件，提升财政资金使用效能与规范性。

（二）引导金融资本投资

通过采取以下各种方式，激活社会金融资本，引导和支持社会金融资本参与乡村旅游开发建设。

1. 强化政策奖励引导

充分发挥财政资金引导作用，以及各类旅游资源交易平台的产权交易和投融资功能，以先建后补、业绩奖励、风险补偿、贷款贴息等方式，吸引社会资本兴办各种乡村旅游开发性企业和实体。

2. 设立乡村旅游投资基金

支持财政和大型企业、金融机构联合建设乡村旅游投资产业基金，引导更多社会资本投入乡村旅游产业要素的提升改造、旅游产业融合和新业态新产品开发，以及重大乡村旅游项目和重要旅游服务设施建设，推进乡村旅游产业转型升级。

3. 推广 PPP 投融资模式

支持企业与政府、社会资本合作，政府采购选择合适的社会资本方，并指定乡村旅游项目建设实施单位，三方共同组建项目公司（SPV），开展乡村旅游项目的规划、设计、投融资、建设、运营，对社会资本进行回报，并将政府的支出纳入财政预算。

4. 鼓励农民集资入股

鼓励农村集体以土地的租赁、承包、联营、入股合作等方式，参与乡村旅游投资开发。探索农户以房屋、土地、果蔬园等入股，参与农家乐、果蔬采摘园、休闲农庄等乡村旅游项目建设经营。改革乡村旅游景区（点）经营体制，引进社会资本，优化提升一批具有影响力和竞争力的乡村旅游景区（点）。

5. 鼓励本土实力企业拓展旅游业务

重点引导本土有实力的企业拓展乡村旅游投资开发类业务，或向乡村旅游方向转型，鼓励其投资休闲农业与乡村旅游景区（点）、旅游项目、商业网点以及服务接待、交通运输等设施的建设和经营。

（三）加大信贷支持力度

1. 发放政策性优惠贷款

贫困地区可将休闲农业与乡村旅游纳入扶贫开发贷款扶持范围。鼓励地方政府与农业银行、农村信用合作联社、农业发展银行，邮政储蓄银行等金融机构，达成乡村旅游发展贷款项目合作协议，发放低息、周期长的政策性优惠贷款，支持乡村旅游投资建设。

2. 鼓励金融机构创新贷款产品

鼓励商业银行、保险公司等金融机构开发面向乡村旅游的信贷、保险产品，如农家院贷款产品、小微民宿贷、金融众筹等，适当加大信贷投放力度，适度降低旅游企业贷款准入门槛，扶持龙头企业发展。

3. 鼓励开展小额担保贷款业务

积极探索成立针对经营乡村旅游的农户和中小旅游企业的贷款担保机构，为经营休闲农业与乡村旅游项目的农户提供担保服务，支持其申请小额担保贷款，由政府给予一定比例的保费补助或贷款贴息，鼓励乡村旅游经营户以互助联保方式实现小额融资。

4. 开展多样化的抵押贷款业务

鼓励各大金融机构开展乡村旅游抵押贷款业务，包括旅游企业建设用地使用权抵押、门票抵押，景区开发权抵押、水域滩涂养殖使用权抵押、林权抵押、养殖物抵押等，扩大乡村旅游的融资渠道和规模。

（四）落实税收优惠政策

一方面，完善乡村旅游所得税优惠政策。制定鼓励大学生到乡村旅游企业就业的个人所得税和企业所得税减免的政策；适时将乡村旅游农户所得税的税收优惠政策的受惠时限改为“从开始获利的年度起”；因地制宜地根据乡村旅游淡旺季调剂税率、实行营业税优惠政策；对从事乡村旅游的符合条件的小型微利企业，按规定执行小型微利企业所得税优惠政策。另一方面，完善地方税收优惠政策。对土地流转入股参与到乡村旅游开发的农户，减免营业税；对于改善农村和农业的水、电、路、通信工程的企业适当进行税收减免，改善乡村旅游企业发展环境；经批准改造的废弃土地和开山整治的土地，从使用的月份起免缴 5 年的城镇土地使用税；对利用个人出租住房经营乡村旅游的，免征印花税；对经营采摘、观光农业等乡村旅游项目的单位和个人，其直接用于采摘、观光的种植、养殖、饲养的土地，免征城镇土地使用税；对新开办的乡村旅游项目，工商、卫生等部门减免办证费用，对 3A 级以上乡村旅游点、星级农家旅馆免收标牌费，用电、用水、用气实行与一般工业企业同等的价格，参照城市公交站场、道路客运场的相关税费政策，免征乡村旅游集散中心建设城镇土地使用税。

三、扶贫政策

扶贫是为帮助贫困地区和贫困户开发经济、发展生产、摆脱贫困的一种社会工作，旨在扶助贫困户或贫困地区发展生产，改变穷困面貌。中国由于历史和自然的原因，各地区之间和地区内部的经济发展很不平衡，特别是贫困地区的生产力发展十分缓慢。中国从 20 世纪 80 年代中期启动了有计划、有组织、大规模的扶贫开发，主要任务是解决贫困人口的基本温饱问题。进入 21 世纪之后，中央直面我国农村仍然存在的突出贫困问题，从实际出发部署了全国的扶贫开发工作。2018 年，国务院颁发《中共中央国务院关于打赢脱贫攻坚战三年行动的指导意见》指出，必须清醒地把握打赢脱贫攻坚战的困难和挑战，切实增强责任感和紧迫感，一鼓作气、尽锐出战、精准施策，以更有力的行动、更扎实的工作，集中力量攻克贫困的难中之难、坚中之坚，确保坚决打赢脱贫这场对如期全面建成小康社会、实现第一个百年奋斗目标具有决定性意义的攻坚战。

旅游业是综合性产业，关联度高、涉及面广、带动性强，已成为经济社会发展中最具活力的新兴产业。旅游扶贫是一种借助旅游经济增加贫困地区“造血功能”的开发式扶贫。乡村是旅游资源富集地，更是扶贫开发的重要载体，实施乡村旅游扶贫具有重大的经济效益、社会效益、生态效益和文化效益。①

然而目前，我国乡村旅游扶贫依然存在一些问题。首先，扶贫投入机制单一，旅游升级难。地方政府是旅游扶贫开发投资的主体，但贫困地区地方财政普遍入不敷出，乡村旅游扶贫资金投入不足的问题十分突出，使得大量旅游扶贫地区的乡村旅游长期处于低层次、低水平和粗放型的初级开发阶段，制约了贫困地区乡村旅游开发的转型升级。其次，旅游与产业脱节，综合效益低。由于贫困地区长期封闭，开发较晚，地方产业薄弱，经济发展滞后，旅游扶贫区域内的种植业、养殖业和农副产品加工业等地方产业，还不能适应乡村旅游发展的需要，乡村旅游业与本地农业缺乏应有的联系和融合。再次，贫困人口参与低，受益边缘化。乡村贫困人口旅游参与能力和参与意识弱，旅游参与度低，街头摊贩、临时工、非技术性工人和手工艺者，从旅游开发中获得的利益过低，还要承受旅游开发过程中产生的环境污染、交通拥挤、生活受干扰、物价水平上涨等问题。最后，旅游扶贫人才匮乏，组织管理差。乡村贫困地区由于生活条件差，经济基础薄弱，难以吸引外部人才，而参与乡村旅游管理的村民文化水平不高，缺乏相关旅游管理和接待知识，缺乏业务培训，其组织管理和服务水平不能适应新形势下旅游扶贫开发的需要。

面对存在的问题，政府应积极健全乡村旅游扶贫政策，完善扶持措施，帮助贫困地区和贫困户通过旅游致富，加快贫困地区的经济发展。

（一）扩大旅游融资渠道

中央财政要加大对贫困人口的转移支付力度，地方各级政府应在财政预算中安排贫困人口旅游扶贫专项资金，并给予财政补贴和贷款贴息补助，帮助贫困人口解决旅游扶贫参与的资金瓶颈。

1. 建设乡村旅游扶贫项目库

统筹资源支持国开行、农发行等银行创新金融服务，设计符合旅游扶贫项目特点、

① 干永福 . 刘锋 . 乡村旅游概论［M］. 北京：中国旅游出版社，2017：303-306.

与旅游扶贫项目周期相匹配的支持产品。

2. 建立旅游扶贫资金整合机制

通过整合涉农资金、财政扶贫资金、对口扶贫资金、部门项目资金、社会投入资金等，形成支撑贫困人口旅游扶贫参与的强大合力，为贫困人口提供充足的资金支持。在旅游扶贫部门的统一协调下，将不同来源、不同类型的资金捆绑使用，并设立乡村旅游扶贫产业基金，以达到整合资源、发挥合力的目的。

3. 完善乡村旅游信贷系统

探索建立乡村旅游投融资主体、担保平台、风险准备金制度及信用评级体系，优先在旅游扶贫重点村进行授信，为贫困户提供小额贷款，相关部门给予贷款贴息。探索景区带村、能人带户、“企业（合作社）+农户”等扶贫信贷政策，根据带动贫困村、贫困户实现增收的情况，引导全国金融机构为景区、能人、企业（合作社）提供成本低、期限长的信贷支持。

4. 提供融资优惠政策

协调金融机构，放宽贫困人口贷款条件，延长贷款期限，建立旅游扶贫小额贷款、低息贷款等优惠政策。对参与旅游扶贫的旅游经营企业，提供旅游产品生产和服务的贫困人口实施税费减免等优惠政策。

5. 争取社会资本进入

营造社会各界对旅游扶贫投入的环境，实施对口帮扶和定点联系帮扶等举措，引导企业、非政府组织等加大对贫困人口帮扶的投入。积极开展与国际社会旅游扶贫合作交流，争取国际社会扶贫基金的支持。此外，应充分发挥贫困人口自身的积极性，引导广大贫困人口将经济积累投入到旅游扶贫中来。

（二）培育产业支撑力

对贫困社区经济进行帮扶，应依托贫困社区自身的条件，在充分利用本地资源的基础上，围绕旅游扶贫发展所需，以旅游业为龙头优化配置和培育相关产业，如种植业、养殖业、副食品加工业、手工艺品加工业等，实现乡村旅游产业链的合理分工和产业供给环节的本地化。

帮助社区培育旅游扶贫所需的产业支撑能力，一方面可以增加旅游扶贫产品的本地特色，扩大旅游扶贫产品的自给规模，有效保留旅游所产生的收益，减少旅游漏损，从而增加价值分配额；另一方面，可以增加当地产品的附加值及加强贫困人口旅游扶贫参与的程度，使当地贫困人口从旅游扶贫中得到切实的好处。

（三）保障贫困人口权益

1. 加强政策赋权

从政策法规和制度设计层面上，加强对贫困人口旅游扶贫主体参与权利的保证，赋予贫困人口知情权、参与权、决策权、管理权、监督权与收益权，保障贫困人口旅游扶贫参与的主体地位。在政策、法规中明确规定支持旅游就地管理和促进本地人就业。

2. 提供特许经营

在旅游供应各要素安排中，充分考虑贫困人口的利益诉求，结合本地贫困人口的能力及其所处的区位条件，确定旅游扶贫参与的方式和环节。以特许经营、划定经营范围等形式为贫困人口保留一定的份额，增强进入市场能力，避免当地贫困人口开办的小型旅游企业被大旅游企业排挤出市场经营圈。

3. 探索创新模式

探索景区带村、能人带户、“企业（合作社）+农户”等多种类型的旅游扶贫新模式，按照景区扶贫加分政策，鼓励景区带动周边贫困村发展，通过招工、订单采购农产品、建设绿色食品基地、成立互助社等方式帮扶脱贫。

（四）建设人才培养体系

教育培训与贫困人口脱贫有着显著的正相关关系。加大教育培训及宣传力度，转变贫困人口的落后思想观念，培养贫困人口的市场经济意识，使其了解和遵循市场规律，接受市场经济的思维和观念，积极参与旅游市场竞争，通过旅游经济发展改变其贫困状况。在市场经济条件下，贫困人口旅游扶贫参与能力建设的内容至少包含旅游产品生产和服务能力建设、进入旅游市场的能力建设、抵御各种风险（如来自自然、疾病、市场等方面风险）的能力建设、参与公共事务的能力建设及社会交往能力建设等。

第三节 乡村旅游项目资金保障

开发建设资金不足是影响和制约许多地区乡村旅游发展的重要瓶颈。因此，为了加快农村旅游业的发展，必须加大对农村旅游业的规模投资，建立农村旅游项目的资金保障体系，进一步完善投融资渠道。在不断争取和利用好传统投融资途径的同时，积极探索更多有效的投融资模式。[①]

一、充分利用一般投融资模式

从目前的情况看，乡村旅游发展过程中的一般投融资模式主要有：农户自筹资金、各级政府财政补贴与扶持、招商引资、商业银行贷款和资本市场融资。但由于受市场和体制等因素的影响，实际情况为：中央和省、市地方政府财政中用于旅游建设的专项资金以及旅游国债项目的资金有限，且大多投资于重点风景名胜区和旅游基础设施建设，无法满足地域分散、经营更为市场化的乡村旅游地；社会经济发展水平相对落后的县域地方，其财政更是在乡村旅游投入方面显得捉襟见肘；偏远地区招商引资环境恶劣，中小企业获取商业银行贷款困难重重，乡村旅游也无法从招商引资和商业银行获得更多的资金；资本市场作为现代经济条件下重要的融资平台，由于受上市公司金融监管力度加大、股东投资回报期望较高以及地方旅游产业发展重点定位等因素的影响，一般也会将资金投向旅游重点景区和大项目建设中，通过资本市场（尤其是股票市场）直接融资或是借壳上市，融资以发展乡村旅游的可能性微乎其微。因此，很多乡村旅游接待地都是靠农户（或经营户）通过自己的小额资金起步并实现滚动发展的。这也成为这些地区乡村旅游发展资金投入不足以至整体发展缓慢的重要原因。

虽然这些融资模式在促进农村旅游业快速发展的过程中存在诸多问题，但由于其实施多年，形成了较为成熟的经营模式和经营过程，对市场也已经建立了相对固定的思维倾向，整个制度安排的运行符合路径依赖的基本规律，不可能完全抛弃不用。在未来的发展中，需要根据实际情况，通过转变思路、创新体制、加强实施等手段，充分利用现有的一般融资模式，选择更为有效的融资渠道。

（一）争取政府财政支持

为认真贯彻落实党中央、国务院以及地方各级政府关于加快发展旅游产业的各项政策，各级政府在同级预算中都大幅增加了对旅游业的投入资金。作为乡村旅游项目所在地的县级政府，应抓住机遇，与上级部门积极配合，确保相应建设资金的落实和项目的顺利实施，从而为改善乡村旅游公共服务设施，提升乡村旅游可进入性打下坚实的基础。同时，要改变传统“等、要、靠”的思想观念，将“请进来”和“走出去”两种方式有机结合起来，通过整合旅游产品、组织项目申报、加强与上级部门的沟通等方式，积极争取各级政府用于旅游方面的财政补贴与资金支持，进一步改善全县乡

---

① 陈秋华 . 纪金雅 . 乡村旅游规划理论与实践［M］. 北京：中国旅游出版社，2015：152–155.

村旅游的发展环境。

（二）努力做好招商引资

外来投资不仅能给投资者和地方经济带来更多的回报，而且还可以吸引更多先进的技术和管理理念，这在县域是极为稀缺的。因此，要做好招商引资工作，加大招商引资的力度。第一，优化投资环境，简化办事程序，降低外来资本的进入壁垒；第二，积极引导农业企业，延长乡村旅游产业链。乡村旅游的发展主要集中在农业，农业产业化和工业化的过程比单纯地发展乡村旅游更能够获得外来资本的青睐，实现标准化和规模化经营也更轻松。这能够为乡村旅游的发展创造良好的条件。政府需要通过制定相应的财政、土地、税收等政策，引导农业企业建立和完善相应的旅游配套设施、培训旅游接待人员、设计组织接待流程、科学规划旅游产品，实现农业与旅游产业的有机嫁接，从而不断丰富乡村旅游的内涵。通过加大农产品种植、加工、流通等领域的招商引资力度，利用外来资本形成品牌企业（集团），为乡村旅游的发展奠定坚实的市场基础。

二、积极探索和利用新型投融资模式

（一）整合协调和使用中央、省、市、县投向农村的各种资金

乡村旅游的发展是一个复杂的系统工程，单纯依靠旅游部门的投入或是政府从单纯意义上的旅游投入都是无法解决乡村旅游发展过程中的基础设施建设和乡村旅游资源可持续发展的问题。

近年来，中央和省、市、县各级政府对“三农”的投入都保持了相当的比例和较快的增长幅度，但这些投入的资金都是通过林业、农业、水利、国土资源、建设、园林、民政、民族与宗教等不同部门实现的，这些来自不同渠道的投资为县域农业产业化发展、农村风貌改善以及农民增收发挥了积极的作用，但在现行条块分割的行政管理体制条件下，这些投资彼此之间的是相互独立的，协同效用较差，因而虽然总量不小，但综合的效益并没有得到最大限度的发挥。因此，需要从发展县域乡村旅游的大局出发，在明确乡村旅游发展思路与基本方向的基础上，进一步摸清各种投向农村（特别是乡村旅游接待地）的政府资金来源、用途与规模大小等情况，集中各种政府投入系统解决乡村旅游发展中的“瓶颈”，不断提高政府资金投入的使用效率，有效弥补单纯政府旅游投入的不足。

（二）盘活土地、林地等生产资源

土地和林地等生产资料是乡村旅游发展重要的投入要素，在现代人地矛盾愈发尖

锐的条件下，更意味着大量的货币资产和资金流通。国家在农村土地流转以及林权制度改革等方面有一系列政策的颁布与实施，为农业生产资料的权属确定与市场流通提供了法律和体制上的保障。在发展乡村旅游的过程中，可以在符合相关政策和法律程序的条件下，进一步盘活区域内的各种土地与林地等生产资源，通过租赁、抵押贷款、联合等方式获得更多发展资金，提高各种生产资源的相对聚集与集约化经营程度。整合区域内的优势土地和林地资源，在有效保护资源的条件下，提高土地等生产资源的使用效率，为乡村旅游的发展提供更多的资金支持。

（三）积极吸纳县内外社会资金进入乡村旅游业

随着区域经济的不断发展，城镇居民手中所拥有的社会财富不断增加，除了满足基本的消费需求外，投资已经成为越来越多先富起来的人的一种新的价值追求。在发展乡村旅游的过程中，县域应通过设计科学合理的融资工具和经营模式，将这些闲置的资金引入具备开发价值的乡村旅游地，鼓励县内外各种不同性质、不同行业、不同领域的社会资本进入乡村旅游产业。这既是一个融资的过程，同时也是一个营销宣传和扩大品牌知名度的过程。政府在这一过程中所要承担的职责就是：建立科学的评价体系准许资本进入平台；营造各种资本公平竞争的市场环境；在保护投资者合法合理收益的同时，进一步维护作为弱势群体的村民的利益，促进乡村环境与资源获得可持续的利用和发展。

（四）用活农村信贷政策，积极筹建村镇银行

为有效解决“三农”发展过程中的资金融通问题，国家已经出台了相应的较为优惠的农村信贷政策，对农业银行、邮政储蓄银行以及农村信用合作银行等服务“三农”的金融机构给予政策性支持。在发展乡村旅游的过程中，应组织从事乡村旅游企业的人员认真学习和领会这些农村信贷政策，使这些政策真正得到落实，发挥更大的效用。县级政府应鼓励积极筹建村镇银行，在贷款、兑换、吸收存款等方面给予更多的优惠政策，为乡村旅游的发展提供更多的金融保障。

Part 9

第九章　乡村旅游发展典型案例

第一节　江西婺源篁岭模式　文化与生态双重驱动

一、基本情况

篁岭村，隶属江湾镇栗木坑村委会管辖，至今已有近600年历史，是婺源具有独特风格的徽派古村落之一。受地形限制，村庄房屋建在一个陡坡上，房屋高低错落、呈半环状分布。村内可用地十分稀少，可谓“地无三尺平”，村民晒晾农作物只能使用竹簟晒在自家屋顶木架上。篁岭村的农耕生活成就了篁岭村的“晒秋”景观，但是，随着自给自足式的传统农耕生活满足不了村民对物质条件的追求，外出务工成为村民的另一条谋生出路。由于篁岭村农民的生活生产资料大部分都在山下，交通极为不便，秋冬季节村民生活严重缺水，而汛期因街巷排水不畅发生过几次局部山体滑坡人员伤亡事故等事件，在政府鼓励下，村民在1993年和2002年进行过两次大规模的集体搬迁。景区开发前，村内仍有70多户330余个村民居住，在住村民中大部分年轻人在外务工，平时只有老人与小孩留守村庄，整个村庄呈半空心化的萧条景象。由于村庄缺乏管理，环境卫生、教育、医疗条件极差，在住村民人心思迁，有条件的都在逐步外迁。村民搬迁后的闲置房屋，因年久失修，部分已开始腐烂，有的甚至倒塌，宝贵的“晒秋”景观逐渐消失，周边梯田逐步荒芜。

面对村里大部分闲置房屋因年久失修而腐烂倒塌，篁岭“晒秋”独特的景观资源逐年消失的情况，婺源县采取旅游扶贫方式对该村庄进行保护性开发。2009年，引入婺源县乡村文化发展有限公司，在山下新建安置新村，搬迁安置在住村民，使村民生产生活条件得到了彻底改善，篁岭古村的旅游资源也得到了保护与利用；同时，将120栋原址民居改造成精品度假酒店，又收购散落民间的20多栋徽派古建筑在篁岭村进行异地保护重建，打造了商业一条街——天街。天街通过休闲度假、旅游会展、民俗体验、文化演艺等综合旅游消费，来取得项目收益。

二、发展路径

（一）政府引导

一方面，给予政策扶持。用足小产权房办证试点和地质灾害村整村搬迁的相关政策，创造性推动村庄整体性转让、整村式搬迁、市场化开发、股份制运营，并出台政策支持县内异地古建在该村集中收购保护、开发运营。同时，在交通便利的公路旁建设3层新徽派风格安置房68栋，老年、单身公寓24套，搬迁人口320人，还新建小学、供水、供电、排污、硬化等公共基础设施，彻底改变了村民的生活条件，村民幸福指数大大提升。同时，随着篁岭旅游的兴旺，群众的住房也不断增值，搬迁安置房价值从建成时的市价每栋10万元，增值为现在每栋80万元以上。另一方面，给予推动支持。通过领导挂帅，全员上阵，推动了该景区试营业第二年就成功创建国家4A级景区。2018年，成立高规格创建工作领导小组，强力推进篁岭创建国家5A级景区工作。通过专人领衔，挂点帮扶，及时协调解决景区在发展过程中遇到的整村搬迁、征地动迁和设施配套等困难和问题，为景区建设扫障排碍，助力景区发展跑出“加速度”。

（二）社会投入

由当地政府在出台优惠政策的基础上，将篁岭整体性开发项目规划包装、向外推介，并于2009年择优引进了有资金实力、有从旅经验、有品牌影响的婺源乡村文化发展有限公司。多年来，从景点打造、索道修建、道路修缮、古建收购修复，到地质灾害防护以及整村搬迁投入等，该公司立足特色、坚持标准，累计投入5亿多元，将篁岭打造成为融特色地貌、优美生态、民宿民俗、互动体验为一体的景区，使“篁岭景区”成为婺源高端特色乡村游的窗口，“篁岭模式”也成为引领婺源乡村旅游转型升级的标杆。2018年3月13日，篁岭再次迎来了新的发展机遇，中青旅与婺源县政府签订了战略合作协议，篁岭二期将追加投资9亿元，景区的影响力及年纳税额将进一步增长，同时将开启上市的孵化，力争早日上市。

（三）市场运营

通过数年来的实践探索，篁岭景区形成了一套以“整村开发、生态入股、就业创业、品牌创建”为特色内核的市场运营模式。数年来，该景区以“篁岭晒秋图”为核心意象打造景区独具特色的主题品牌符号，先后获国家4A级旅游景区、中国乡村旅游模范村、中国特色景观名村、江西省首批乡村文化休闲旅游示范点、中国乡村旅游创客示范基地、全国“景区带村”旅游扶贫示范项目、篁岭晒秋美宿等殊荣。2018年，篁岭景区共接待国内外游客130万人次，日游客量最高达2.6万余人，预计2~3年内游客量将突破200万人次，年纳税4000多万元，投资回报开始显现，生态文化效益日趋凸显。

（四）共建共享

注重依托项目和景区发展，推动村民“洗脚上岸”，让地道农民变为旅游市场参与者，构建村民和景区的“利益共同体”，让广大群众共享旅游发展成果。

一是让村民以土地、资源入股。依托当地祠堂、古树等公共资源和流转给景区的土地，拥有篁岭户籍的村民每年都可从公司旅游收益中获得分红。近几年来，群众人均年收益约450元，户均2100余元。

二是让村民在景区中就业。篁岭按照“每户至少一人”标准返聘搬迁村民，共同参与景区建设，村民特别是女性村民获得了“家门口”就业机会，原本无业可就、无人可收的“篁岭大妈”摇身一变成为“晒秋达人”，成了篁岭的一张名片，人均工资收入超过3.5万元。

三是让村民在旅游中创业。依托景区发展，一批服从规划、懂得经营的村民，纷纷返迁回来在家门口创业，经营相关旅游业态。同时也带动了周边旅游业的兴盛，晓容、前段、栗木坑、篁岭新村等周边村庄有50余家从事农家乐经营，户均增收近10万元，篁岭村原住民从旅游开发前的人均年收入3500元提升到3万元，户年均收入从1.5万元提升为10.66万元，增幅巨大，最多的家庭一年旅游相关收入近30万元。

三、发展成效

（一）生态效应

篁岭景区的“企业运营”管理模式和“生态入股”的发展理念，打破了以往景区一次性买断乡村资源经营权的传统发展模式，创新性采取“公司＋农户”形式，由景区与农户成立农村经济合作社，将村庄的水口林、古树等生态资源纳入股本，并将农民的山林、果园、梯田等资源要素进行流转，与农户共同开发农业观光体验项目，从而实现了企业与农户“共同入股、共同保护、共同开发、共同受益”的可持续共建模式。以“篁岭花海”为例，景区向600余户村民租赁了近千亩梯田，统一规划种植，打造四季花海观光园，村民也由“庄稼户”变为公司的“造景工”，实现了生态入股、红利共享的共建格局。

（二）文化效应

该景区通过“人下山、屋上山、貌还原”的整体性打造，推动了古村特色民俗文化的保护、传承和开发。

首先，“人下山”，通过“以屋换屋”的形式，将村庄原住民集体迁往新村统一安置，并对篁岭村古建进行产权收购和修旧如旧，将120栋原址民居改造成精品旅游项目。

其次，“屋上山”，投入巨资对散落在婺源各地古村落中缺乏保护的20多栋徽派古建筑实施异地搬迁保护、集中开发运营，认养人拥有经营使用权，政府资产权属不变，将之打造成景区民宿古建的“压轴名片”。

最后，“貌还原”，除了建新似旧、修旧如旧，保持原有村落建筑古貌，更通过内涵挖掘、文化灌注、活态演绎等方式凸显古村文化的“原真性”和民俗文化的“原味性”，实现古村落文化、民俗文化及生态文化的完美融合。

（三）经济效应

旅游业的发展，撬动和促推了当地经济发展，同时也带富了一方百姓。一方面，带动地方百姓在家门口就业。农户既可在景区租赁的田地里收取租金、股份分红、农作物保护价包购等方面受益，更能以田地务工、景区务工、民俗务工等形式安置就业、获取薪酬，从而实现“下山改善环境，上山从业致富”目标。目前，篁岭及周边村庄在景区就业人数占景区工作人员的70%，人均每月至少可获得2000元以上的工资收入，最高的可达7000元~8000元。另一方面，带动地方百姓捆绑创业。得益于景区的市场开发和人气打造，越来越多的当地村民通过参与农家乐、交通业、旅游商贸服务业等业态经营捆绑融入、创业致富。目前，仅篁岭景区周边的晓容、前段、栗木坑、篁岭新村等村庄，有50余家从事农家乐经营的农户户均年增收5万元，“旅游脱贫”在这里已经成为现实。

（四）创造了“篁岭模式”

一是通过市场经济杠杆，对村落建筑物采取产权收购、对村民采取搬迁安置的方式，迁出原住民到新村安置。同时，在保持原有村落建筑和古村文化的“原真性”的基础上，对古建筑实施维修，并向高端食宿、会议会所、购物街、山乡休闲、民俗体验等方向发展。

二是在经营上走门票与经营复合的路子，定位在中低价位门票，今后将根据国家的产业发展要求和自身经营发展状况，逐步降低景点门票，并通过休闲度假、旅游会展、民俗体验、文化演艺等综合旅游消费取得项目收益，推进旅游转型升级。

三是围绕乡村文化元素主线，遵循地域民俗文化特色，在保护基础上充分利用遗留闲置的生产、生活资料、旧屋舍等资源，挖掘展示当地民俗文化，建设休闲旅游文化产业，最终将篁岭打造成中国最具民俗特色的休闲旅游目的地和民俗文化影视村落。

四是采用“公司 + 农户”形式，成立农村经济合作社，有效地整合旅游资源，将农民土地进行流转，与农户共同开发观光农业，形成经营产业链条，将农户真正融入产业项目中，达到零距离就业、足不出村就能挣钱的效果，实现公司与农户双赢。

第二节 浙江省莫干山乡村民宿 中国“洋家乐”发源地

一、基本情况

莫干山镇地处浙江省湖州市德清县，区域面积 185.77 平方千米，户籍人口近 3.1 万人。十年前，莫干山镇还是个靠山吃山的穷乡村，产业以低、小、散企业为主，旅游业虽起步发展，但以粗放的农家乐为主，政府年度财政收入不到 4000 万元，农民人均收入也刚到一万元以上，村集体经济薄弱，经济发展水平处于全县倒数。

2005 年，莫干山镇率先在全省实施生态补偿机制，启动“生态立镇、旅游强镇”发展战略，依托“莫干山”的名山效应，大力发展精品民宿、户外运动、农业休闲、文化创意等产业，按照“原生态养生、国际化休闲”的理念，逐步培育形成了以“洋家乐”为代表的多元化度假产业融合发展格局，打造成了蜚声海内外的国际乡村旅游度假目的地。

据统计，莫干山镇目前登记在册民宿（含度假酒店）690 家，床位 11300 个，其中精品高端民宿（含度假酒店）130 多家，中端民宿 300 多家，吸引社会资本实际投资达 40 亿元以上；2018 年莫干山镇接待游客人数 260 万人次，实现旅游收入近 25 亿元，同比增长 20.6%，实现财政收入 1.465 亿元，同比增长 25%，其中旅游三产贡献税收 8500 万元，旅游三产税收贡献率首次超过一、二产总和，其中，以“裸心谷”“裸心堡”“法国山居”等为代表的莫干山“洋家乐”产业实现营业收入 19.8 亿元，贡献税收达 6000 多万元，带动全镇直接就业人员 5000 余人，2018 年莫干山镇农民人均可支配收入达 3.3 万元，较 10 年之前增长近 3 倍多，全镇 18 个行政村全部实现脱贫，村集体经济年收入都超 100 万元以上。莫干山镇先后获得全国美丽宜居小镇、首批中国特色小镇、首批省级旅游风情小镇、中国国际乡村度假旅游目的地等荣誉称号，并被《纽约时报》评选为全球最值得去的 45 个地方之一。

二、发展路径

（一）保护绿水青山，守牢生态底线

生态振兴是乡村振兴前提和基础，没有好的环境，产业无论如何发展都是一句空话。莫干山镇始终坚持习近平总书记提出的“绿水青山就是金山银山”的发展理念，自 2005 年起，就在全省率先实施生态补偿机制，用 3 年时间，关停了 100 多家涉水排污企业和 108 家畜禽养殖场，像保护自己的眼睛一样保护生态环境，为绿色产业发展奠定了基础。莫干山镇坚持“一张蓝图绘到底、一根管子接到底和一把扫帚扫到底”工程，“一张蓝图绘到底”就是坚持“生态立镇、旅游强镇”的绿色发展之路毫不动摇；“一根管子接到底”是指实施农村生活污水治理工程，民宿和农户通过农村生活污水处理系统处理后（其中 7 个房间以上民宿要求安装独立的污水处理系统，处理达标后才可纳管），全部纳入污水总管并接入县城污水处理厂，确保山区污水零排放；“一把扫帚扫到底”是指农村环境卫生长效保洁、垃圾分类、河道保洁等由镇政府统一管理，采用城市环卫管理模式，“一把扫帚”扫到每一个自然村和农户，保持环境整洁。

（二）重视改革创新，破解要素制约

为了更好地利用乡村闲置资源发展文化旅游度假新业态，在“洋家乐”的示范带动下，探索乡村宅基地、集体土地资源利用的新方式，争取到了点状供地的“坡地村镇”试点、集体经营性资产股份制改革、农村集体经营性建设用地入市试点等 25 项国家和省市改革试点，这些试点有效破解了制约三产发展中的土地、产权等制约因素，为莫干山率先发展乡村旅游提供了新的机遇。如“坡地村镇”试点采用点状的供地方式，不但节约旅游项目的土地指标，还降低了投资方的投资成本，吸引社会资本投资，提升项目品质。集体经营性建设用地入市试点，破解了集体土地的产权和经营权问题，既保护了投资者的经营权益，又能有效盘活集体闲置资产，增加村集体收入。这些改革试点，很多都上升到了国家和省级政策，得以在乡村旅游发展中推广。

（三）加强政策引导，鼓励返乡创业

人才振兴是乡村振兴的核心和关键，莫干山镇近几年采取多种措施积极鼓励在外

年轻人返乡创业就业，促进产业发展和乡村振兴。一是为返乡创业创造良好的环境，落实各级创业奖励政策，并制定相关鼓励引导政策，吸引年轻人返乡创业；二是引导旅游企业加强本地年轻人的录用培养，如裸心集团大力招收本地年轻人就业，成了莫干山旅游人才的“黄埔军校”，为乡村旅游发展输出了不少旅游专业人才，直接带动乡村旅游发展；三是引导各村成立返乡创业组织，传帮带促年轻人返乡创业。如莫干山镇仙潭村成立了全国首个村级返乡创业协会，为村里在外务工的年轻人提供各种创业信息、培训和服务，目前全村发展民宿125家，其中80%都是年轻人返乡创业后创办，直接带动了村民致富和集体增收。2017年，时任中农办主任韩俊到仙潭村考察，也对这个做法表示了充分肯定。

（四）强化规范管理，提升行业品质

2015年5月，德清县以莫干山镇为实践样本，在全国率先推出了首部县级乡村民宿地方标准规范（《德清县乡村民宿服务质量等级划分与评定》），使乡村民宿走上了规范化、标准化与正规化的道路，2016年年底，该标准被国家标准化委员会列入城乡统筹国家标准制订项目，德清民宿标准正式被立项为国家标准。以此标准为引领，又创办国内首家民宿学院，为乡村旅游发展提供业务指导、培训和规范管理服务。此外，莫干山镇还非常重视民宿的行业自律管理，将行业管理与村民自治相结合，成立莫干山民宿行业协会，制订莫干山民宿自治公约，加强行业自律管理。各行政村还将民宿管理、旅游产业发展、诚信守约等方面纳入村规民约，引导村民与外来投资者和谐共处，杜绝民宿租赁违约、抢夺资源等排挤外来投资者的情况出现。

（五）加大投资力度，夯实发展基础

落实专项资金，加大乡村旅游建设投入。通过政府主导、社会参与的模式，有效整合各类资源。通过历史文化村落保护、美丽城镇和美丽乡村建设以及林业、交通、旅游等多个重点建设项目筹集资金，在道路交通、节点建设、旅游厕所等方面累计投入资金达10.09亿元。吸引社会资本参与建设，共引进旅游三产项目40多个，计划投资规模达100亿元，对乡村旅游发展发挥了举足轻重的作用。结合全域美丽大花园建设积极推进“美丽细胞”建设，融美丽庭院、美丽菜园、美丽田园、美丽步道、美丽河道、美丽水库、美丽森林建设形成全域美丽景观带；结合小城镇环境综合整治，大力提升基础设施，实施主要路段外立面改造提升、市政工程改造、全域亮化等工程，确保整体风貌统一协调；实施道路交通互联互通工程，完善交通标识系统，畅通城镇道路微循环；推动旅游厕所革命，新建改建公共厕所10座。

三、发展成效[①]

（一）拓展客源市场，提升莫干山乡村旅游的知名度

在“洋家乐”诞生之前，莫干山的乡村旅游客源市场结构较为单一，主要是省内和周边省份的城市居民；而莫干山“洋家乐”的目标市场主要是居住在国内的外国人和上海、杭州等城市的高端客户，所接待的外国游客来自全球50多个国家，极大地拓展了传统乡村旅游的客源市场，对带动浙江省的国际旅游发展也具有积极作用。部分“洋家乐”的企业总部、预订或组团服务机构均设在上海，由国内外职业经理人实施面向国际的营销活动。绝大部分“洋家乐”在Facebook、新浪微博等新媒体上都开设了主页，从而突破了传统乡村旅游营销的封闭性和零散性，开创了一套国际化、开放型的营销模式，既达到了企业营销的目的，又提升了莫干山乡村旅游的国际知名度。

（二）促进农村发展，推动了乡村建设

“洋家乐”在发展中积极引入社区参与，推进了浙江省美丽乡村的建设，促进了农村地区的发展，主要体现在以下方面：第一，拉动乡村就业。仅裸心谷一家企业就吸纳了250余名农民就业，实现农民增收600余万元，解决了相当数量人员的就业问题，使不少乡民无须背井离乡去打工，客观上有利于社会和谐稳定。第二，拓宽农民收入渠道。“洋家乐”租用农民土地和房屋，每年租金能为村民增加几千到数万元不等的收入。“洋家乐”大都向当地农户收购农副产品，价格优厚，有效解决了山区农产品的出路问题。第三，改善乡村面貌。一些发展“洋家乐”的村庄，道路整洁，环境优美，村容村貌发生了较大改变。第四，提升村民素质。不少村民主动学起了英语、礼仪和西餐烹饪，“洋家乐”业主举办音乐会、露营等活动时也会邀请村民参与，丰富了村民生活，带动了农村文化氛围的提升。另外，“洋家乐”的发展推动了县域经济的升级，促进了当地政府职能转变，促使其提供更加高效的服务。

（三）变革消费模式，提高旅游产业的综合效益

在长期以来投入型经济增长方式的影响下，乡村旅游仍停留在粗放经营阶段，没有明确的目标市场细分，对消费行为引导不足，导致较为严重的浪费现象，对环境造成破坏和污染。“洋家乐”倡导合理、适度的旅游消费观念和消费行为，就地取材、崇尚环保、亲近自然的理念迎合了许多年轻人的消费观念，因而大受欢迎。据调查，“洋家乐”人均日消费达1000元以上，个别高端“洋家乐”达到了2000元每天，但低碳

① 王敏娴，Benjamin TAUNAY. 洋家乐：乡村旅游创新发展的成功实践［J］. 浙江外国语学院学报，2015（4）.

“洋家乐”的“高价”反而让客人觉得物超所值。这说明，只要把握好消费者心理，不断创新旅游产品，高端的乡村旅游大有可为。

（四）增进中外交流，展现传统乡村文化的魅力

乡村文化是中国文化的根基和母体，是乡村旅游最重要的资源。随着人们对旅游品质要求的不断提高，游客越来越注重了解当地生活、享受主人的热情接待及体验乡村文化和乡村生活方式，因而本地乡土文化将成为乡村旅游产品的核心竞争力。莫干山的“洋家乐”大多租用老房屋，对其进行翻修或改造后作为接待场所。这既使得古老的建筑文化得以保留和传承，又体现了中国乡村文化和西方文化的融合。在业主、当地居民、游客等群体的互动过程中，中华文化和异域文化、传统民俗和现代文明和谐交融，有助于推动乡村文化的传播与交流。

第三节　陕西袁家村民俗旅游　集体经济的创新发展

“袁家村——关中印象体验地”位于礼泉县北部，处于唐帝陵昭陵所在的九嵕山下，全村现有 62 户 286 人，土地面积 660 亩，是全县最小的村子。福银高速、关中环线、唐昭陵旅游专线依村而过，交通十分便利，历史文化底蕴深厚。20 世纪 70 年代“农业学大寨”时期，袁家村是陕西省农业战线的一面旗帜。80 年代村办企业时期，袁家村也是走在全省前列的先进乡村。2007 年，袁家村通过发展乡村旅游，探索出了一条“乡村振兴”的新路子，逐渐成为全省乃至全国最受欢迎的乡村旅游目的地。据中国社会科学院发布的《2016 中国乡村旅游发展指数报告》，袁家村成为中国乡村旅游第一村。

一、基本情况

2007 年袁家村依托资源优势，挖掘民俗文化，发展乡村旅游，吸引 800 多名创客，吸纳就业 3000 多人，带动周边万余农民增收，实现年游客接待量 500 万人次以上，可计算收入超过 5 亿元，村民人均纯收入 10 万元以上。袁家村成为首批中国乡村旅游创客基地，一大批荣誉接踵而来，“乡村旅游看袁家村”成为共识。袁家村旅游发展的历程主要经历了以下“三个阶段”：

（一）第一阶段：解决人怎么来

2007 年，郭占武书记提出来发展乡村旅游，当时乡村旅游的概念基本上是农家乐，袁家村距离西安市 70 千米，光做农家乐人来不了，那么“靠什么能让人来？”便成为摆在眼前的主要问题。所以袁家村起步的时候是在农家乐的基础上做旅游，用旅游的形式吸引人来，让农民在自己家里卖农家乐。旅游的主题定位是关中民俗文化，就是把关中传统的生产生活方式转化为一种旅游资源，让在城市生活的人们到这来消解乡愁！

同时在景区内打造了第一条街区——康庄老街，把陕西地区的一些传统工艺（比如：纺布、磨面、榨油、酿醋）在这条街上做集中展示。对作坊街的要求是：必须选用最优质的原材料，同时在生产加工的过程中不能有任何添加。

2009 年，在老街的基础上，延伸出一条小吃街，汇集了将近 100 种陕西尤其是关中地区的特色美食。对小吃街的要求是：单店单卖，不允许重复；所有食品现做现卖，不允许隔夜；所有的制作过程必须直观地展示给游客，不允许有暗档和死角；食材方面，作坊能够生产原料必须从作坊采购，其他食材也都要有清楚、透明的原材料供应链。

（二）第二阶段：怎么能留住人

2010 年，来村里的游客已经非常多，但是也发现了一个问题，白天的游客非常多，晚上留不住人，这是全国旅游都遇到的问题，于是袁家村就开始转型升级做乡村度假，建设客栈区，为游客留宿创造条件，但在游客住下来的同时又发现另一个问题，晚上出来没事干也不行，就又建设了酒吧街，包括现在的艺术街、时尚街，还有几个大的主题街，跟乡村休闲度假做配套，引导大学生、艺术青年参与其中，逐步实现了白天的袁家村向“月光下的袁家村”转变。

（三）第三阶段：解决全面提升的问题

为了充分满足人们对品质旅游和休闲度假生活的向往和追求，不断完善基础设施和服务配套，从量变向质变提升，着力增强袁家村高质量发展的能力。通过提升业态和参与项目增加游客的参与度和体验感，延长游客的停留时间。

这一阶段，在发展的过程中遇到的最致命的问题就是农民素质跟不上旅游发展的速度，这也是制约着发展的一个瓶颈，为了提高村民素质，村上开办了一个“农民学校”和“袁家村夜校”，通过农民学校解决了农民的思想问题、教育问题和服务问题。迄今为止，袁家村发展最有成就感的就是整体农民素质的提高，这比挣多少钱都有意义！在村民教育上下的功夫非常大，夜校围绕袁家村发展过程中遇到的思想、教育、服务等问题，邀请村上能人为大家分享经验，共同学习，也定期邀请专家大咖讲课，针对不同的升级发展需求，制订相应课程，促进大家共同提升。夜校的口号是：“在实战中学习，在学习中实战。”同时，每一年都会把村民组织起来去外面学习，2016年，全村组织了300人，分六批到日本去学习，郭书记开全村大会，给大家做工作，明确这次去日本主要学习当地两个方面：一是日本人在服务上对人的尊重；二是日本人在产品上精益求精的精神，此次学习回来村民素质出现大幅度提升。

二、发展路径

“袁家村模式”是袁家村人在党的领导下，把农民组织起来，自主创新，有效解决三农问题，实现乡村振兴的思路和经验总结。其主要内容有以下几个方面。

（一）坚持以村党支部为核心，引领发展

2007年，在村经济二次转型的重要节点上，村两委班子进行了深度的思考。新选出的党支部义无反顾地担当起二次创业、振兴袁家村的光荣使命和责任。支部一班人有理想、敢担当、事业心强、责任心重，对群众感情深，对自己要求严。坚持因地制宜的思路，硬是在一片荒沟荒地和旧厂区的废墟上建成了今天享誉全国的关中印象体验地，使关中民俗再现神韵，大放异彩；让乡村生活生机勃勃，魅力无穷。十几年来，袁家村始终坚持以村两委会班子为核心，书记为带头人，村干部是服务队。打造农民创业平台，通过发展旅游产业，带动农民持续受益，走共同富裕的道路。真正把为群众办实事、为群众谋福利作为一切工作的出发点和落脚点。

（二）坚持以农民为主体，培育发展主力军

袁家村在发展之初，就明确了自主发展的路径。始终坚持村民的主体地位不动摇，确保全体村民的根本利益和长远利益。袁家村把农民组织起来，走共同富裕道路的思路和方法，经历了“三步走”。

第一步：打造农民创业平台。以袁家村关中印象体验地为载体，通过袁家村农民学校对农民进行教育和培训，提高农民素质，并提供优惠政策，让农户低成本或无成本进入袁家村经营。

第二步：成立农民合作社。袁家村为发展旅游积极搭建平台，吸引能人或手艺人先进入袁家村经营，通过市场动态选择，扶持优势项目，再通过股份合作，实现全民参与、股份共享，形成你中有我、我中有你的发展格局。通过调节收入分配和再分配，避免两极分化，实现利益均衡，走共同富裕的道路。克服了农民个体经营的盲目性和分散化，实现了全体村民利益的一体化。

第三步：实现优势项目产业化。袁家村通过发展旅游吸引游客，通过销售当地的农产品，带动第二产业加工，加工的产量直接倒逼一产的种养殖，最后形成一二三产

业融合，用第三产业带二产再促一产的发展思路，开创了一个乡村产业“逆向发展”的新模式，是典型的农业供给侧结构性改革。通过从“小作坊—加工厂—连锁企业”的形式，发展“种养殖基地＋订单农业”，推进产业从袁家村走进西安，走出陕西，迈向全国。

（三）坚持以创新为主线，打造发展推进器

袁家村在发展的过程中始终有一种危机感，“靠什么能支撑袁家村持续发展下去”是一直在思考的问题，除旅游以外，又提出袁家村“走出去战略”，而且走出去要打组合拳，叫“进城、出省”。

“进城计划”就是用袁家村这些年建立的品牌和口碑走出去，在西安开设“袁家村城市体验店”，出去的每一个店都是农民合作社的形式，有能力的农民我们就带出去，人出不去的把钱带出去。一方面，把袁家村的美食送到了西安人的餐桌上；另一方面，让西安人也可以便捷地买到袁家村品牌的农产品，目前在西安已经开设 8 家城市体验店。袁家村的想法是让陕西人都能吃袁家村的放心农产品，袁家村在陕西就有 3800 万人的市场，最后再通过线上线下的融合，把袁家村的农副产品卖向全国。

“出省计划”就是用总结的经验和思路在其他省份打造出不同地域文化背景的“袁家村”，目前青海、河南、山西、湖北都有袁家村的基地，比如河南袁家村，就是中原文化，袁家村一定是把当地的民俗、文化、生活习惯挖得最深，袁家村的梦想是无论游客以后去哪里旅游，只要看民俗就找袁家村，袁家村就是当地民俗文化的代表符号。用陕西的方法也同样可以做河南市场，如果袁家村在河南能做成功，那距离全国的袁家村就不远了。

袁家村通过 11 年的发展，不断提升旅游硬件环境的同时，更注重旅游软环境的治理，注重口碑效应，注重素质提升。近年来从旅游产业中尝到了甜处，所以更应该为了乡村旅游事业长久发展而不断创新、提升袁家村发展模式，把新袁家打造成陕西民俗文化旅游第一品牌、陕西乡村度假第一品牌、陕西健康农产品第一品牌，为实现乡村振兴战略而贡献力量。

三、发展成效[①]

（一）产业规模迅速壮大

袁家村最早开始发展旅游做的是农家乐。但是随着乡村旅游的不断发展，农家乐

① 武春霞．文化视角下的袁家村乡村旅游发展研究［D］．云南财经大学，2016.

乡村旅游逐渐失去吸引力，需要改变原有的经营策略，重新定位。顺应大众的口味，游客的需求，袁家村将乡村旅游定位为“两轮驱动，相互支撑”。首先，在村民居住的民居下功夫，借助关中农家四合院的魅力，大力支持村民自发形成特色农家乐，以出售农家饭菜，提供农家宾馆、农事体验、农家特色服务、农家娱乐为一体的乡村旅游，实现农民足不出户的致富路径。其次，学会变通，从打造特色入手，目的在于聚集更多的游客，袁家村打造了以关中传统建筑、作坊、民俗、文化为一体的全新的民俗体验模式——关中印象体验地。两者互补，相互支撑，相互促进。最后精心打造的酒吧街、艺术长廊等值得游人流连的项目，加上“陈家班子”“王家大院”“百年老店”“葫图手工坊”“老街酒吧”“旅迹”“如此陶器”等风情各异、特色突出的店铺，让游客充分享受在袁家村的特色时光。为了长时间地留住游客，这里还兴起了客栈和青年旅舍。

（二）产业效益逐年递增

2007 年袁家村建立了关中印象体验地，从 2008 年到 2015 年，袁家村乡村旅游实现跨越式飞速发展，接待人次从 10 万增长到 200 多万，年均增长率超过 80%。2015 年春节期间，袁家村共接待游客 78 万人次，比去年同期增长 56%，村民都过上了家家有车、年年旅游的好日子。

（三）产业布局日益明显

根据袁家村旅游资源禀赋和发展状况，袁家村旅游业态分为三大功能板块的乡村旅游区：

一是以关中四合院为基础发展起来的农家乐乡村旅游圈。围绕村民原居住地的四合院作为依托的农家风味饮食外加农家宾馆接待区域，这一领域是归村上指导、村民自主经营，发展接待服务、旅游线路指导的乡村旅游。

二是关中印象体验地乡村旅游带。利用新建康庄街、小吃一条街、酒吧街、文化创意与休闲娱乐等绝好的乡村旅游资源，发展融活动参与、文化体验、休闲度假为一体的复合型旅游产品。在这一区域上，实行统一管理模式，村上进行规划建设，吸纳来各式有特色的商户进行自主经营。

三是为丰富旅游内容，目的在于为袁家村旅游的整体发展提供配套设施，而布局和建设在上述两区域外的旅游及招商引资的项目，主要包括宾馆饭店、特色观光农业等。这些项目的投资和经营归第三方负责，但是土地由村上提供，需要进行项目审核。

第四节　浙江安吉美丽乡村　统筹城乡的“安吉模式”

浙江安吉，是习近平总书记“两山”重要思想的发源地。2005年8月15日，习近平同志在安吉县余村提出了“既要金山银山，又要绿水青山”“绿水青山就是金山银山”的“两山”重要思想。十几年来，安吉全县上下始终牢记嘱托，在“绿水青山就是金山银山”“两山”重要思想的指导下，坚定不移、一以贯之地举生态旗、打绿色牌，在坚持生态立县、建设美丽安吉、发展生态经济的道路上不断前行，探索出了一条“生态经济化、经济生态化”的绿色发展之路。[①]

一、基本情况

安吉县，隶属于浙江省湖州市，全域面积1886平方千米，下辖8镇3乡4街道208个行政村（社区）和1个国家级旅游度假区、1个省级经济开发区、1个省际承接产业转移示范区。受地理位置、交通条件、经济结构等诸多因素的制约，安吉引进和发展的多是资源消耗型或环境污染型产业，如造纸、化工、印染、建材等。

20世纪90年代末，安吉经济虽然跃上了一个台阶，拿到小康县牌子，但依靠高强度开采和高资源消耗，高强度消耗破坏环境的增长方式，无法实现全县经济可持续发展。工业废水的直接排放，造成西苕溪水质严重污染，生态多样化锐减。林木、矿产等资源的过度开采，造成严重的水土流失、水质污染。安吉县被国务院列为太湖水污染治理重点区域，受到“黄牌”警告。安吉人痛定思痛，意识到发展经济不能以牺牲环境为代价，不能牺牲绿水青山换取金山银山。于是全县着力开展环境整治“零点行动”，先后关闭了30多家污染企业，毅然关停了有30年造纸历史、规模和税利列全县之首的孝丰纸厂。

2000年，安吉明确提出了生态立县战略。2003年，安吉县顺应全省开展的“千万工程”，进一步全面展开生态县建设行动，正式提出争创全国生态县；2004年，在全国率先将每年的3月25日定为“生态日”；2006年，荣获首批“国家生态县”称号；2007年，被确定为全国新农村与生态县互促共建示范区；2008年，被确定为全国生态文明建设试点县。同年，安吉县提出建设“中国美丽乡村”；2009年，荣获全国首个

① 林静，王振儒，吴文锋.照这条路走下去——浙江省安吉县生态文明建设调查［J].共产党员（河北），2017（19）：52-53.

县城“中国人居环境奖”；2011 年，被列为中国美丽乡村国家级标准化示范县；2012 年，安吉全面启动生态文明示范建设。同年 9 月，成为全国首个“联合国人居奖”获得县；2016 年，获得首届“中国生态文明奖”，成为全国唯一一个“两山”理论实践试点县。①

二、发展路径②

（一）农业为基、生态为本

安吉偏居浙江西北一隅，流水潺潺、绿树成荫，且植被覆盖率高、毛竹质优量大、白茶历史悠久，是安吉发展生态优势所在，其“生态立县”发展战略旨在借助农业资源优势，打造竹品、白茶等绿色品牌和特色产业。

（二）产业互动、三化同步

安吉推进跨越式发展进程中，在做好做强农业的基础上推进工业化，借助特色产业和主导产业引导产业集群化发展，进而以主导产业为基础培育中心城镇并带动城镇化发展，以工业化、城镇化促动农业现代化。

（三）资源带动、闲乐并举

就生态环境、农业资源和文化底蕴而言，安吉在浙江居于前列，且在发展战略规划和建设实践中，安吉重视强调产业布局，突出地域特色，以“中国竹海”、安吉茶园为抓手，发展休闲农业和高山疗养、竹林休憩等旅游业；以历史文化资源、民族民俗风情为载体，不断充实休闲农业的内涵。

（四）塑造形象，创建品牌

安吉有着“全国首个生态县”名片和“中国美丽乡村”的良好形象，吸引八方宾客。提升安吉整体形象既需要着力于竹品、白茶等绿色农业品牌的塑造，又要重视乡村生态环境的改善和提升，从而使安吉的知名度和美誉度得到有效提升。

（五）村村优美、人人幸福

安吉从“环境优美、生活甜美、社会和美”等方面制订了美丽乡村考核的指标体系。村村优美、人人幸福在考核指标体系中占有较高权重。“村村优美”涉及森林环境保护、垃圾收集率、村庄美化等 13 项具体指标，考核权重为 45 分；“人人幸福”涉及低收入农户脱贫率、农民养老保险覆盖率等 7 项细化指标，考核权重为 15 分。章村

① 林静，王振儒，吴文锋.照这条路走下去——浙江省安吉县生态文明建设调查［J］.共产党员（河北），2017（19）：52-53.

② 唐建兵．“安吉模式”对美好乡村建设的借鉴与启示［J］．衡水学院学报，2015，17（4）：48-52.

镇、山川乡、报福镇、皈山乡等诸多乡镇经营“中国美丽乡村”建设的实践证明，村村优美是可以看得见的，人人幸福表现在各个村民的脸上，幸福的喜悦亦可感受到。

三、发展成效

安吉在践行“中国美丽乡村”的伟大实践中，始终秉持“莫忘农业、生态为本”的发展理念，科学并合理地利用域内生态资源优势，注重三产联动、打造特色品牌，在生态环境得到有效保护的同时，县域经济也取得了令世人瞩目的成就。①

（一）经济成效②

1. 产业变强

安吉旅游坚持一、二、三产业联动发展，旅游业不仅大大增加了城镇居民的可支配收入，也实现了农业、工业与旅游产业的协调发展。2015 年，全县实现全年生产总值（GDP）303.35 亿元，比上年增长 8.3%。其中，第一产业增加值 26.06 亿元，第二产业增加值 140.10 亿元，第三产业增加值 137.20 亿元，分别增长 1.5%、5.8% 和 13%。2015 年全年旅游业增加值 36.7 亿元，占全年生产总值（GDP）的 12.1%，旅游业从业人员 4.56 万人，占全社会就业人员的 15.2%。

2. 农民变富

安吉县积极倡导生态循环低碳理念，大力发展以旅游产业为代表的生态循环经济，同时，积极将“三农”资源有效地转化为旅游资源，带动农村经济发展，促进农民增收致富。一些地理位置偏远、村级经济较为薄弱的地区，依托乡村旅游的发展，走上了一条富民强村之路。

（二）社会成效

1. 乡村变美

安吉通过全县建成最大景区，把村落建成特色景点的美丽乡村建设行动，实现环境、空间、产业和文明的相互支撑。乡村呈现宜居、宜业、宜游，且安、且吉、且美的良好局面，实现了浙江省提出的科学规划布局美、村落整洁环境美、创业增收生活美、乡风文明身心美。③通过美丽乡村建设，安吉农村的人居环境得到极大的改善，建成全国优美乡镇 12 个，省级生态乡镇 13 个。形成体系完善的“户集、村收、乡运、县处理”的农村生活垃圾处理网络。农村生活垃圾收集率达 95%。全县森林覆盖率达

---

① 唐建兵．“安吉模式”对美好乡村建设的借鉴与启示［J］．衡水学院学报，2015，17（4）：48-52.

②③ 浙江省旅游发展研究中心，浙江旅游职业学院．乡村旅游的安吉模式：“两山”理论的实践与创新［M］．北京：中国旅游出版社，2017：27-31.

71%，建成生态公益林 100 万亩，空气质量和水质量保持二级以上。[①]

2. 城乡和谐

作为一个典型的山区农业县，安吉坚持从自身优势、特点出发，以发展为主线，注重全面发展，加快发展、和谐发展、科学发展。县城以创建全国卫生城市、全国文明城市、全国山水园林城市等为载体，投入大量资金，拓展城市空间，拉开城市框架，逐步把环绕城区的五座绿色山脉和贯通城区的五条绿色溪流引入城内，形成群山环绕水穿城、青山碧水绿绵延的生态城市形态。在广大农村，把生态建设与小康示范村创建等有机结合起来，总体规划、重点突破、整体推进，缩小城乡差别，促进城乡统筹。[②]

（三）文化成效[③]

1. 生态发展

安吉县坚持生态立县，保护和发展良好的生态环境成为安吉城乡居民的自觉行为，实现农业生产、农民生活、农村生态的协调发展。在保护建设和经营生态环境的过程中，安吉人的生态意识不断提高，保护和建设美丽生态环境已成为每一个安吉人的自觉行为，依靠优美的生态环境、良好的生态理念、繁荣的生态经济，安吉构建了文明建设的科学体系，积累了生态文明建设的重要经验，被授予首个国家生态县、新农村与生态县相互促进建设示范区、林业推进新农村建设示范县、全国首批生态文明建设试点县，安吉生态文明建设走在了全国前列，实现了生态文明全国示范。

2. 品牌鲜明

随着安吉中国美丽乡村建设的纵深推进，美丽乡村这一品牌得到了一大批领导、专家的高度关注和肯定，中央主流媒体多次予以报道，“中国美丽乡村节”荣获中国县域最佳旅游节庆奖项，“中国美丽乡村”“中国大竹海”两大县域旅游品牌的知名度享誉全国。先后荣获中国第一个“生态县”“中国第一个县级人居奖”“全国休闲农业与乡村旅游示范县”“ 中国最佳生态旅游县”“中国自驾车旅游品牌十大目的地”“浙江省旅游经济强县”“浙江省休闲旅游城市”“2009 省十大生态旅游名城”等称号。

---

① 农业部农村社会事业发展中心新农村建设课题组. 打造中国美丽乡村 统筹城乡和谐发展——社会主义新农村建设“安吉模式”研究报告［J］. 中国乡镇企业，2009（10）：6-13.

② 农业部农村社会事业发展中心新农村建设课题组. 打造中国美丽乡村 统筹城乡和谐发展——社会主义新农村建设“安吉模式”研究报告［J］. 中国乡镇企业，2009（10）：6-13.

③ 浙江省旅游发展研究中心，浙江旅游职业学院. 乡村旅游的安吉模式：“两山”理论的实践与创新［M］. 北京：中国旅游出版社，2017：27-31.

第五节　四川战旗村乡村振兴　党旗引领的时代共振

一、基本情况

四川省成都市唐昌街道战旗村原名集凤大队，1965 年在兴修水利、改土改地活动中成为一面旗帜，取名战旗大队，后为战旗村。其位于都江堰精华灌区腹地，面积 2.06 平方千米，耕地 1930 亩，辖 9 个村民小组，总人口 1704 人。村党总支下设 4 个党支部，党员 83 人。

1978 年改革之初，战旗村在全县率先办起了砖厂等 12 家村集体企业。1994 年，全村对 5 家村办企业进行了股份制改革。进入 21 世纪，战旗村党组织面对薄弱的集体经济和有限的人均收入，积极思索村庄发展的出路，两委班子先后到全国多个先进村庄学习考察，紧密联系本村实际，大胆提出“经营村庄”的新理念，并确立了“一三联动、以旅助农”长期发展战略，坚持集体发展的道路，实施主动城镇化和做好土地集中经营的基础，创立了 13 家企业，形成了以有机蔬菜、农副产品加工、郫县豆瓣及调味品、食用菌等为主导的农业产业和以五级花田景区为核心的旅游产业，初步形成了一、二、三产业互动的发展格局。同时，建立完善了党组织领导、村民大会决策、村委会执行、村委监督委员会监督、村集体经济组织独立运营的运行机制。[①]

通过坚持与时代同频共振，走改革兴村之路，聚焦有效利用土地资源，正确处理土地与农民的关系，战旗村开创了乡村振兴的新篇章，先后荣获“全国文明村”“全国社会主义精神文明单位”“省级四好村”“四川集体经济十强村”等称号。村民人均可支配收入实现 2.61 万元，高出全国人均水平近一倍。[②]2018 年 2 月 12 日，习近平总书记视察战旗村时称赞“战旗飘飘，名副其实”，要求战旗村在实施乡村振兴战略中继续“走在前列，起好示范”。

---

① 黄真 . 党旗引领，战旗村探路乡村振兴［J］. 经济导刊，2019（4）：56–59.

② 宋绍繁，杜锁平，曾浪 . 与时代同频共振　走改革兴村之路——战旗村农村土地制度改革的经验与启示［J］. 资源与人居环境，2019（2）：10–14.

二、发展路径

（一）以基层党建引领乡村振兴，创新农村基层治理机制①

1. 健全政经管理架构

为确保农村土地制度改革稳妥推进，战旗村创立农村基层治理“四维模式”：党建引领，即以党支部为战斗堡垒和政治方向，“支部建在产业上，党员聚在产业里，群众富在产业中”；法治保障，即以《村民委员会组织法》《农村土地承包法》《土地管理法》等法律为遵循，规范管理、有效盘活农村集体资产；民主自治，即以村民代表大会、村民议事会、村务监督委员会为民主组织形式，村民委员会为执行机构，村庄规划为发展指引；股权固化，即以 2011 年 4 月 20 日在籍的 1704 名村民为股东，将全村所有集体资产进行平均量化，实行一定时期内的“生不添，死不减”，固化集体组织成员权、集体股份收益权、农用地承包权、建设用地使用权和宅基地资格权。

2. 创新村级管理制度

战旗村成立集体资产管理公司，制订了村民自治章程以及村民议事会实施细则等各项制度，完善了集体经济组织法人治理结构，理顺了村两委和集体经济组织的关系，使新型集体经济组织真正成了产权明晰、权责明确、管理科学的法人实体和市场主体。

3. 规范民主议事程序

坚持“民主讨论、民主协商、民主决策”，重大事项均由村党支部提议、村级组织联席会议商议、党员大会审议、村民议事会决议并对决议事项公示、对实施结果进行评议。以集建入市为例，土地的入市方式、途径、底价均由村民代表民主协商，入市后土地收益分配由集体经济组织成员或成员代表大会民主决策，村民知情权、参与权、决策权得到充分保障。

（二）优化乡村空间要素结构，重塑新型乡村发展形态②

1. 编制村庄规划

战旗村通过探索实践村级土地利用规划、乡村建设规划、产业发展规划“多规合一”，打破了行政界线，编制《泛战旗片区五村连片乡村规划》，将国土管控、产业发展、生态保护融为一体，打造林盘示范点、农耕体验地和乡愁寻根地，保护与延续天府田园风光和巴蜀农耕文化。

---

①② 宋绍繁，杜锁平，曾浪 . 与时代同频共振　走改革兴村之路——战旗村农村土地制度改革的经验与启示［J］. 资源与人居环境，2019（2）：10–14.

2. 开展土地综合整治

积极开展土地综合整治，推进农民向新型社区集中，通过实施“拆院并院”和“农村村民集中建房”，战旗全村新增有效耕地 320 亩，节余建设用地 132 亩，建成了 9.1 万平方米的农村新型社区，村民告别了传统散居的农家院落，住进了环境优美、生活便利、配套完善的新型社区。

3. 加强村庄环境治理

战旗村先后投资 200 多万元，对全村道路、渠系和绿化等基础设施进行了整治和改造。采取“户集、村收、街办运、区处理”的方式，集中处理村、社生活垃圾；组建了物业管理委员会，下设绿化、环境卫生、治安巡逻、基础设施维护等管理小组，保持村容村貌干净整洁，展现出公园城市理念下的新型农村形态。

（三）推进党建项目与产业强村并举①

1. 开展党建项目

落实基层治理其出发点和落脚点是为了推进基层社会经济的发展。借助党建平台来开展党建项目是加强党建领引治理的重要支撑。在党组织的领导下，战旗村通过开展抓党建、促发展，完成了 4A 级景区的创建工作；该村在处理过去的砖厂遗留问题上，通过盘活集体建设用地，推进十八坊建设，大力发展了村社集体经济，增加了村民和村集体的收入。战旗村的党建项目包括绿化、景观打造、治安巡逻维护、文化活动、便民服务、基础设施建设等方面。这些项目立足于村社实际，与群众的日常生活紧密相连，彰显了党为人民服务的崇高性质。

2. 发展壮大村集体经济

发展集体经济，实施产业强村为该村的致富提供了重要经济支撑。村党总支通过加强产业培育发展，开展龙头企业领引，以专合组织带领家庭农场示范，使该村实现了由过去单一的农业种植收入向土地入股分红、务工收入、经营性收入等多元经济致富。例如，全村通过组建农业股份合作社，利用确权后的集体资产抵押融资 150 万元，建了 15 亩现代育苗中心；通过发展家庭农场 3 家，重点发展了有机蔬菜、特色水果等农业规模化产业经营；通过引进榕珍菌业有限公司投资，大力发展了食用菌产业；通过建立体验、旅游、生态农业的转型发展，实现了农业转型发展。

① 王奇珅.落实基层治理的关键在于党要管党——基于郫都区战旗村的基层治理实践［J］.中共成都市委党校学报，2017（6）：89-92.

三、发展成效

战旗村按照“产业兴旺、生态宜居、乡风文明、治理有效、生活富裕”乡村振兴战略的总要求，在村党总支的带领下，采取深化改革、发展现代农业产业、整治居住环境、树立文明村风、增加居民收入等措施，取得了实实在在的成效，走在四川乡村振兴的前列。①

（一）居民可支配收入高于全国农村居民的平均水平

战旗村通过发展村集体经济和现代农业，在保障充分就业的基础上，实现了村民可支配收入较高增长。2016 年战旗村居民可支配收入为 18560 元，2017 年增长到 26053 元，年增长率为 40.4%，在四川省和全国位于前列。2017 年，战旗村居民可支配收入高出郫都区农村居民可支配收入平均水平 1993 元、高出成都市农民平均水平 5755 元、高出四川省农民平均水平 13826 元、高出全国农民平均水平 12621 元。通过收入的高速增长，战旗村实现了乡村生活富裕，村民都住上了宽敞舒适的住房，生活水平得到显著提升。

（二）村集体经济发展走在全省前列

2017 年，战旗村集体资产达 4600 万元，村集体收入为 462 万元。与 2016 年的 4120 万元集体资产相比，一年增加了 480 万元，增长率为 11.6%，高于四川省和成都市 2017 年 8.1% 的 GDP 增长率。2017 年，经四川省委农工委同意，由四川村社发展促进会牵头，西南财经大学、四川农业大学共同评选产生的首届“四川省百强名村”和“四川省集体经济十强村”名单出炉，战旗村分别以排名第二和第八的成绩荣获“四川省百强名村”和“四川省集体经济十强村”称号。由此可见战旗村集体经济发展走在全省的前列。

（三）村风文明建设不断增强

改革开放以来，战旗村始终坚持物质文明和精神文明两手一起抓和两手都要硬的方针，在实现集体经济和村民收入快速增长的同时，也实现了村风文明的高质量发展。现在战旗村的村风既有淳朴、勤劳、友善、尊老、尚德等优秀传统文化的内涵，又有爱国、守法、敬业、创新、进取等当代社会主义精神文明的气质。培育形成友善淳朴、守望相助、尊老爱幼的战旗新风尚，并先后荣获“全国社会主义精神文明单位”“全国文明村”、省级“四好村”称号。习近平总书记到战旗村视察时，对村风文明建设所取得的成绩给予了肯定和赞誉。

---

① 李友民．乡村振兴：成都市郫都区战旗村的成效与启示［J］．中共成都市委党校学报，2018（4）：76-79.

（四）乡村振兴示范作用明显

战旗村曾获四川省和成都市的“新农村建设示范村”称号，在社会主义新农村建设过程中发挥了积极示范作用。党中央提出实施乡村振兴战略以来，因其产业、生态、村风、治理、环境、住房等方面不凡的成绩和知名度，吸引来自全国各地各级的领导干部考察学习，2017 年接待 100 余批次 5000 多人。自从习近平总书记视察起，至 2018 年 4 月 9 日不到 2 个月的时间里，就接待考察学习者 200 多批次 10000 多人，近 2 个月所接待的批次和人数就已是 2017 年的 2 倍多。2017 年，战旗村承办了首届四川村长论坛暨村社发展大会，全省各级党委或政府分管领导、四川百强名村及集体经济十强村负责人等 450 余人参加了会议，实地考察了战旗村。通过接待考察学习者和承办大型会议，战旗村进一步扩大了影响和发挥了示范作用。

第六节　贵州西江千户苗寨　民族文化的活化典范

自 2008 年以来，世界最大苗寨——西江千户苗寨依托丰富的苗族文化遗产资源，以抢抓贵州省第三届旅游产业发展大会在西江召开为契机，紧紧围绕民族文化资源的合理利用，进行了顶层设计和要素聚集，并运用高效的企业化、市场化手段，使西江千户苗寨十年来实现了持续发展的历史性跨越，并实践得出了广为人知的“西江模式”。十年来，“西江模式”在经济、社会、文化、脱贫等方面取得了显著成效，为我国民族地区发展民族文化旅游产业提供了鲜活的案例，对民族地区的脱贫致富、文化保护发展以及乡村振兴有着可以借鉴、参考的重要价值与意义。

一、基本情况

西江千户苗寨位于贵州省黔东南州雷山县境内，由 10 余个依山而建的自然村寨相连成片。全寨原住居民有 1400 多户，6000 多人，其中 99.5% 为苗族，是目前中国乃至全世界最大的苗族聚居村寨。由于历史、地理等因素，西江苗寨迄今为止仍较好地保留有厚重的苗族传统农耕文化。西江苗寨所在的雷山县共计有 13 项国家级非物质文化遗产，这些国家级非物质文化遗产在西江都有扎实的根基和丰富的体现。虽然坐拥丰厚的民族文化遗产和旅游资源，但长久以来，西江苗寨吃饭靠种地、挣钱靠打工，村民守着文化的金山银山，却没有换来手中的“金饭碗”和“银饭碗”。

2008 年旅游开发后，西江苗寨旧貌换新颜。在业态上，10 年来，西江苗寨景区累计注册的大大小小的旅游生产经营主体超过了1300多户，分别比1995年增长了40多倍，并形成了食、住、行、游、购、娱等完整旅游产业链；基础设施上，投入资金10多亿元，加快了西江景区提质扩容，先后建成停车场、游客服务中心、污水收集处理系统、灯光系统、表演场、寨内观光栈道等一批基础设施项目，建成西江·西街商业街区和西江·苗界等高端文化旅游综合体，景区现有接待总床位10600个，就餐接待能力达到15000余人，停车位4000余个；品牌荣誉上，旅游开发后，西江苗寨紧紧以文化引领，市场驱动，在文化产品上推陈出新，在政府、公司、村民和学界等多主体的推动下，西江苗寨文化品牌产生了质的飞跃。西江苗寨景区先后获得了“全国4A级景区”“中国民族特色村寨”“全国文化产业示范基地”“全国十大民族文化旅游目的地”和“全球十大优秀国际乡村旅游目的地”等殊荣，旅游品牌日益响亮。游客接待上，2014~2017年西江景区接待游客1790.43万人次，实现旅游综合收入139.88亿元，2018年西江景区接待游客853.68万人次，实现旅游综合收入72.56亿元。

二、发展路径①

（一）坚持党政强力推动，多主体的共同参与

为有效聚集人力、物力和财力对西江苗寨进行旅游开发，2008年在省、州、县的各级党委政府领导下，西江苗寨赢得第三届“贵州省旅发大会”的举办权，有了党的领导，西江苗寨的发展有了主心骨，增强了人民群众的文化自信心，加快了西江苗寨向前发展的步伐。政府事无巨细的旅游动员和坚定的发展初心，获得了村民的广泛支持，也深深吸引着省内外的专家学者、企业、个体工商户和西江苗寨基层组织等主体，主动关心和参与推动西江苗寨的旅游开发，形成了多主体共同参与的充满活力的局面。

（二）创新景区管理机制体制，形成高效的市场化运作

旅游业是集产品、服务和客源为一体的产业，具有很强的市场性。为了西江旅游的发展，进一步理顺西江景区管理体制和运行机制，2012年，经雷山县委常委会研究决定，将西江镇交由雷山文化旅游产业园区管理委员会托管，西江景区管理局、西江旅游公司一并划入园区管委会。配齐配强西江景区管理局领导班子，将驻西江的相关执法部门和西江景区管理局人员划入园区管委会综合执法大队，由园区管委会统一管理。通过机制体制的创新，明确了西江景区各管理主体和经营主体的职责与功能，尤其明确了西江旅游公司作为市场经营主体，进一步提高了旅游发展的市场效率。

---

① 李天翼，麻勇斌．西江模式：贵州民族文化旅游产业发展的样本［J］．新西部，2018（19）：39-43.

（三）对民族文化发展创新式保护

文化保护是西江苗寨确保持续发展的关键。十年来，西江苗寨坚持“发展式”的保护理念，着重激活苗族优秀传统文化的内在基质和创造活力，以行动开展保护，以旅游开发促进文化的价值再生、价值联动。旅游大开发不久，西江苗寨制订出台的《西江千户苗寨文化保护评级奖励办法》以“人人都是文化主人，个个参与文化保护，家家成为民俗博物馆，户户都是文化保护场所”为落脚点，积极探索“景区集中管理，家庭分散保护”的运作机制，建立起了“全面普查，完整保护，镇村复查，兑现奖励”的长效管理机制，让广大村民在参与旅游中实实在在地受益，从而充分带动其参与保护民族文化的积极性。

（四）传承发展，文化引领品牌创新

创新是引领发展的第一动力。西江苗寨在保护好、传承好民族文化和不脱离地方文化母体的基础上，经过创造性转化和创新性发展，连续挖掘出了“高山流水”“五壶四海”“十二道拦门酒”“长桌宴”等苗族文化旅游产品；通过场景置换、文化再造等手段，推出了“鼓藏肉”“苗王鱼”等苗族传统美食；通过艺术上的升华与提炼，将民族叙事、历史叙事和文化叙事与舞台化的结合，打造出了“美丽西江”晚会；扎根于西江苗寨经营的商户，也积极将苗族文化符号运用于店名、旅游产品开发和旅游服务中，大大丰富了“千户苗寨”作为文化品牌的内容。

（五）旅游发展红利的全民共享

西江苗寨景区通过制度创新，设立了民族文化利益的共享机制，以门票收入的18%作为民族文化奖励经费发放给村民，让村寨社区居民每户每年都获得近万元的收益，确保了旅游收益的全民共享。截至2018年，西江苗寨累计发放民族文化奖励经费高达1.3亿元，户均累计8万元。西江苗寨的利益共享机制，体现了党和政府在旅游发展制度安排上的“公平”与“正义”，确保了大家的共同富裕。

（六）景区社会治理注重村民自治

具体来说，就是在党委政府领导下，深化村民自治实践，由执法部门、景区公司、村两委、民间组织齐抓共管，互相配合，为西江苗寨景区的共同治理出力、出智慧；治理方式上也积极重心下移，在化解西江苗寨旅游发展出现的各种矛盾纠纷中，既有以讲求法律神圣庄严的法制治理，也有接地气、有温度的民间情理治理；治理资源除了充分运用国家的法律法规以外，还充分运用乡土社会的村规民约，苗族历史上遗留下来的“议榔制”“寨老制”“扫寨仪式”“鸣锣喊寨”“民间歌谣”等民间智慧，对有碍旅游发展的失范、失当、失德行为进行规训与处罚，无论哪一个主体，如有违犯，均平等相待，一视同仁。这种村民自治导向的社会治理十分有效，十年来让西江苗寨基本做到了小矛盾不出村，大矛盾不出镇的良好治理局面，既净化了旅游市场环境，又增强了旅游发展活力。

三、发展成效

自2008年世界最大苗寨西江千户苗寨正式旅游开发以来，在各级党委政府的坚强领导下，依托丰富的民族文化遗产资源，围绕民族文化的创造性转化和创新性发展。

历经十余年，西江苗寨从一个经济落后、贫困面广、文化保护乏力的传统村落，一跃成为经济繁荣、百姓富裕、环境优美、社会和谐、民族文化传承创新动力强劲的美丽村寨和全国知名的乡村旅游目的地，仅在2018年，西江苗寨村民人均收入就超过了2万元，户均收入达8万元以上，其实践探索得出的“西江模式”成为民族乡村旅游发展的典范。[①]

（一）推动了经济发展

2008年以前，西江苗寨经济发展落后，并无现代产业作为发展基础。通过旅游开发，到2017年，西江苗寨游客接待量超过600万人次，旅游综合收入达49亿元；在西江苗寨注册登记的各类经营主体超过了1000多家，涉及“食、住、行、游、购、娱”等旅游开发完整的产业链；通过景区带动，不仅解决了周边村寨2000多名村民的就业，实现了脱贫致富，还带动了附近20多个村寨养殖业、种植业的发展，对当地县域经济产生了积极的促进作用。

（二）实现了脱贫致富

2008年以前，整个西江苗寨社区居民以传统农业耕作为其生计方式，外出劳务输出是其村民的主要经济来源，全寨大部分青壮年劳动力都外出到省内及沿海发达一带打工；2008年旅游开发后，外出打工村民逐渐回流。临近的就业机会、参与旅游发展的均等机会，基本解决了村寨社区居民的收益和脱贫问题。仅在2017年，西江苗寨全体村民通过制度性收益、资产性收益、劳务性收益和经营性收益四大收益手段，人均年收入达到了22100元，户均86190元，人均年收入较2007年相比增长了12倍，社区大部分居民已经实现了脱贫致富。

（三）促进了传统文化的发展

2008年以前，西江没有一家民族博物及文化展示点，社区居民的文化自觉意识尚

① 李天翼，麻勇斌．西江模式：贵州民族文化旅游产业发展的样本［J］．新西部，2018（19）：39–43.

处在自然状态。2008年以后，西江苗族博物馆和20多户家庭博物馆的成立，使得西江苗寨第一次有了本民族文化传承、保护和展示的场所。近年来，以贵州省西江千户苗寨文化旅游发展有限公司为重要推动，“银饰坊”“刺绣坊”“蜡染坊”“古歌堂”“鼓藏堂”等一系列民族文化展示点的推出，极大地保护与彰显了西江苗族的传统文化；西江村两委以及西江千户苗寨文化研究院在各种节庆举办的“学苗文、唱苗歌”“千人齐唱苗族古歌”等活动，极大地唤醒了社区居民对民族文化保护的热情；雷山县旅游管理园区对千栋吊脚楼的奖励保护条例，有效地保护了苗族传统建筑吊脚楼这一珍贵文化遗产。

（四）改变了村寨面貌，提高了居民生活水平

自2008年旅游开发以来，整个村寨较以前得到了前所未有的有效更新。2011年，西江苗寨开始修建自己的污水处理厂。经过多年整治，西江苗寨以前污水横流、畜粪满街的现象已不复存在；各种基础设施不断得到完善与提高，苗族传统吊脚楼群在一定程度上得到有效保护；“千户灯火夜景工程”不仅增加了传统村寨的看点与颜值，还结束了村寨居民出门照亮“靠月亮”“打电筒”的历史；2015年，贵州县县通高速修到寨门口，构建出了西江苗寨和外界交流的快捷通道。收入的提高、基础设施的不断改善，98%以上的住户都有冰箱、彩电，实现了水冲式卫生间，洗澡间24小时供应热水，生活水平得到显著提升。

第七节　云南省阿者科村　内源式集体企业发展路径

一、基本情况

阿者科村地处元阳县新街镇爱春村，属于云南东南部红河哈尼族彝族自治州的山区地带。距离村委会1.20千米，距离镇28.00千米，国土面积1.43平方千米，海拔1880.00米，年平均气温14℃，年降水量1370.00毫米。阿者科位于龟山北，海拔1920米，气温在-6~35℃，年降水1400毫米。

蘑菇房是阿者科村的哈尼族的传统民居，阿者科村也是世界文化遗产红河哈尼遗产区五个申遗村寨之一，位于梯田遗产核心区，距多依树观景台3千米左右。

全村有耕地总面积373.41亩（其中：田180.41亩，地193.00亩），人均耕地0.82亩，主要种植水稻、玉米等作物；拥有林地797.00亩，其中经济林果地0.00亩，人均经济林果地 0.00 亩，主要种植经济林果；其他面积 871.00 亩。全村辖 1 个村民小组，有农户 64 户，有乡村人口 479 人，其中农业人口 479 人，劳动力 287 人，其中从事第一产业人数 257 人。

（一）旅游发展规划

以建设阿者科哈尼族原生态文化体验村落为目标，坚持“科学规划、适度开放、永续利用”的发展理念，合理规划，分步实施，整体推进，争创精品旅游项目，全面优化和提升阿者科村旅游发展水平。

2018 年 1 月，中山大学保继刚教授及其研究团队应元阳县委县政府邀请，到元阳梯田区开展了调研与规划工作，研究团队实地调研了包含阿者科村在内的 5682 家农户，并专门为阿者科村单独编制了《阿者科计划》。该计划贯彻“没有外来的公司争夺利益，让村民真正去保护村寨和梯田”的思路，提倡村民就是梯田的一部分，是森林的一部分，是资源的拥有者和保护者。整个计划是为了鼓励村民居住在村里，继续种田，保留村籍，自主创业就业，保留阿者科的核心人文景观。

根据《阿者科计划》，中山大学保继刚教授研究团队每年派一名研究生常年驻村，并与当地政府青年干部一道，以项目制方式推动计划的执行。他们完全以一种科学研究的态度介入村庄社会治理，激活本土资源的内在活力，让农民组织起来，改善人居环境、保护传统村落、拓展旅游增收途径。这个计划实行一种被称为“内源式村集体企业主导”的旅游开发模式，对村寨进行整体改造并统一向游客收取费用，收入归全体村民所有。

2018 年 9 月，阿者科旅游公司注册成功并正式挂牌；同时，通过培训的部分村民开始上岗接待游客。10~12 月，阿者科村从试运营阶段进入整改阶段，旅游公司全力配合有关部门修缮传统民居，组织村民整改村内公厕、整治村内人居环境、组织修缮村内传统工具与设施；并利用深圳互由科技有限公司无偿赞助阿者科村整套价值 10 万元的网络设备，完成了全村无线覆盖。

同时，相关科研院校机构和社会机构也参与到阿者科发展规划的过程中，《红米计划》《关注阿者科计划》等相关计划稳步推进，共同促进阿者科村的可持续发展。考虑到阿者科原生态文化旅游村规划范围的空间面积、游览功能、居住功能，以及生态环境保护和可持续发展要求，本次阿者科规划确定三个阶段性目标：

1. 近期（2018~2020 年）

将阿者科原生态文化旅游村建设成为云南省民族文化旅游的标志性旅游村，全村基本实现旅游脱贫。

2. 中期（2021~2025 年）

将阿者科原生态文化旅游村建设成为中国著名的民族原生态文化旅游村，全村基本达到小康水平。

3. 远期（2026~2030 年）

将阿者科原生态文化旅游村建设成为世界知名的原生态文化旅游村，达到精品旅游村水平，全村基本实现旅游致富。

（二）发展现状

经过一年的村落整改和旅游开发，现已具备宜居优美的人居环境、较为完善的基础设施和旅游公共服务设施、本土特色丰富的旅游产品、尊重当地村民的旅游收益分配制度、美名远扬的游客口碑等。阿者科村的旅游产业已成为村民生计收入的主要途径之一，且具有一定的竞争优势。旅游开发后，村民对游客更加热情了，越来越积极地参与旅游接待，目前已为村民创造了 10 个就业岗位，均为建档立卡贫困户。同时村民在餐饮接待、传统文化展示、导览解说等方面都积极学习配合，形成村庄营造良好氛围的自觉。全年接待旅游人次为 3 万人次，旅游年收入为 60 万元，接待旅游人次近三年平均增速为 50%，旅游收入近三年平均增速达到 600%。阿者科村相对于元阳其他村落的旅游开发起步晚，但发展处于稳定增长时期；从旅游资源的发育程度看，目前以“观光旅游”“季节性旅游”为主，“体验旅游”“度假旅游”和旅游消费尚待进一步提升；从游客市场的分类来看，旅游旺季（冬季）以国内市场为主，旅游淡季（夏季）以国外市场为主，客源地涵盖了长中短距离的市场。

二、发展路径

（一）旅游产品建设

阿者科村打造参观游览、农事体验、文化展演等综合性文旅产品。将整个村落的原生态人文景观系统打造成旅游参观产品，而非只是简单的民居建筑景观；将村落附近的梯田、森林等景观串联，打造成野菜采摘，植物科普，哈尼草药辨识等旅游活动承接场地；将村内哈尼族日常生产生活活动整合成为旅游体验产品，游客可以亲身体验农耕、刺绣、织染等体验活动；将哈尼族非物质文化遗产打造成旅游文化活动，游客可以拜访国家非遗传承人，沉浸式体验非遗文化；将村内具备接待条件的农户规范整合，打造成特色家访项目，游客可以入户访问，和村民一起做饭吃饭。

1. 乡村民宿、观光度假、农事体验、乡土美食、文化创意等产品建设情况

目前已有 2 家符合本地特色的乡村民宿，共 25 间房，40 张床位；民宿建筑风格为哈尼族传统蘑菇房样式，内部设计以亲近梯田景观和花园景观为主；民宿提供哈尼豆豉泥鳅、豆豉鱼、梯田鸭、红米线等民族特色菜。依托良好环境，回乡创业的村民田野开起了“牛栏”酒吧，村民卢正光开起了“云雾小吃店”。民宿的经营策略是“土中取财”：住当地特色的“土屋”，吃土菜，喝清泉，看梯田……阿者科村生态好，文化保护好，大城市的游客来到阿者科村，会有一种不一样的宁静感觉，既留住了乡愁也体验了民族文化。

已建设梯田峡谷观景台、古树观景台、村落全貌拍摄点共三处观光平台。开展的农事体验包括插秧除草、采摘野菜、梯田捉鱼、碾米磨豆腐等农耕生产活动，森林田野村寨的徒步野外活动，以及织布、纺线、刺绣、草编等手工艺活动。乡土特色美食有哈尼红米、烤豆腐烤粑粑、四籽马蓝汤圆、长街宴等。文化创意产品为体验活动的手工制作，比如自制哈尼刺绣的文化包袋或民族服饰、创意草编制品等。

2. 旅游产品开发特点、文化内涵挖掘、创新创意等情况

旅游产品充分挖掘村寨的梯田农耕文化和哈尼民族文化，打造观光、体验、休闲、研学等不同群体需求的旅游项目，丰富提升旅游体验。旅游产品和活动主要基于“就地取材”的原则，由村民带领游客还原真实的阿者科生产生活场景，学习体验从原材料获取到加工成品的全流程，增强村民与游客间的文化交流与互动。

同时，阿者科旅游公司为10户建档立卡贫困户提供了管理、织布技师、售票、检票、清洁、向导等10个就业岗位，其余农户则经营农家乐餐馆、织染布艺体验、野菜采摘、哈尼家访、梯田捉鱼、红米酒等旅游项目。

（二）发展模式选择

阿者科采取内源式村集体企业主导开发模式，在外部技术团队援助下，充分调动村庄内部人员的发展和保护主体性，实现可持续旅游发展。

1. 政府联合高校技术团队共同培育本村运营团队

在村内选拔出旅游代表，参与公司管理经营。计划希望团队实地驻村三年，培训孵育本地运营团队，最终村庄能实现自主运营，政府和专家团队退居幕后，动态监测为阿者科旅游保驾护航。政府提供阿者科旅游公司在资金、基建、发改业务审批、税务等方面的具体支持。高校技术团队提供专业的旅游村落规划、村民业务培训、游客接待服务等方面的智力支撑。

2. 分红机制与管理细则绑定

根据每户农户在房屋保护、梯田耕种、村集体建设等方面具体执行分红方案。按照《阿者科计划》分红规则，运营总收入扣除运营成本，余下收入三七开，三成归村

集体旅游公司，七成归村民。归村民的分红再分 4 部分执行，即传统民居分红 40%、梯田分红 30%、居住分红 20%、户籍分红 10%。

村民分红细则旨在鼓励村民保护蘑菇房传统民居，保育阿者科村旅游核心吸引物；鼓励村民继续种田，保护梯田景观；鼓励村民继续居住在村里，保留阿者科原住民核心人文景观；鼓励村民保留村籍，为村集体事务出钱出力。

《阿者科计划》用村规民约来约束村民的一些行为，比如“村民不得私自以拍照问路等名义向游客收费”“村内儿童不得纠缠游客索要财物”“村民不得协助游客逃票”等。

3. 保护细则创新

阿者科村是国家级传统村落，保存有 51 栋哈尼族的传统民居建筑蘑菇房。阿者科村计划说服村民不要破坏改建传统民居，不要将自家房屋租售，继续居住在民居内，以此保留村落的旅游核心吸引物。

为了保留村内活态人文，《阿者科计划》创造居住分红细则，建议村民不仅要继续住在村里，存续村落的烟火生活气息；还要做好人居环境工作，做到卫生“门前三包”。

《阿者科计划》的发展路径就是不靠外来资本的介入，通过技术支援和当地政府的配合，激发村民的主动保护意识，为乡村复兴、传统村落保护，找到一条可持续的旅游发展之路。

（三）生态环境和传统文化建设

1. 自然生态环境

阿者科村自然生态环境良好，村寨南部有保育完好的森林，成片的冬瓜树涵养水源，北有梯田，河流沟渠顺应自然地形从南向北，在阿者科形成较为完整的森林、水源、村寨、梯田四素同构生态系统。空气质量为一级（优），空气质量指数（AQI）保持在 10~20。水体质量等级为 I 类（水质良好），绿化覆盖率为 83%（“森林 + 梯田”占村域用地比例）。

为保护蘑菇房和梯田，《阿者科计划》划定了 4 条底线：不租不售、不引进社会资本、不放任本村农户无序经营、不破坏传统。在阿者科旅游公司与村民签订的旅游合作协议中，梯田的维护管理作为一条重要内容写了进去：村民负责景区内梯田的正常维护，并按季节耕种、管理、收割；崩塌的梯田要及时维修，保持梯田原有景观；不得随意撂荒梯田，不得随意在梯田种植水稻以外的作物。

2018 年 10 月，阿者科旅游公司用国家文物局和世界遗产哈尼梯田管理委员会提供的资金，对全村的蘑菇房进行修缮，目前已经完成了23栋危房的改造。

2. 传统文化展示与体验

阿者科将哈尼族传统生产生活场景还原或者活化，向游客展示传统文化，并提供深度体验的机会。阿者科旅游恢复修建了水碾坊、织布机等传统生产工具与设施，不仅村民可使用，游客来了可体验，还使传统技艺得到传承与保护。

（1）非物质遗产歌舞文化：国家非遗传承人进行哈尼古歌传唱与文化解说。

（2）农耕文化：插秧除草、采摘野菜、梯田捉鱼、水碾房和水碓坊碾米、水磨房磨豆腐。

（3）手工服饰文化：纺锤和织布机进行织布纺线、哈尼手工刺绣、草编。

3. 生态环境和传统文化保护措施

阿者科计划发起后，始终将村庄的生态环境和传统文化保护作为发展的首要前提，始终引导村民积极主动保育传统村落。

通过将保护具体措施直接与旅游分红机制绑定，以利益机制引导村民自发完成保护要求。旅游公司总利润的30%也直接投入传统村落的保育建设中。

阿者科村主动保护村庄周围的自然生态环境，定期清理水渠、森林、梯田中遗留的垃圾，维护村庄田园风光。

传统村落设施方面，阿者科积极保护房屋和其他生产生活设施。阿者科村的蘑菇房建筑是哈尼族因地制宜的民居智慧结晶，哈尼族人根据哀牢山、红河谷的地域特征和民族文化热色建造而成。阿者科计划发起后，严格限定新增建筑，统一规划，修旧如旧，除了房屋，还修复村内水碾坊、水碓、石磨、织布机等传统生产生活工具设施，旨在保持传统村落原有肌理，旨在延续传统空间格局，传统生产生活设施与技艺，注重文化挖掘和传承。

在村落历史文化和民族文化方面，阿者科计划发起后，全面普查村落历史人文资料，一方面，记录和整理图文和视频资料，采取抖音、微博等新媒体方式传播，取得了较好的成效；另一方面，深度开发文化旅游产品，现已打造出服饰、刺绣、织染、哈尼古歌非遗传承等文化体验产品。

传承哈尼文化，保护蘑菇房和哈尼梯田，让绿水青山变成金山银山，阿者科村在村规民约中坚守发展的4条底线：不租不售、不引进社会资本、不放任本村农户无序经营、不破坏传统。政府和旅游开发公司为10户建档立卡贫困户提供了管理、织布技师、售票、检票、清洁、向导等10个就业岗位，其余农户则经营农家乐餐馆、织染布艺体验、野菜采摘、哈尼家访、梯田捉鱼、红米酒等旅游项目。

三、发展成效

（一）实实在在的村貌改观

在启动“阿者科计划”发展乡村旅游之前，游客在游览村寨时留下了大量白色垃圾无人清理，村里卫生脏乱差。旅游公司成立后，采取雇佣村民常规清扫，动员村民积极做好包卫生、包绿化、包秩序“门前三包”的管理模式，并定期开展村内大扫除；进一步规范了游客文明旅游的行为，美化了村内的环境；此外，旅游公司还顺利完成了公厕改建、水渠疏通、屋室内宜居改造等工作。村庄人居环境相比之前得到大幅度改善。

（二）真金白银的分红收入

2019 年 2 月 3 日，阿者科旅游公司开始正式营业。4 月 4 日，新街镇爱春村委会将 100 万元村集体经济发展资金注入元阳县陌上乡村旅游开发有限责任公司，获得该公司 10% 的股份（全村村民占股 70%，元阳县国有资产管理公司占股 20%，新街镇爱春村委会占股 10%）；投入的 100 万元资金将用于改造哈尼古村小型游客中心，建设阿者科村史馆及村内旅游基础设施等。

2019 年 3 月 8 日，是喜庆的哈尼族昂玛突节，同时也是举行阿者科第一次旅游分红大会的好日子。在驻村团队的指导下，全村经过第一个月的经营，阿者科旅游公司获得总收入 155700 元。按照《阿者科计划》分红规则，运营总收入扣除运营成本，余下收入三成归村集体旅游公司，七成归村民。归村民的分红再分 4 部分执行，即传统民居分红 40%、梯田分红 30%、居住分红 20%、户籍分红 10%。

经过计算，此次村民总分红金额为 86974.3 元。根据村民分红细则执行，全村有 44 户获得 1600 元，有 1 户获得 1280 元，有 16 户获得 960 元，还有 3 户获得 640 元。

如今，哈尼梯田文化旅游模式带动示范效应明显，阿者科每年约有 3 万人次入村参观游览。据元阳县提供的数据显示，2013 年至 2018 年，元阳全县共接待旅游人数 1322.04 万人次，旅游收入 200.57 亿元，旅游人数及收入呈逐年增长趋势。

（三）潜移默化的内生动力

村民分红细则鼓励村民保护蘑菇房传统民居，保育阿者科村旅游核心吸引物；鼓励村民继续种田，保护梯田景观；鼓励村民继续居住在村里，保留阿者科原住民核心人文景观；鼓励村民保留村籍，为村集体事务出钱出力。

在启动“阿者科计划”发展乡村旅游之前，部分村民将传统民居出租给异地经营者使用，原住居民搬出村寨，导致该村核心人文内涵严重丢失。在发展乡村旅游后，村民对游客热情了，越来越积极地参与旅游接待。把居民不对外出租房屋列为可以享有旅游公司分红权的条件之一，以保证传统民居及其人文内涵因此得以保留。此外，旅游公司还复建了一系列传统生产工具与设施（如水碾坊、织布机等），一方面可以满足村民日常生产生活需要；另一方面可以提供游客参观、体验等，促成了生产文化与乡村旅游的深度融合以及传统技艺的传承与保护，使阿者科的传统记忆焕发出新的活力。

目前，阿者科旅游公司已为村民创造了10个就业岗位，均为建档立卡贫困户。2019年有3户人家选择留在了村里，不再外出打工。今年34岁的高烟苗就是其中之一，前几年他选择外出打工，如今村里开始发展旅游，高烟苗和妻子都成为元阳县陌上乡村旅游开发有限责任公司的工作人员，夫妻俩每月能有3500元的收入，除此之外，他们家还开起了农家乐。

（四）逐渐提升的旅游体验

项目修缮了织布机、石磨等传统生产工具与设施，一方面，满足村民日常生产生活需要；另一方面，作为游客体验活动设施。公司通过将传统工具设施旅游产品化，实现传统技艺的传承与保护，传统焕发新生机。通过专业旅游策划，公司开设了一系列主题性体验活动，主要包括农事体验，织染布艺体验，野菜采摘，哈尼家访等活动。公司对外实行预约制，带动村民承接精品旅游团，游客在村内开展活动，深度体验哈尼村寨文化。

此外，在公司成立之前，个别村民会跟游客索要拍照费用，甚至有小孩子缠着游客要零钱，游客感到不愉快。公司成立后，规范化运作，统一收取参观费用，村民有了正规收入，村民收费行为明显减少，对游客的态度也发生了改变，由原来的反感转变到现在的热情接待。

责任编辑： 谯 洁
责任印制： 冯冬青
封面设计： 中文天地

图书在版编目（CIP）数据

乡村旅游 ： 乡村振兴的路径与实践 / 杨彦锋等编著
. -- 北京 ： 中国旅游出版社， 2020.6（2023.8 重印）
ISBN 978-7-5032-6414-6

Ⅰ. ①乡… Ⅱ. ①杨… Ⅲ. ①乡村旅游一旅游业发展一研究一中国 Ⅳ. ①F592.3

中国版本图书馆 CIP 数据核字（2019）第 289207 号

书　　名： 乡村旅游：乡村振兴的路径与实践

作　　者： 杨彦锋等编著
出版发行： 中国旅游出版社
（北京静安东里 6 号　邮编：100028）
http://www.cttp.net.cn　E-mail:cttp@mct.gov.cn
营销中心电话：010-57377103，010-57377106
读者服务部电话：010-57377107
排　　版： 北京旅教文化传播有限公司
经　　销： 全国各地新华书店
印　　刷： 北京工商事务印刷有限公司
版　　次： 2020 年 6 月第 1 版　2023 年 8 月第 3 次印刷
开　　本： 787 毫米 × 1092 毫米　1/16
印　　张： 13.5
字　　数： 250 千
定　　价： 58.00 元
I S B N 978-7-5032-6414-6
